Margot Schabach

Maria Grazia Siliato

Und das Grabtuch ist doch echt

Die neuen Beweise

Aus dem Italienischen
von Dr. Karl Pichler

WILHELM HEYNE VERLAG
MÜNCHEN

HEYNE SACHBUCH
19/701

Titel der italienischen Originalausgabe:
SINDONE
MISTERO DELL'IMPRONTA DI DUEMILA ANNI FA
Erschienen 1997 bei Edizioni Piemme S.p.A.

Umwelthinweis:
Dieses Buch wurde auf chlor- und
säurefreiem Papier gedruckt.

Taschenbucherstausgabe 1/2000
Copyright © 1998 der deutschsprachigen Ausgabe by
Pattloch Verlag GmbH & Co. KG, München
Wilhelm Heyne Verlag gmbH & Co. KG, München
http://www.heyne.de
Printed in Germany 1999
Umschlagillustration: Archiv für Kunst und Geschichte, Berlin
Umschlaggestaltung: Atelier Bachmann & Seidel, Reischach
Gesamtherstellung: Presse-Druck, Augsburg

ISBN 3-453-16501-2

Inhalt

VORWORT... 9

1. DIE JAHRHUNDERT-DISKUSSION........................... 11

Am 28. Mai vor 100 Jahren...................................... 13

2. DER HISTORISCHE BEFUND.................................. 29

Dreimal Feuer.. 31
Ein Tag in Los Alamos.. 32
Ein Tag in Konstantinopel.. 36
„Fire Simulating Model" in Moskau.......................... 38
Ein Experiment mit altem Leinen aus Judäa............ 40
Turin, 13. Oktober 1988... 41
Ein Oktobertag in Rom... 42
Frühere sorgfältige Ausbesserungen und ihr Gewicht........... 45

3. DAS FORSCHUNGSPROJEKT................................. 51

44 Jahre alte Fotos und ein Mikroschwärzungsmesser in
Albuquerque.. 53
Das Antlitz, das noch niemand gesehen hat............. 62
Der Abdruck ist thermostabil................................... 65
Ein Landhaus in Connecticut am Ufer des Wassers
unter großen Bäumen.. 66

4. DAS RÄTSEL... 69

Mit Geräten der Zukunft in historischen Sälen........ 71
Die Struktur des Abdrucks.. 72
Die Wunden.. 74
Das fotografische Auge... 75
Makro- und Mikrofotografie..................................... 76
Der Abdruck und das Mikroskop.............................. 77
Das Blut unter dem Mikroskop................................. 78
Eine viereinhalb Zentimeter lange Wunde am Brustkorb........ 80
John Heller und die Mikrofragmente........................ 81
Blut aus echten Wunden... 83
Wer war das Opfer?.. 86

Der Abdruck ist etwas „ohne Farbe", aus Nichts gemacht 87
Gedankenexperiment 90

5. DAS ARCHÄOLOGISCHE GEDÄCHTNIS 93

Es gab dort einen Garten und ein in den Fels gehauenes
neues Grab, das leer war 95
Drei Stadtmauern für Jerusalem 96
Das Grab 99
Die grausame Belagerung Jerusalems 102
Unter einem Erdwall verborgene Gedenkstätten 104
Anastasis und Martyrium: Das Zeugnis des Eusebius 105
Einmal im Leben nach Jerusalem 111
Das Acheiropoieton von Edessa
und die Kirche des Grabtuchs in Jerusalem 112
In dem Grab ein ausgebreitetes Tuch.
Die Erzählung des schiffbrüchigen Arculf 115
Die Intoleranz des Kalifen Al-Hakim 117
Das Königreich der Kreuzritter in Jerusalem 119

6. DIE POLLEN UND DER ABDRUCK 125

Von Zürich nach Turin,
um die Echtheit der Fotos zu bestätigen 127
Die weiten Reisen des Kriminologen Max Frei 132
Was der Abdruck nicht ist 136
Die Ausgrabungen von Antinoe in Ägypten 137
Die Experimente des Doktor Gallimard 139
Das „Air Backing"-System in Santa Barbara 140
Das Herbarium von Professor Volckringer 143

7. DIE VERGESSENE GESCHICHTE 149

Flucht aus Jerusalem 151
Auf dem Krug steht: Rom 154
In der Wüste, mit einem Rabbiner,
eine Übersetzung aus dem Aramäischen 154
Das Hebräer-Evangelium 156
Shatnez 156
Pella – eine kleine neutrale Schweiz 157
Das Kloster des Grabtuchs 158
Der zweite Krieg und die Rache des Hadrian 158

Edessa – glückliches Exil, freies Paris 160
In Edessa spricht man aramäisch 161
Acheiropoieton 163
Der erste Zeuge 164
Colonia Edessenorum und das verlorene Tuch 165
Die lange Reise der Äbtissin Egeria 167
Die Belagerung von Edessa 168
Die „Große Kirche" 170
Die genaue Übersetzung des Arztes Smera 171
Die silberne Vase 173
Die Kriege des Herakleios 174
Dhimma 176
Mandil 178
Der Grabtuch-Krieg 178
Ein Fresko in Shatli, im Tal von Göreme 181

8. DIE KAISERLICHE STADT 183

Die Muttergottes in den Blachernen 185
Der Zeuge 188
Das kaiserliche Purpur 193
Konstantin, der im Purpur geborene Kaiser,
bringt das Grabtuch nach Europa 198
Musik und Ritual. Das Fest des Heiligen Grabtuchs 201
Symeon Metaphrastes, Theologe und Dichter 203
Die Namen des Heiligen Gegenstands 206
Der ungarische König, der französische König
und der König von Jerusalem 210

9. EUROPA 219

Die verhängnisvolle Einladung in den Blachernenpalast 221
Der Tagesanbruch des 12. April 229
Clary und andere suchen vergeblich das Grabtuch 233
Die Taktik der bulgarischen Reiter 236
Der in Palermo wiedergefundene Brief 237
Das Geheimnis des Othon de la Roche
und des Kardinals von S. Susanna 240
Die Schrecknisse Balduins II.,
des Kaisers von Konstantinopel 244
Ein Mönch inventarisiert die Geschenke Balduins II. 245

In Paris sucht man nach einem alten Rahmen............................ 246
Die Schrecken des Templers Raoul de Gizy 249
Das englische Bild hinter der Täfelung.................................... 251
Drei Familien in geheimnisvoller Verbindung:
Charny, Vergy und La Roche 251

10. DER PROZESS..259

Das Flagrum 269
Die versammelte Kohorte.. 274
Der Richter 276
Ibis in crucem 278
Der Abdruck des Balkens.. 282
Der letzte Gang eines Cruciarius... 283

11. DIE KREUZIGUNG 289

Ein unmögliches Foto... 291
Die „Basilica Heleniana" 292
Das Grab des Jehochanan... 296
Hand oder Handgelenk? 297
An das Patibulum genagelt 299
Der Stipes 301
Der Mast und das Segel im Wind 302
Das Annageln der Füße 303
Der Zeuge 306
Der Kreuzestod 307
Der Lanzenstich 315

12. DAS GRABTUCH...319

Die jüdische Katakombe an der Via Nomentana in Rom........ 324
Mos Judaeorum 327
Josef von Ramataim, Nikodemus und „das Gesetz" 331
Die römische Präsenz 336
Les fantômes d'écriture.. 340

LITERATUR 347

Vorwort

Warum fasziniert ein eher unscheinbares Stück Stoff seit Jahrhunderten Millionen von Menschen? Warum pilgert seit dem Mittelalter ein kaum unterbrochener Strom von Gläubigen nach Turin? Die Antwort fällt nicht schwer: Wenn dieses einige Quadratmeter umfassende Stück Stoff wirklich das Tuch ist, in das man den Leichnam Christi eingewickelt hat, dann haben wir es mit der bedeutendsten Reliquie der Christenheit zu tun. Und wenn sich aus diesem Tuch dank moderner Technik auch noch das Antlitz des Mannes befreien läßt, der in diesem Tuch bestattet wurde, dann wissen wir, wie der historische Jesus von Nazaret aussah. Man mag diese Frage für den Glauben als unerheblich betrachten, denn ihre Beantwortung verändert nichts an der entscheidenden Frage aus dem Evangelium: „Ihr aber – für wen haltet ihr mich?" Doch diese Perspektive ist schief. Sie entspricht weder der Emotionalität des Glaubens – jeder Christ verspürt einen tiefen inneren Antrieb in sich, Jesus zu „sehen" –, noch entspricht sie der Glaubenstatsache der Menschwerdung.

Doch ist dieses Buch weder ein theologisches Werk noch Tendenzliteratur anderer Provenienz. Die Frau, die es verfaßt hat, ist Archäologin. Sie untersucht das bedeutendste archäologische Fundstück des Abendlandes mit der gleichen wissenschaftlich-nüchternen Sachlichkeit und Neugier, mit der die Archäologie gehalten ist, etwa das Grab Philipps von Makedonien oder die Mumie des Ramses zu betrachten.

In der gesamten Geschichte unserer Kultur gibt es keinen anderen archäologischen Fund, der ein derartig heftiges Aufeinanderprallen von Hypothesen und Gegenhypothesen verursacht hätte wie die Rätsel um das Grabtuch von Turin. Die verschiedensten wissenschaftlichen Disziplinen haben sich an dem Thema versucht, und es fehlt nicht an den abenteuerlichsten Erklärungsversuchen.

Maria Grazia Siliato gelingt es in ihrem Wissenschaftskrimi, Etappe um Etappe tiefer in das Dunkel der Geschichte einzudringen und den abenteuerlichen Weg des Tuches bis in das Jerusalem des 1. Jahrhunderts unserer Zeitrechnung zurückzuverfolgen. Auf der Ebene der Tatsachen, die die Autorin nicht einen Augenblick verläßt, verwandelt sich Rätsel um Rätsel in plausible Erklärung. Die fromme Phantasie beispielsweise hat aus der Tatsache des Gesichtsabdruckes gerne ein Wunder gemacht, die aufgeklärte Kritik die Hand (wenn nicht eines Fälschers so doch) eines Künstlers am Werk gesehen. Beides ist falsch. Denn es gibt eine natürliche Erklärung auf Basis der immanenten Logik chemischer Prozesse.

Das vorliegende Werk folgt zwei verschiedenen Erzählsträngen. Zum einen geht es um die Geschichte des Grabtuches, die sich über zwanzig Jahrhunderte erstreckt, zum anderen um ein Stück neuerer Wissenschaftsgeschichte, das in unserem Jahrhundert stattgefunden hat, nämlich die Erforschung der Hintergründe jener rätselhaften Abdrucke auf dem Tuch. Die Autorin hat sich entschlossen, ihre Ausführungen nicht durch einen unüberschaubaren Apparat von Anmerkungen zu beschweren. Mit nüchterner Akribie folgt sie der Spur von Tatsachen. Sie hat ihre Darstellung aber durch kursiv gedruckte Passagen aufgelockert, die so etwas wie ihren persönlichen Kommentar aus heutiger Sicht zur erzählten Geschichte wiedergeben.

Der Originalverlag
zur gebundenen
Ausgabe

1. Kapitel
Die Jahrhundert-Diskussion

„… man hat ohne Notwendigkeit in ein Problem, das rein wissenschaftlich ist, eine religiöse Frage eingeführt, mit dem Ergebnis, daß die Leidenschaften sich erhitzt haben und die Vernunft ausgetrieben wurde. Wenn es sich um Sargon, Achilles oder einen der Pharaonen gehandelt hätte, wäre niemand auf den Gedanken gekommen, Einwände vorzubringen … Ich bin bei der Behandlung dieser Frage, nur auf die Wahrheit bedacht, dem wahren Geist der Wissenschaft treu geblieben, und ich habe mich nicht im geringsten darum gekümmert, ob die Interessen irgendeiner Gruppe berührt würden … Ich erkenne Christus als eine historische Persönlichkeit an, und ich verstehe nicht, wie jemand daran Anstoß nehmen kann, daß noch materielle Spuren seines Lebens vorhanden sind.“

Yves Delage, Academie Française,
an die Herausgeber der „Revue Scientifique", 12. April 1902

Am 28. Mai vor 100 Jahren

Seine Augen sollten als erste sehen, was noch niemand auf der Welt vor ihm gesehen hatte – und was niemand zu sehen erwartet hatte.

Am 28. Mai 1898 wurde der Turiner Ratsherr und Rechtsanwalt Secondo Pia, ein geschätzter Amateurfotograf, eingeladen, das Turiner Grabtuch – zum ersten Mal in der Geschichte – zu fotografieren. Und weder er noch sonst jemand dachte daran, daß sich damit eine schwindelerregende Sensation vorbereitete.

Im stillen Dunkel der Kathedrale stand er vor dem Tuch, das in ganzer Länge ausgebreitet war, eingefügt in einen Rahmen und geschützt durch eine Glasplatte.

Es war vergilbt von den Jahrhunderten, durchzogen von Spuren alter Brandstellen, restauriert mit Flicken.

Zwischen all den Hinweisen auf schwere Beschädigungen hob sich vom elfenbeinfarbenen Tuch ein sepiafarbener Schatten ab, der ein Abdruck eines Gesichtes zu sein schien sowie zweier Arme, die Hände überkreuzt. An den Rändern schien die Farbe in ein Nichts zu verschwimmen.

Je mehr die Augen sich an die Situation anpaßten, um so dramatischer wurde der Anblick. Denn von dem Tuch begann sich allmählich die Gestalt eines ganzen Körpers abzuheben, etwa so, wie die Umrisse eines Ertrunkenen aus dem Wasser aufsteigen.

Fotografisch war das Bild, das sich zeigte, kaum festzuhalten. Aber Pia gab nicht auf. Dickköpfig, wie er war, korrigierte er sich mehrmals und machte dann an jenem lauen Abend des 28. Mai mit großen Fotoplatten von 50 mal 60 Zentimeter doch noch technisch korrekte Aufnahmen.

Das erste Negativbild, das sich langsam auf der in das Entwicklungsbad gelegten Platte entwickelte – und die er dann vor Aufregung fast fallen ließ – sollte sich wie ein Lauffeuer über die ganze Welt verbreiten.

Man sieht lange, vielleicht gewellte Haare; dann den Bart, fließend und kompakt, und die edle Form des Antlitzes; die Augen sind geschlossen, die Lider schwer.

Die Partie über dem rechten Jochbein scheint geschwollen, auch die Nase; die Wange ist ebenfalls geschwollen; es ist das Antlitz eines mißhandelten Menschen. Es gibt aber kein Anzeichen für eine Muskelverkrampfung.

Als wäre mit dem Tod eine wundersame Beruhigung eingetreten, wirkt das Antlitz wehrlos und zugleich unverwundbar.

Secondo Pia hatte mit seinem außergewöhnlichen Foto nicht viel Freude, denn kaum war es durch die Zeitungen in alle Welt verbreitet worden, bildeten sich auch schon zwei Fronten völlig gegensätzlicher Interpretationen.

Statt das Phänomen wissenschaftlich zu untersuchen, verkündeten die einen lautstark die Offenbarung eines Wunders, während viele andere den Anwalt Pia beschuldigten, das Foto manipuliert zu haben. So bestätigte sich wieder einmal, daß die Menschen, auch wenn sie gegensätzlichen Parteien anhängen, sich in vielem doch ähnlich

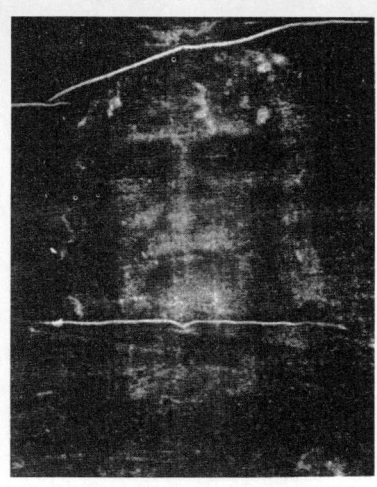

1. Fotonegativ des Antlitzes
(vom ersten Foto in der Geschichte des Grabtuchs)
aufgenommen von Secondo Pia
am 28. Mai 1898

sind. Wieder andere behaupteten, weniger gehässig, die Fotoplatten müßten schadhaft gewesen sein. Alle diese Unterstellungen, die Secondo Pia tief verletzten, hatten keinerlei Wahrheitsgehalt. Aber es dauerte mehr als 30 Jahre, daß es auch bewiesen werden konnte.

Yves Delage, Mitglied der Pariser Akademie der Wissenschaften, Anatom und Pathologe, weltanschaulich ein Agnostiker, hatte indessen die seltsamen Negative untersucht. Und er erklärte, daß sie ganz offensichtlich den Abdruck einer Leiche zeigten; die Einzelheiten würden auf eine gewaltsame, allerdings seltsame Todesursache hinweisen: auf einen Tod am Kreuz, durch Annagelung; vorausgegangen seien eine Geißelung und das Aufsetzen eines Dornenkranzes auf den Kopf. Und es sei möglich, daß es sich tatsächlich um das Abbild *der* Persönlichkeit handle, die von einer langen Tradition dafür benannt wird. Als Mitglied der Akademie bereitete er gewissenhaft einen detaillierten wissenschaftlichen Bericht vor, den er im April 1902 an der Akademie vortrug.

Die Akademie veröffentlichte den Bericht jedoch nicht; man stellte polemisch seine historische Kompetenz in Frage und wies die „abergläubische" Verbindung mit „der Persönlichkeit" zurück. Delage war über diese Haltung, die einen Angriff auf die vorurteilslose Objektivität seiner Arbeit bedeutete, schwer gekränkt. Er gab zu bedenken, es sei schlicht unverständlich, wie und zu welchem Zweck ein Fälscher im Mittelalter, als es noch keine Fotografie gab, ein Bild hätte herstellen sollen, das niemand sehen konnte. Aber niemand nahm diese Beobachtung ernst.

Im Gegenteil, ein Kanonikus namens Ulysse Chevalier deklarierte, das Grabtuch sei im Mittelalter hergestellt worden, und er erklärte das Rätsel des Negativs damit, daß er an den verheerenden Brand von 1532 erinnerte. Die Klarissen von Chambéry hatten das Tuch anschließend ausgebessert und auf ein anderes Tuch, das als Unterlage diente, aufgenäht. Aus Unachtsamkeit hätten die Nonnen dabei sicherlich das Tuch verkehrt herum aufgenäht „mit der Abbildung nach innen, und aus diesem Grund erschien das Bild wie das Negativ eines Fotos".

Chevalier hatte recht eigentümliche Ansichten über die Fotografie und insbesondere über die Umkehrung der Helligkeitswerte eines Fotonegativs. Doch seine Beobachtung beeindruckte, wie das bei allen verblüffenden Unsinnigkeiten oft der Fall ist, viele Menschen. Der Nachweis, daß es Unsinn war, konnte erst nach über 70 Jahren geführt werden.

Am 14. Oktober 1978 haben Wissenschaftler aus den USA die Naht zwischen dem Tuch und dem Unterfutter ein Stück weit aufgetrennt und Fotos von der über die Jahrhunderte nicht sichtbaren Rückseite des Tuches gemacht.

Auf diese Weise wurde entdeckt, daß der Abdruck auf der Rückseite nicht zu sehen ist; zu sehen waren nur einige der größeren Blutflecken. Chevalier hatte eine äußerst reiche, freilich etwa konfuse Phantasie gehabt, und die Klarissen von Chambéry – die unter der Leitung der Gräfin Louise de Vargin das Grabtuch mit Nadeln aus Gold im Knien und im Kerzenlicht ausgebessert hatten – hatten ihre Arbeit sehr sorgfältig ausgeführt.

So kam es, daß die erste wissenschaftliche Anerkennung der Echtheit des Grabtuchs von Turin einer Persönlichkeit zu verdanken ist, die man Ende des 19. Jahrhunderts „Freidenker" nannte, während die erste, wenn auch nicht schlüssige Bestreitung von einem Gelehrten kam, der eine herkömmliche philosophische und theologische Bildung genossen hatte.

Am Abend des 3. Mai 1931 – nachdem also während 33 Jahren niemand das Objekt untersuchen hatte können – war ein weiterer Fotograf aus Turin, Giuseppe Enrie, autorisiert worden, eine zweite Serie von Fotos des Grabtuchs zu machen: um 22.30 Uhr, im Dom von Turin, diesmal offiziell und unter Aufsicht.

Die Aktion fand unter höchster Spannung statt. Viele sagten voraus, daß sich diesmal – mit fortschrittlicher Technologie, orthochromatischen Filmen, Gelbfiltern und unter öffentlicher Kontrolle – die Vorgänge von 1898 nicht wiederholen würden. Das war allerdings, wie sich sehr rasch zeigen sollte, eine voreilige Prognose.

Auf den Negativen von Giuseppe Enrie, die noch in derselben Nacht entwickelt und gedruckt wurden, zeigte sich – erschütternd in allen Details, wie ein unerbittliches

Portrait – der Abdruck der Leiche des Grabtuchs. Nach über 30 Jahren erfuhr damit der jetzt über 70jährige Fotograf Seconda Pia die Rehabilitation, die er verdiente.

Giuseppe Enrie hat übrigens das ganze Unternehmen in einem Buch geschildert, das sinnigerweise den Titel hat: „Santa Sindone rivelata dalla fotografia" (Das Heilige Tuch, offenbart durch die Fotografie).

Damals schrieb jemand, es gebe in vielen Kirchen in ganz Europa Tücher, die wie das Grabtuch von Turin die Zeichnung oder das Bild eines ausgestreckten menschlichen Körpers von vorn und von hinten zeigten. Würde man eines fotografieren, kündigte man an, würde sich das in Turin eingetretene Phänomen wiederholen; es hänge eben mit einer ganz bestimmten künstlerischen Maltechnik zusammen. Die Vermutung wurde von der Presse aufgegriffen und verbreitet.

Aber sie stimmte nicht, wie sich sofort zeigen sollte.

Giuseppe Enrie machte Fotos von diesen vielen Bildern. Und da es gemalte Bilder waren, waren die Negative – wie zu erwarten – in den Hell-Dunkel-Werten umgekehrt und nur schwer zu dechiffrieren.

Obwohl allein das Grabtuch auf diese seltsame Weise auf die Fotografie reagierte, hat jemand geschrieben, daß es im wundergläubigen Mittelalter eine „Werkstatt für Grabtuchfälschungen" gegeben haben muß, und das Turiner Tuch müsse dazu gezählt werden.

Aber das stimmte nicht, wie eine historisch-ikonographische Untersuchung zeigen sollte.

Diese vielen „Grabtücher" waren eigens dazu hergestellt worden, um das Original von Turin wiederzugeben. Das heißt, sie sind Vorläufer der heutigen Fotos. Neben der Signatur des Künstlers ist denn auch entsprechend vermerkt: „Sacado del Original"; „Omni dimensione simillimum exemplar"; „contacto Prototypi consecratum".

Es ist doch offensichtlich, daß jemand, der einen Vermerk anbringt wie: Pictura, Retrato, Transumptum, Cavatum, Extractum ex originali, nicht eine Fälschung verkaufen wollte. Oft ist sogar das Datum angegeben, zum Beispiel: „Cette peinture a été étendue au cours de juin 1568".

Das Haus Savoyen – Eigentümer des Tuches seit 1453 – machte solche „Kopien" Kirchen, Klöstern, hohen Prälaten und verschwägerten Familien zum Geschenk. Die moderne Forschung hat die des Betrugs angeklagten Künstler der damaligen Zeit rehabilitiert.

Aber alle diese sorgfältig hergestellten Kopien zeigen auch, wie schwierig, ja unmöglich es war, das Original zu reproduzieren. Enrie schreibt, daß die Maler die „Hell-Dunkel-Umkehrung" des Antlitzes auf dem Grabtuch nicht verstehen konnten, da zu ihrer Zeit der Begriff des „Fotonegativs" – und was er beinhaltet – natürlich noch nicht bekannt sein konnte. Sie konnten ein solches Bild nicht einmal kopieren, geschweige denn erfinden.

In der über tausendjährigen Geschichte der Bilder steht das Abbild auf dem Grabtuch in Turin im Gegensatz zu jeder anderen Darstellung. Auf einem gemalten Bild werden die hervorstehenden Partien des Bildgegenstandes für gewöhnlich heller, die zurücktretenden Partien werden mit einem Schatten versehen. Das Bild des Grabtuchs ist jedoch an den hervorstehenden Partien (Nasenrücken, Knöchel der Finger) dunkel, und an den tieferliegenden Partien (Augenhöhlen, Seiten der Arme und des Gesichts) ist es hell.

Dies ist der Grund, warum das Fotonegativ, das Weiß in Schwarz und Schwarz in Weiß umkehrt, beim Grabtuch – und nur beim Grabtuch – ein unerwartet lebendiges Portrait zeigt (vgl. die Abbildungen 3 und 4 auf den Farbtafeln).

In der Aufregung über die Fotos von Giuseppe Enrie konnte man von vielen wiederum hören, das Abbild sei eben ohne Zweifel auf wunderbare Weise entstanden. Andere erklärten die Außergewöhnlichkeit damit, daß Leonardo da Vinci es gemalt habe, ja er habe in dem eindrucksvollen Bild sein Selbstporträt hinterlassen. Ohne jede Überprüfung wurde diese Aussage in Großbritannien und in Italien kolportiert. Um seine Haltlosigkeit aufzuzeigen, hätte ein Blick in irgendein Lexikon genügt.

Tatsächlich hatte das Haus Savoyen das Grabtuch vom Geschlecht der Charny erworben (die ihrerseits Nachfahren von Kreuzfahrern waren, die es aus Konstantinopel entwendet hatten). Leonardo da Vinci, der 1452 geboren wurde, war damals, zum Zeitpunkt des Erwerbs, elf Monate alt.

Ungeachtet dieser Daten hat ein Kunstsachverständiger – der 1976 eingeladen worden war, Mitglied einer seltsam zusammengesetzten „Bildkommission" zum Grabtuch von Turin zu werden – erklärt, daß es die Schöpfung eines bedeutenden Künstlers sei, der am Beginn des 16. Jahrhunderts tätig gewesen sei und die Technik der Helldunkelmalerei Leonardos eingesetzt habe.

Die Meinung hatte es nicht leicht, sich durchzusetzen, da fast zur gleichen Zeit ein anderes Mitglied dieser Kommission in aller Offenheit erklärte, es sei seinem bescheidenen Mikroskop nicht gelungen, auf dem Tuch Reste von Malerei zu finden.

Unser Experte entwickelte dann seine These folgendermaßen weiter: Jemand hat das Bild mit ockerfarbener Erde und harzhaltiger Flüssigkeit als Lösungsmittel auf ein Tuch gemalt und dann das noch feuchte Tuch auf den Stoff des Grabtuchs gepreßt. Und wörtlich erklärt er: „Ich komme zu dieser Annahme aufgrund der Tatsache, daß der Film statt des üblichen Negativs ein Positiv wiedergibt. Meine Vermutung ist also, daß der Vorgang wiederholt wurde; beim ersten Mal wurde die Originalzeichnung verwendet, beim zweiten Mal die vorher auf ein Tuch gedruckte oder gepauste Zeichnung." Da es aber völlig evident ist, daß kein Druck und kein Pausbild – wobei die Farbe des Originals auf die Kopie übertragen wird – zu einem Negativ seiner selbst werden kann, löst sich die „Vermutung" unseres Experten von selbst in Nichts auf.

Aber dennoch spukte all die Jahre hin in vielen Köpfen die Vorstellung, das Abbild sei ein mit einer seltsamen und geheimnisvollen Technik gemaltes Bild. Auf die Anfrage einiger Gelehrter, die ihn nach technischen Details fragten, hat der „Experte" allerdings nicht geantwortet.

Doch im Oktober 1978 haben die eingehenden spektroskopischen und physikalischen Untersuchungen, die makro- und mikrofotografischen Bildanalysen mit der kühlen und unbeeinflußbaren Evidenz der Instrumente gezeigt, daß auf dem Abbild des Grabtuchs keinerlei Farbsubstanz vorhanden ist.

Es wurde auch behauptet, die Tatsache, daß das Grabtuch im „Fischgrätmuster" gewebt sei, einer aufwendigen und fortschrittlichen Webtechnik also, zeige, daß es auf jeden Fall ein im Mittelalter hergestelltes Produkt sei. Denn vor 2000 Jahren sei diese Technik noch nicht bekannt gewesen, man habe damals nur in der einfachen Leinenbindung gewebt: ein Faden oben, ein Faden unten. Auch angesehene Museumsdirektoren haben das – als „technische Berater" – behauptet.

Aber es stimmt nicht.

Mindestens 70 Jahre vor dieser Auseinandersetzung hat man bei den berühmten Grabungen in Antinoopolis in Ägypten eine 2000 Jahre alte Nekropole gefunden. Die halb mumifizierte Leiche einer Frau ruhte mit dem Kopf auf einem kostbaren Kissen, das in der Technik des Fischgrätmusters gewebt war. 1938 wurden in der Asche von Pompeji Reste von Geweben gefunden, die in der gleichen Technik hergestellt waren wie das Grabtuch. Aber niemand hat davon Kenntnis genommen.

Man hat auch darauf hingewiesen, daß sich auf dem Grabtuch, vermischt mit den Leinenfäden, Reste von Baumwolle gefunden haben, die offensichtlich daher rührten, daß auf demselben Webstuhl vorher mit Baumwolle gearbeitet wurde. Und man sagt, das Grabtuch könne keine 2000 Jahre alt sein, denn damals sei im Mittelmeerraum Baumwolle weder angebaut noch verarbeitet worden. Aber auch das sollte durch einen ungewöhnlichen archäologischen Fund widerlegt werden.

Es ist jetzt mindestens 2300 Jahre her, daß Baumwollfäden ähnlich der Gaze in heutiger Zeit in Ägypten für medizinische Zwecke verwendet wurden. Man hat im Leinen, mit dem damals eine Mumie eingewickelt wurde, ein Stück Gaze gefunden, so wie wir heute in einem Operationssaal unachtsam liegengelassenes Verbandmaterial finden können.

Man hat ferner behauptet, es gebe keine frühen Dokumente, die die Existenz des Grabtuchs belegen würden. Vor dem Jahr 1300, vor seinem Auftauchen in Lirey, herrsche historische Leere, ein „schwarzes Loch". Mit akademischer und schlecht informierter Sicherheit wurde dies jahrzehntelang behauptet.

Das Gegenteil ist wahr. In den Archiven von halb Europa, im Fundus berühmter Bibliotheken, in seit einem Jahrhundert veröffentlichten – und nicht gelesenen – Forschungsberichten, in unterschätzten oder nicht richtig begriffenen archäologischen Funden lag eine ganze Menge – allerdings nicht geordnetes – Material vor. Aber niemand hat sich die Mühe gemacht, es auszuwerten.

Dann hat man behauptet, es sei nicht zu beweisen, daß es das Grabtuch von Turin sei, wovon diese frühen Quellen handelten. Aber damals gab es schon die überraschende Suche nach Mikrospuren und Pollen, die im Gewebe des Grabtuchs enthalten waren.

Der Schweizer Kriminologe Max Frei Sulzer entdeckte,

daß auf dem Gewebe des Grabtuchs Dutzende von Pflanzenpollen aus der Gegend von Konstantinopel, des alten Edessa auf der Hochebene von Turan, vom Toten Meer und aus Jerusalem vorhanden waren. Das Grabtuch von Turin konnte nicht in Europa hergestellt worden sein.

Seit Jahrhunderten weiß man, daß die Gestalt des Antlitzes auf dem Grabtuch, wenn man näher hinzutritt, um die Details zu sehen, zu verblassen scheint, als würde es vom Tuch aufgesogen, bis schließlich nichts mehr zu sehen ist als eine formlose Abschattung. Steht man nur noch einen Schritt davor, so daß man es mit Händen greifen könnte, kann man nicht einmal mehr die Stellen, die das Abbild tragen, von denen unterscheiden, worauf sich nichts befindet. Unlogisch und fast gespenstisch sieht man nur noch die Färbung durch das Blut.

Über die Jahrhunderte hin haben die einen, versunken und abgehoben, an ein Wunder geglaubt, während viele andere die Schultern gezückt und von Massensuggestion gesprochen haben. Die Reaktionen wurden immer heftiger, es wurden Fälschungen unterstellt, bis man entdeckte, daß dieses verwirrende Phänomen sich auch bei der Betrachtung von Farbfotos des Grabtuchs einstellte.

Aber es war keine Einbildung, es war auch kein Wunder, und es war erst recht keine Fälschung.

1977 stellte ein Physiker vom Los Alamos Scientific Laboratory namens Ray Rogers fest, daß diese geheimnisvolle Eigenschaft des Grabtuchs tatsächlich vorhanden war, daß sie aber auch wissenschaftlich erklärbar ist.

Der Abdruck auf dem Grabtuch ist schwach und hat keinen klar gezogenen Rand. In ein paar Metern Entfernung unterscheidet das Auge des Betrachters die leichten Unterschiede zwischen dem Abdruck und dem reinen Leinen, wir nehmen dann wahr, wo der Abdruck aufhört, wo also der Umriß ist. Wenn wir nun langsam näherkommen, verschwimmt der Abdruck auf unserer Netzhaut – das Auge kann die Grenzen zwischen dem Abdruck und der umliegenden Fläche nicht mehr unterscheiden, und wir sehen nichts mehr.

Man weiß daher, daß das Verschwinden des Abdrucks auf dem Grabtuch kein Wunder, sondern eben ein optisches Phänomen ist. Und zugleich wurde klar, daß auch kein Maler, da der Abdruck in der Nähe vollkommen unsichtbar ist, ihn während seiner Arbeit hätte sehen können. Wir müßten uns also einen Maler denken, der beim Malen nicht weiß, wo er die Farbe aufträgt. Das bedeutete, daß der Abdruck kein gemaltes Bild sein konnte.

Das ist eine Binsenweisheit, aber alle „Experten", die das Grabtuch untersucht hatten, und alle Kunstkritiker, die so überheblich über das Tuch diskutiert hatten, hatten sie nicht berücksichtigt.

Nun verkündete jemand wie eine Erleuchtung, daß der Abdruck mit einer in eine Säure getauchten Schablone, die dann auf den Stoff gedrückt worden sei, gemacht worden wäre. Aber auch das stimmte nicht.

Es wurden Versuche gemacht, die zeigten, daß Säure, die auf einen Leinenstoff gedrückt wird, so reagiert, daß sich Flecken ohne Abschattierungen bilden, die sich durch die Saugwirkung der Fasern in die benachbarten Fäden ausbreiten. Vor allem frißt Säure auf einem Gewebe dieses innerhalb kurzer Zeit weg, der Stoff zerbröckelt, und es bleibt nur ein Loch zurück. Der Abdruck auf dem Grabtuch war nun schon viele Jahrhunderte alt und hatte sich nicht verändert.

In der Zwischenzeit hatten komplexe computergestützte Bildanalysen ergeben, daß die Helldunkeltöne des Abdrucks Spuren waren, die ein dreidimensionaler fester Körper hinterlassen hatte; der Abdruck ist daher im Gegensatz zu einer Fotografie an den hervorstehenden Stellen des Körpers dunkler und an den vertieft liegenden Stellen heller.

Es wurde auch die Meinung vertreten, der Abdruck sei das sichtbar hinterlassene Zeichen eines ansonsten unerklärlichen Phänomens, etwa einer strahlenden Energiewelle. Eine andere ähnlich phantasievolle These lautete, ein Fälscher habe den Abdruck mit einer zum Glühen gebrachten Bronzestatue auf das Tuch „gedruckt", so wie ein zu heißes Bügeleisen den Stoff versengt, und deshalb sei ein dreidimensionaler Abdruck eines Körpers feststellbar. Über diese Hypothese wurden Bücher geschrieben und veröffentlicht.

Auch das stimmte nicht, wie leicht zu beweisen war.

Wenn man ein angebranntes oder versengtes Gewebe mit Wood-Licht, dem sogenannten „schwarzen Licht", bestrahlt, geben die Brandstellen in der Dunkelheit eine rötliche Fluoreszenz ab. Auf dem Turiner Grabtuch befinden sich die Brandstellen, die von seinem verheerenden zweiten Brand stammen, genau neben dem Abdruck. Bei einer Untersuchung 1978 in Turin sah man eindeutig, daß die Brandstellen fluoreszierend waren, der Abdruck kaum einen Millimeter daneben hingegen überhaupt nicht. Viele Jahrhunderte lang enthielten also die Spuren des Brandes von Chambéry den Beweis, daß der Abdruck keine Fälschung ist, die mit Hilfe einer glühenden Bronzestatue aufgedruckt wurde.

Seit den Zeiten von Jean Cauvin, genannt Calvin, haben viele Menschen bei der Betrachtung des Grabtuchs, wenn sie den Brustkorb und die Löcher in den Handgelenken und Füßen betrachteten, gemeint, daß es sich um einen „gewöhnlichen malerischen Kunstgriff" handeln müsse: Das Rot sei kein Blut, sondern die Farbe Vermeil, ein von den alten Malern viel verwendetes Hochrot, eine färbende Substanz auf der Grundlage von Eisenoxid.

Man entnahm dem Grabtuch Proben des rötlichens Materials und untersuchte sie zwischen 1968 und 1976 an einer berühmten italienischen Universität. Die Wissenschaftler erklärten, sie hätten keine Teilchen, die als rote Globuline identifizierbar wären, gefunden. Andere Forscher hatten an einer anderen Universität rundliche Teilchen „ähnlich" den roten Globulinen gefunden, diese dann aber aus Vorsicht mehrdeutig als „amorphes Material" bezeichnet.

Am 10. Oktober 1981 erläuterte John Heller auf dem Kongreß des *Shroud of Turin Research Project* (STURP) im Palmer Auditorium in New London, was die Untersuchung dieser trockenen, rötlichen Substanz auf einem Teilchen in der Größe von 180 Mikron ergeben hatte. An jenem Tag sahen wir zum ersten Mal das ganz deutliche Diapositiv mit den „rundlichen Körperchen", den roten Globuli, und Heller sagte kurz und trocken: „BLOOD". Blut, menschliches Blut von einem Körper, der grausam mißhandelt worden war. Das Grabtuch war kein gemaltes Bild, keine Ikone.

Die Nachricht lief um die Welt, und sofort gab es Leute, die spitzfindig meinten, daß die Wunden auf dem Grabtuch von einem sadistischen Maler mit echtem Blut aufgetragen worden wären. Aber eine solche abenteuerliche Meinung konnte nur in die Welt gesetzt werden, wenn man den Bericht Hellers nicht gelesen hatte.

Heller hatte nämlich festgestellt und nachgewiesen, daß sich unter den Blutkrusten *kein* Abdruck gebildet hatte, weil das an den Fasern anhaftende Blut diese geschützt hatten. Der Abdruck hatte sich nur dort gebildet, wo kein Blut vorhanden war. Also hatte niemand *auf* den Abdruck Blut aufgetragen. Und niemand hätte Wunden anatomisch so genau malen können, ohne vorher den Abdruck auf das Tuch zu bringen.

Schließlich behauptete jemand, das Blut der Wunden sei „viel zu rot", um wirklich alt zu sein. Andere dagegen glaubten, daß dieses so rote „unverfälschte" Blut ein Zeichen für ein Wunder wäre. In Wirklichkeit war die rote

Farbe der konkrete Nachweis einer schrecklichen Mißhandlung.

Bei einem Menschen, der schwere und wiederholte Traumata erleidet, bildet sich eine heftige Hämolyse, das ist ein Aufbrechen der roten Blutkörperchen; dabei tritt Hämoglobin aus. In dreißig Sekunden erreicht dieses Hämoglobin die Leber, die aber wegen der anhaltenden Traumata keine Zeit hat, es zu verarbeiten, sondern seine getrennten Stoffe, darunter auch das Bilirubin, in das Blut entlädt.

In den Wundflecken des Grabtuchs findet sich eine sehr große Menge Bilirubin, und für einen Wissenschaftler ist dies wirklich bewegend, denn es ist eine wissenschaftliche Tatsache, daß eine solche Menge erst dann entsteht, wenn der Körper eine lange Zeit die schrecklichsten Mißhandlungen erleidet. Die lebhafte Farbe des Blutes war durch Bilirubin, das sich parahämisch mit Methämoglobin vermischt hatte, hervorgerufen worden. Der Zustand des Blutes war, wie Alan Adler gezeigt hatte, die Folge von 120 grausamen Schlägen mit dem „Flagrum", der Geißel, deren Spuren auf dem ganzen Abdruck des Körpers zu sehen sind.

* * *

Kein Monument, kein archäologischer Fund hat je in der Geschichte des Abendlandes auf jede neue wissenschaftliche Auskunft eine solche Flut von Gegenhypothesen, eine solche Kette von wilden Phantastereien ausgelöst.

Diese ausgeklügelten Spitzfindigkeiten entstanden selten in der naturwissenschaftlichen Welt, wo das Grabtuch innerhalb der Parameter der Forschung erörtert wurde, sondern fast immer in Kreisen mit humanistischem, philosophischem, religiösem, exegetischem Hintergrund, bei den sogenannten „Gläubigen" und „Ungläubigen". Da drängt sich die Vermutung auf, daß das Grabtuch für diese

Leute kein Gegenstand der Forschung, sondern eben des Glaubens ist.

Letzten Endes ist deutlich geworden, daß all diese so unterschiedlichen Reaktionen nur möglich sind, weil der Gegenstand „Grabtuch" beladen ist mit den widersprüchlichsten Bedeutungen, die in unserem Unterbewußtsein wurzeln.

Jedes Bild, das auf die Netzhaut fällt, übermittelt an unser Gehirn eine Information. Die Art und Weise, wie unser Gehirn diese Information bewertet, hängt zum Teil von der Art des gesehenen Gegenstands ab, aber zum anderen, nicht geringeren Teil von der „Bedeutung", die der Betrachter dem Gegenstand zumißt. Eine Pistole in der Vitrine eines Sammlers ist eine Sache, aber dieselbe Pistole in der Hand eines Unbekannten in einer dunklen Straße hat eine ganz andere Bedeutung.

Welche Bedeutung unser Gehirn einem Gegenstand, den wir sehen, zuteilt – und damit auch die Reaktionen, die sich daraus ergeben –, hängt von unseren in der Vergangenheit gemachten Erfahrungen, der gegenwärtigen Situation und den sich daraus ergebenden Folgen für die Zukunft ab.

Das Antlitz auf dem Turiner Grabtuch ruft schon von sich aus, im Positiven wie im Negativen, große Gefühle hervor, es erweckt ekstatische Zuwendung oder heftige Ablehnung.

Inmitten eines solchen Sturms der Gefühle sind es zwei große Fragen, die sich nach der bedeutsamen archäologischen Wiederentdeckung dieses Gegenstandes stellen und nach einer eindeutigen Untersuchung verlangen: seine Geschichte und die Struktur seines geheimnisvollen Abdrucks.

2. Kapitel
Der historische Befund

Dreimal Feuer

Dreimal im Verlauf der Jahrhunderte – das letzte Mal erst im April 1997 – wurde das Grabtuch von den Feuerflammen eines Brandes bedroht, und dreimal hätten die Flammen beinahe das Tuch zerstört. Doch jedesmal konnte es im letzten Augenblick durch den Mut eines einzelnen gerettet werden.

Beim Brand des Jahres 1997 in Turin schien sich auf erschreckende Weise zu wiederholen, was Jahrhunderte zuvor in Chambéry geschehen war. Dort brach am 4. Dezember 1532 in der Sainte Chapelle, wo das Grabtuch von den Savoyern aufbewahrt wurde, in der Nacht, als kein Wächter da war, im Chorgestühl Feuer aus. Noch ehe Alarm gegeben werden konnte, hatten die Flammen bereits die Einrichtung aus Edelhölzern und die reichen Wandbehänge verbrannt. Glas und Blei eines großartigen Glasfensters, das ein Gemälde des Grabtuchs zeigte, waren in der enormen Hitze geschmolzen. Das Feuer hatte bereits auf die angrenzende Sakristei übergegriffen, wo sich in einem großen Schrank aus altem, trockenen Holz ein Kasten befand, auch er aus Holz, der einen zweiten Kasten enthielt. Dieser bestand glücklicherweise aus Silber, und in diesem Silberkasten wurde das mehrfach gefaltete Leinen des Grabtuchs aufbewahrt.

Als einer der Ratsherren des Herzogs Philipp Lambert den Brand bemerkte, hatte er schon weit um sich gegriffen. Der Chorraum war durch ein schweres Gitter abgesperrt, von dem niemand die Schlüssel hatte. Das Feuer wurde dazu durch den nächtlichen Wind, der durch die aufgerissenen Tore hereinkam, genährt. Vergeblich schütteten die Helfer eimerweise Wasser in die Flammen, um sie löschen.

Aber noch jemand hatte den Feuerschein im Schnee gesehen, der Schmied Guillaume Poussod, der es verdient, daß man sich seines Namens erinnert. Denn es gelang ihm, mit den bloßen Händen, die bis auf die Knochen verbrannten, die rotglühenden Eisenstäbe des Gitters auseinanderzubiegen und einen Durchschlupf zu schaffen. Zusammen mit zwei Klosterbrüdern, deren Namen wir nicht kennen, gelangte er bis zu dem Schrank, und sie zogen zu dritt den schon von Feuerflammen umhüllten Silberkasten heraus, der an einer Ecke bereits geschmolzen war. Ohne viel zu überlegen, schütteten sie eine große Menge Wasser über den Kasten, das diesen abkühlte; aber durch die Öffnung des geschmolzenen Silbers drang das Wasser ins Innere und hinterließ an den Stellen, die dem Loch am nächsten waren, symmetrische Flecken, die heute noch zu sehen sind.

Baron Philibert Pingon, Historiker und Latinist, hat in einem Bericht beschrieben, wie der Kasten geöffnet und das Tuch entnommen wurde, das sich in einem jammervollen Zustand befand: Es war naß, angebrannt, durchlöchert. Und doch hatte das Feuer, das sich durch alle Schichten des zusammengefalteten Leinentuchs gefressen hatte, den Abdruck kaum betroffen: Er hatte sich in keiner Weise verändert.

Ein Tag in Los Alamos

In Los Alamos liegt auf der ruhigen und waldreichen Hochebene, der „Mesa", von der man auf die Jemez-Berge sieht, in der Nähe der Forschungslabors, in denen während des Krieges das Atomprojekt „Manhattan" entwikkelt worden war, das Haus von Ray Rogers. Im Frühjahr

1977 sah Rogers, der ein hervorragender Fachmann für „thermische Wirkungen" ist und damals über Explosionsstoffe für den militärischen und zivilen Einsatz forschte, zum ersten Mal die Farbfotografien des Grabtuchs von Judica Cordiglia, und sofort konzentrierte sich seine Aufmerksamkeit von Berufs wegen auf die Spuren des verheerenden Brandes.

In der Beschreibung des Brandes hieß es, daß die Hitze in der äußersten Ecke des Kastens das Blei der Schweißnaht und auch die Silberkante zum Schmelzen gebracht hatte. Rogers vermutete, daß die Temperatur in dieser Ecke des Kastens, wo der Schmelzvorgang ausgelöst wurde, fast 900 Grad betragen haben mußte. Es handelte sich um altes Silber, das aber sicher nicht reines Silber, sondern mit unterschiedlichen Anteilen anderer Metalle vermischt war.

Nach einem Jahr sollten seine Überlegungen eine Bestätigung finden. Ein Mikroteilchen des Silbers war in der Nähe einer Brandstelle im Stoff des Grabtuchs erhalten geblieben. Seine Analyse ergab, daß es sich um eine geringwertige Legierung handelte. Niedrigere Metalle hatten den Schmelzpunkt des Silbers herabgesetzt.

Das Grabtuch war in dem Kasten wie ein Laken mehrfach zusammengelegt gewesen. Bei der Betrachtung der Fotos des ausgebreiteten Tuches und der symmetrischen Brandstellen konnte Ray Rogers mühelos die Faltung des Tuchs und wie es im Kasten gelegen hatte rekonstruieren, er konnte die Hitzequelle lokalisieren und folglich die Temperaturen der verschiedenen Bereiche bestimmen.

An der Stelle, die dem Feuer am nächsten gewesen war, in der Ecke, in der das Silber geschmolzen war, hatte eine enorme Hitze geherrscht. Dort hatte eine komplette Pyrolyse (Zersetzung durch Hitze) stattgefunden, die eine

Zerstörung des Gewebes zur Folge hatte, so daß man dort große Flicken auf den Stoff gesetzt hat. Glücklicherweise hatte der Kontakt mit dem Feuer nur einen kleinen Bereich zerstört, vielleicht wegen der Eimer Wasser der freiwilligen Helfer. Außerdem hatte das Feuer schnell den wenigen Sauerstoff verbraucht, der sich in dem geschlossenen Kasten befunden hatte, und war erstickt.

Die Hitze war von einer Schicht des Tuches zur nächsten gedrungen und dabei immer geringer geworden. Auf dem Leinen sieht man alle Schattierungen von Verbrennungen bis hin zu einer leichten Brünierung bei etwa 200 Grad, einer Temperatur, bei der Leinen wie unter einem heißen Bügeleisen angesengt wird (siehe Farbtafel 12).

Aber auf den Fotos des Grabtuchs sah man – an einer Stelle, die von der glühenden Ecke des Kastens entfernt lag – noch andere, zwar kleine, aber sehr intensive Brandstellen, die im Stoff vier rundliche Löcher hinterlassen hatten; drei Löcher liegen auf einer geraden Linie, das vierte seitlich davon, so daß sie zusammen ein großes L bilden. Die eigenartige Anordnung wiederholt sich auf dem Tuch nur viermal, und der Abstand der Brandstellen zueinander ist anders als der der Stellen des Brandes von Chambéry. Ray Rogers schloß daraus, daß es in der Geschichte des Grabtuchs, irgendwann und irgendwo, als das Tuch in einer anderen Art zusammengefaltet war, schon einen früheren Brand gegeben haben mußte. Nach den engbegrenzten Schäden zu urteilen, ist das Tuch damals zwar fast sofort gerettet worden, aber die Temperatur des Brandes muß sehr hoch gewesen sein, denn die vier Leinenschichten sahen aus, als seien sie an diesen Punkten von einer glühenden Klinge durchstoßen und in Asche verwandelt worden.

Auf der nebenstehenden Skizze wurden die Konturen des Körperbildes weggelassen, um die Brandspuren deutlicher hervortreten zu lassen.

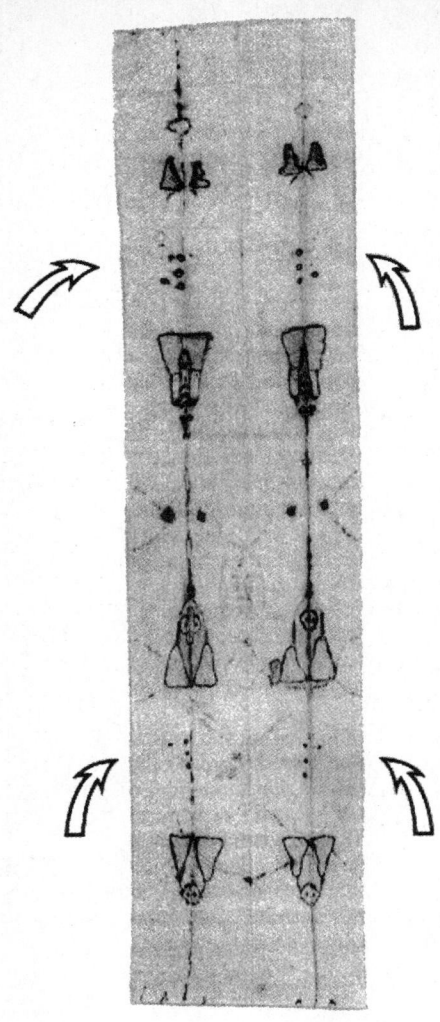

2. Sizze: Jerôme Lejeune (CIELT – Paris)

Ein Tag in Konstantinopel

Diese runden, so seltsam in Form eines großen L ange-
ordneten Brandstellen, sind schon Albrecht Dürer aufgefallen, der sie 1516; also 15 Jahre vor dem Brand von
Chambéry, wiedergegeben hat. Aber ihre Herkunft verlor
sich im historischen „schwarzen Loch" des Turiner Grabtuchs, von dem man bis vor kurzem gesprochen hat.

Bis zu dem Tag, an dem man in der Nationalbibliothek
von Budapest entdeckte, daß eine kostbare, zwischen 1150
und 1195 zu datierende Pergamenthandschrift – nach ihrem Entdecker Codex Pray genannt – eine Miniatur enthält, die das Grabtuch wiedergibt. Auf dieser Miniatur ist
etwas zu sehen, was bisher noch niemandem aufgefallen
war.

1150 wurde in Konstantinopel von Kaiser Manuel II.
Komnenos ein ungarischer Botschafter empfangen. Man
plante eine Hochzeit zwischen einer byzantinischen Prinzessin, der Tochter des Kaisers, und dem Erbfürsten Bela
von Ungarn. Wie es damals am kaiserlichen
Hof üblich war, hatte Manuel Komnenos als
ein Zeichen besonderer Vertraulichkeit den
Ungarn die kaiserlichen Schätze gezeigt,
darunter auch einen Gegenstand, der eifer-
süchtig in der kaiserlichen Kapelle gehütet
wurde. Byzantinische Historiker und Hymnographen nannten diesen Gegenstand
„Sindon" (Grabtuch).

Bei dieser politischen Annäherung zwischen dem jungen ungarischen Reich und
dem Oströmischen Kaiserreich hatte ein
aufmerksamer Beobachter, der zeichnen
konnte, das „Sindon" aus der Nähe gesehen.
Auf der Miniatur des Codex Pray ist der
Augenblick der Grablegung Christi wieder-

gegeben. Auf dem nächsten Bild ist das ausgebreitete Tuch zu sehen, mit einer Hülle, wahrscheinlich aus Seide, die es damals schützte. In die Hülle sind in Purpurfarbe, die dem byzantinischen Herrscher vorbehalten war, zum Zeichen, daß dieser Gegenstand dem Kaiser gehörte, kleine Kreuze eingewebt. Aber den aufmerksamen Miniaturmaler hatte vor allem eine eigenartige Gruppierung von vier verkohlten Löchern gefesselt, die in der Form eines großen L angeordnet waren und sich viermal wiederholten. Und er gab sie – vielleicht als Erinnerung an eine überstandene Gefahr, vielleicht als geheimnisvolles Zeichen, wer weiß – auf seinem Bild wieder.

Seiner akribischen Genauigkeit – und der Untersuchung, die Jerôme Lejeune hierüber 1993 vorlegte – verdanken wir die Erkenntnis: Das seinerzeit in Konstantinopel aufbewahrte „Sindon" ist das Turiner Grabtuch. Und der auf der Miniatur festgehaltene Vorgang geschah etwa drei Jahrhunderte vor dem Zeitraum, den die Radiokarbon-Datierung als Entstehungszeit des Grabtuchs angegeben hat.

3. Miniatur aus dem Codex Pray, mit Detail (CIELT - Paris)

„Fire Simulating Model" in Moskau

Währenddessen verfolgte in Moskau der Leiter des Sedov-Biopolymer-Labors, Dimitri Kuznetsov, Biochemiker und Lenin-Preisträger, andere Forschungswege. Er suchte nach möglichen Ursachen, die eine Datierung von besonders schwierigen archäologischen Funden – dazu gehören auch alte Stoffe – mit Hilfe der Radiokarbon-Methode beeinflussen oder verfälschen können.

Dabei wurden zum Beispiel eine Mumie aus dem Museum von Manchester und das Leinen ihrer Binden, mit denen sie umwickelt war, mit der Radiokarbon-Methode untersucht. Die Verwirrung war groß, als sich herausstellte, daß das „radiokarbonische" Alter der Leinenbinden rund ein Jahrtausend jünger war als das des mumifizierten Leichnams, um den sie gewickelt waren.

Anfang der neunziger Jahre schlug jemand Kuznetsov vor, das berühmteste und umstrittenste Leinengewebe zu untersuchen, mit dem man sich gerade beschäftigte: das Turiner Grabtuch. Wie jedermann in der Welt war auch Kuznetsov – der noch nie in Italien gewesen war, der weder wußte, wo Turin lag, noch worum genau es sich bei dem Grabtuch handelte – die Aufsehen erregende Meldung zu Ohren gekommen, daß drei berühmte Untersuchungslabors dem Tuch bescheinigt hatten, es stamme aus dem Mittelalter. Er erkannte sofort, daß dies für sein Forschungsvorhaben eine einmalige Gelegenheit war.

Handelte es sich doch um ein Leinentuch, das vor 400 Jahren unter ungewöhnlichen Umständen einem Brand ausgesetzt war, das deutliche Spuren hiervon aufwies und von einer Gruppe von amerikanischen Wissenschaftlern ausführlich untersucht worden war, deren Untersuchung aber jetzt niemand zu schätzen schien.

Jemand schlug Kuznetsov vor, die vor einigen Jahren von Ray Rogers vom Forschungslabor in Los Alamos gemachten Beobachtungen – er hatte Fotografien des Grabtuchs und dann im Oktober 1978 in Turin das Grabtuch selbst untersucht – zu überprüfen.

In der Brandnacht von Chambéry hatte das Grabtuch zusammengefaltet in einem geschlossenen Silberkasten gelegen. – „Im Inneren des Kastens befand sich also sehr wenig Sauerstoff."

Der mit Zinn verschweißte Silberkasten war innen mit Holz verkleidet und mit Seide ausgeschlagen. – „Das bedeutet, daß bei der enormen Hitze sich die Moleküle des Leinens mit denen von Silber, Zinn und auch Holz und Seide vermischt haben. Die doch viel jünger sind als die des Grabtuchs? Um wieviele Jahrhunderte?"

Nach der Überlieferung war das Grabtuch seinerzeit 1500 Jahre alt, der Kasten und die Umhüllungen höchstens 100 Jahre. – „Bereits bei Temperaturen von nur 300 Grad findet zwischen den betroffenen Materialien ein bedeutsamer Isotopenaustausch statt. Wer weiß, was sich in jener Ecke abgespielt hat, wo die Temperaturen so hoch waren, daß sie das Silber zum Schmelzen gebracht haben."

Durch die Öffnung des geschmolzenen Silbers waren auch an die entferntesten Stellen des Grabtuchs sehr heiße Dämpfe des Wassers gedrungen, das zum Löschen des Brands verwendet wurde. – „Ein richtiges Wärmebad."

In dieses Wärmebad waren das Grabtuch und die unterschiedlichen Materialien des Behälters mindestens bis zur Bergung und Öffnung des Kastens eingetaucht. – „Dies hat die in dem Grabtuch vorhandene Menge an Radiokohlenstoff erhöht."

Der Vorgang konnte schwerwiegende Folgen haben, und er konnte die Berechnungen, die zu dem Ergebnis geführt hatten, das Grabtuch stamme aus dem Mittelalter, beeinflußt haben.

Ein Experiment mit altem Leinen aus Judäa

„Man müßte in einem Versuch den Brand von damals unter den damaligen Bedingungen simulieren."

Es lagen viele historische Informationen vor, die Schäden des Feuers sind noch heute zu sehen. Der Versuch war möglich. Man entschied, in Moskau dieselben Bedingungen zu schaffen, denen das Grabtuch vor vier Jahrhunderten in Chambéry ausgesetzt gewesen war. Das Experiment wurde „Fire Simulating Model" genannt.

Mit Hilfe von Mario Moroni wurden Proben von sehr altem Leinen gesucht. Das Alter sollte gesichert sein, und es sollte möglichst aus dem Gebiet des alten Judäa stammen. Das israelische Amt für Altertümer legte eine Liste von Mustern von kostbaren judäischen Grableinen vor – von 200 v. Chr. bis zum Jahre 30 n. Chr., die in Mo'ah und En Gedi gefunden worden waren.

Es wurde ein Muster ausgesucht, das wahrscheinlich so alt wie das Grabtuch war. Vor dem Experiment ließ man es vom AMS-Labor in Tucson (Arizona) datieren, dieses bestätigte ein Entstehungsdatum zwischen 100 v. Chr. und 100 n. Chr.

Anhand der historischen Texte, der Zeugnisse jener Epoche, der Brandstellen auf dem Stoff und der Untersuchungen, die seinerzeit Ray Rogers gemacht hatte, wurde eine „Versuchsumgebung" geschaffen, die dieselben physikalisch-chemischen Bedingungen aufwies, wie sie beim Brand im Jahr 1532 geherrscht hatten. Das Unternehmen trägt die Namen von Dimitri Kuznetsov, Andrei Ivanov und Pavel Veletsky, sie wurden technisch von Oberst Nicolai Sahzin von der Moskauer Militärakademie, Abteilung Wärmeschutz, unterstützt.

Man nahm das Muster mit dem alten Leinen aus Judäa und stellte Bedingungen her, die mit der Situation, der das Grabtuch ausgesetzt war, vergleichbar waren: erhitztes

Gas, Partikel der Umhüllung, Silber, Holz, Seide, Wasserdampf. In dieser Mischung blieb das Muster etwa eine Stunde lang eingeschlossen.

Danach wurde mit Hilfe der Radiokarbon-Methode, die auch beim Turiner Grabtuch angewendet worden war, das Alter des Musters bestimmt. Es zeigte sich das Phänomen, das Kuznetsov vermutet hatte: Das „Wärmebad" aus Gas und Dämpfen – vergleichbar dem, dem auch das Grabtuch im Jahr 1532 ausgesetzt worden war – hatte eine große Fremdmenge an Radiokarbon-Atomen veranlaßt, sich in die Zellulosestruktur des alten judäischen Leinens einzufügen. Und nun zeigte sich an diesem judäischen Leinen, das ein archäologisch abgesichertes Alter von rund 2000 Jahren hatte, eine aufsehenerregende Verjüngung: Innerhalb von zwei Stunden war es, mit Radiokarbon angereichert, zu einem Leinen geworden, das viele Jahrhunderte jünger war.

Man wollte den Mechanismus dieses Phänomens in weiteren Experimenten untersuchen, aber die Kollision mit der unvorsichtigen Radiokarbon-Datierung des Turiner Tuchs in das Mittelalter (und wer weiß wie vieler anderer anfechtbarer Datierungen) war enorm. Dimitri Kuznetsov und seine Mitarbeiter waren allerdings nicht an den philosophischen Implikationen ihrer Entdeckung interessiert: Die Radiokarbon-Datierung war falsch, und das genügte.

Turin, 13. Oktober 1988

Als an diesem Tag bekanntgegeben wurde, daß das Ergebnis der Radiokarbon-Datierung erbracht habe, das Turiner Grabtuch stamme aus einer Zeit zwischen dem 13. und 14. Jahrhundert, gab es heftige und leidenschaftliche Reaktionen. Unzählige Menschen – und dies ist nicht übertrieben, denn in dem einen oder anderen Sinn hatten Millionen dazu eine Meinung – empfanden große Genugtuung, weil endlich eine Legende zerstört worden war. Eine Legende, die immerhin große Bedeutung hatte. Wenn sich herausgestellt hätte, daß eine Mumie, die man für den Pharao Ramses gehalten hatte, der Leichnam eines einfachen koptischen Bauern sei, hätte eine solche Meldung nicht ein ähnlich leidenschaftliches Interesse hervorrufen können.

Viele Menschen aber verdächtigten die Wissenschaftler, Supervisoren, Berater und „Karbonisten" aus Tucson, Oxford und Zürich der seltsamsten und hinterhältigsten Komplotte: Austausch der Fragmente vom Grabtuch mit Stücken, die aus dem Mittelalter stammten, Manipulation der Untersuchungsergebnisse, finstere Absprachen untereinander. Es wurden leidenschaftliche Bücher geschrieben und gedruckt, und es gab öffentliche Briefwechsel, in denen die eisigen britischen Reaktionen nicht weniger heftig waren als die bissigen italienischen Anklagen.

Trotz alledem: Alle streitenden Parteien hatten ein Thema ausgelassen – den schwer bestimmbaren Bereich von möglichen Fehlern.

Ein Oktobertag in Rom

Das Durchschnittsgewicht des Grabtuchgewebes liegt zwischen 20 und 23 Milligramm pro Quadratzentimeter. Das Gewicht pro Quadratzentimeter der Grabtuchfragmente, die für die Datierung mit der Radiokarbon-Methode vorgesehen waren, betrug dagegen mehr als 42 Milligramm. Die Radiokarbondatierung wurde aber trotz dieser Diskrepanz durchgeführt.

Vor einiger Zeit hatten der Textilexperte Professor Timossi und Professor Gilbert Raes, der Direktor des Technologie-Labors für Gewebe der Universität Gent das

Durchschnittsgewicht des Grabtuchs pro Quadratzentimeter „warenkundlich" (d. h. nach Kette und Schuß) bewertet. 1978 wurde es von R. A. Morris von der Gruppe des STURP „radiographisch" berechnet. Die beiden Ergebnisse stimmen überein.

Durchschnittsgewicht des Grabtuchs pro cm² nach:	
A. TIMOSSI (Textilexperte)	**23 mg**
G. RAES (Universität Gent)	**25 mg**
R.A. MORRIS (National Laboratories Los Alamos)	**25 mg**
G. RIGGI	**20 mg ± 3**
Mittelwert der vier Werte: 23,2 mg pro cm²	

4. Tabelle der Durchschnittsgewichte (Auswertung: M.G. Siliato)

Wenn man berücksichtigt, daß das Grabtuch ein altes Gewebe ist, das manuell hergestellt worden war und daher leichte Unregelmäßigkeiten aufweist, so muß man dem mittleren gemessenen Wert vorsichtshalber eine Toleranz von – höchstens – 10 Prozent hinzufügen; als Durchschnittsgewicht des Gewebes kann also ein Wert von 25 Milligramm angesetzt werden.

Die Entnahme des Gewebefragments, mit dem die Radiokarbon-Datierung durchgeführt werden sollte, ist vollständig auf Video dokumentiert. In Gegenwart von zahlreichen Persönlichkeiten mit den unterschiedlichsten Titeln entnahm der Untersuchende ein Probestück aus der oberen linken Ecke, von der bereits früher ein Stück abgetrennt worden war.

Dieses Probestück, das Berühmtheit erlangen sollte,

war ein 8,1 mal 1,6 Zentimeter großes Rechteck, es hatte also eine Fläche von 12,96 Quadratzentimeter.

Auf der Feinwaage ergab sich ein Gewicht von 478,1 Milligramm. Wenn wir es durch seine Fläche teilen (478,1 : 12,96), erhalten wir erstaunlicherweise ein Gewicht von

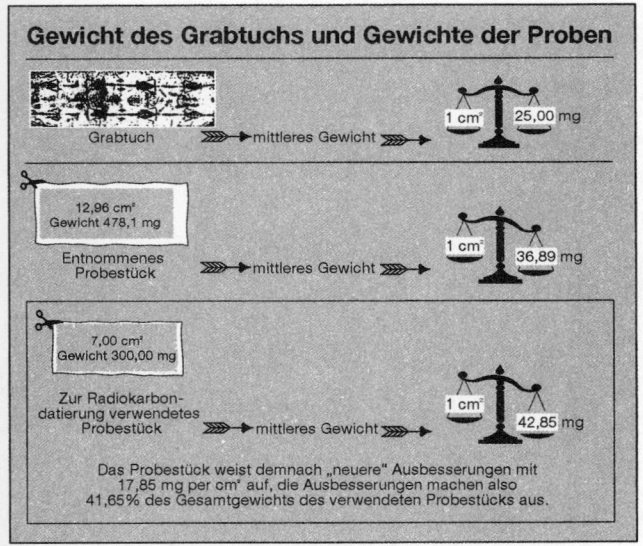

5. Gewichtstabelle (M.G. Siliato)

36,89 Milligramm pro Quadratzentimeter, das sind 11,89 Milligramm mehr als das mittlere Gewicht des Grabtuchs.

Der Untersuchende hielt es dann für erforderlich, das Stück Stoff „nachzuschneiden", indem er einige Unregelmäßigkeiten und ein paar „freie" Fäden entfernte. Er verkleinerte es also auf das Format 7,00 mal 1,00 Zentimeter, d. h. auf eine Fläche von 7,00 Quadratzentimer.

Das Gewicht des „beschnittenen" Teilstücks betrug 300 Milligramm. Wenn wir es durch seine Fläche teilen (300 : 7,00), entdecken wir, daß sich das Gewicht pro

Quadratzentimeter noch einmal erhöht hat: Es beträgt jetzt 42,85 Milligramm, also 5,96 Milligramm mehr.

Das Teilstück, auf dem – mit dem anachronistischen Ergebnis einer Entstehung im Mittelalter – die Radiokarbon-Datierung durchgeführt wurde, wog pro Quadratzentimeter 17,85 Milligramm mehr als die 25,00 Milligramm des Durchschnittsgewichts des Grabtuchs. Das bedeutet, daß auf diesem Probestück das Originalgewebe zusätzlich zu seinem Eigengewicht noch eine sehr große Menge an fremdem Textilmaterial mit sich führte. Worauf ist diese enorme Gewichtserhöhung zurückzuführen?

Frühere sorgfältige Ausbesserungen und ihr Gewicht

Im Laufe der Jahrhunderte wurde das Grabtuch mehrmals ausgebessert. Man kann auf ihm eine ganze Mustersammlung von Stichen entdecken.

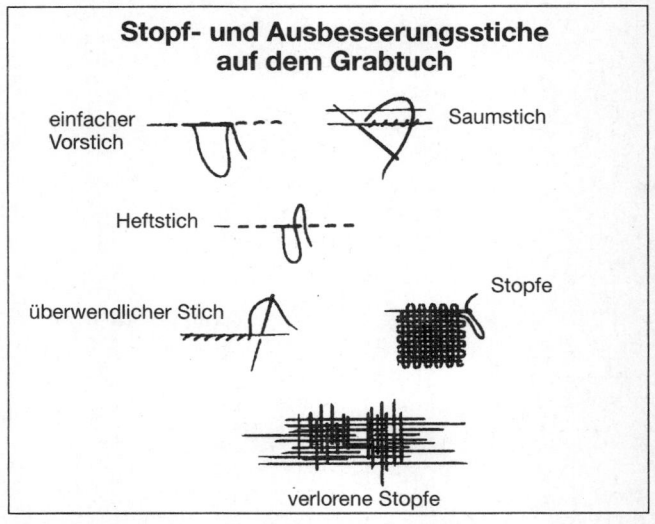

6. Ausbesserungs- und Restaurierungsstiche (M.G. Siliato)

Die Vielfalt der Stiche ist beachtlich: „einfacher Vorstich", „Saumstich", „überwendlicher Stich", „Heftstich", „Stopfstich", „Kordonettstich". Man sieht Verstärkungen an den Ecken, Flicken auf den verbrannten Stellen. Man erkennt das „Futter", d. h. ein gleich großes Stück holländische Leinwand, das durch unzählige Stiche an den Oberstoff anliegend gemacht wurde. Die Stiche führen durch beide Stoffe und „verbinden sich", wie die Wissenschaftler erklären, „vollkommen mit den Fäden des Grabtuchs".

	Ausbesserungsarbeiten
1973	**Stopfen**
	Die Nonnen von St. Josef, Turin
1868	**Stopfen und Futter**
	Prinzessin Klothilde Savoyen Bonaparte
1694	**Verschiedene Restaurierungen**
	Ven. Sebastiano Valfré
1534	**Ausbesserungen, Flicken, Futter**
	Die Klarissen von Chambéry
944/1204	**Ausbesserungen, Stoffentnahme für Reliquien**
	Konstantinopel
1....?	**Brand und Reparaturen?**
2.–9. Jh.	**Versteck, Faltung zum Quadrat**
	Jerusalem, Pella, Edessa

7. Tabelle der Ausbesserungsarbeiten (M.G. Siliato)

Darüber hinaus gibt es große Bereiche, die mit der sorgfältigen und kunstvollen Technik der „verlorenen Stopfe" verstärkt und vielleicht auch erneuert worden sind. Dabei fügen sich die Fäden ohne Knoten so in die Kett- und Schußfäden ein, daß sie im vorhandenen Stoff nicht zu sehen sind und sich dort förmlich „verlieren".

Wegen seiner uralten handwerklichen und daher unregelmäßigen Struktur, wegen seiner geringen Stärke und der dichten Fischgrätwebart nimmt das mediterrane Leinen des Grabtuchs diese Ausbesserungen in geradezu optimaler Weise auf.

Das Grabtuch wurde dem Volk im Laufe der Jahrhunderte fast immer auf die gleiche Art gezeigt. Durch die Form des zweifachen Abdrucks ergab es sich, daß das Tuch ganz waagerecht ausgebreitet wurde. Herkömmlicherweise wurde die Seite mit dem Abbild des Antlitzes vom Betrachter aus gesehen nach links gelegt, damit das überlange Tuch in Leserichtung, also von links nach rechts, betrachtet werden konnte. Das Tuch wurde mit den Händen hochgehalten, und oft wurde eine Tragstange eingeführt.

Auf einem Stich, der eine Präsentation des Grabtuchs im 17. Jahrhundert darstellt, ist deutlich zu sehen, wie das Tuch am oberen Rand mit den Händen gehalten wird:

Und dies ist die Stelle, von der das Probestück für die Radiokarbondatierung entnommen wurde.

Noch 1898 sehen wir, daß das Grabtuch dem Volk stets auf dieselbe Art gezeigt wurde: Viele Hände fassen es ohne einen Schutz an immer denselben Stellen an, die also im

8. Stich aus dem 17. Jh. – Hochhalten des Grabtuchs mit den Händen

Laufe der Jahrhunderte sehr gelitten haben müssen. Der Betrachter hat auf diese Weise einen vollkommenen und natürlichen Blick auf den Abdruck, das Antlitz befindet sich von ihm aus gesehen auf der linken Seite.

9. 1898: Hochhalten des Grabtuchs mit den Händen (Bild Chessa)

Im Oktober 1976 hatte Riccardo Gervasio eine eingehende Untersuchung über die Restaurierungen und Ausbesserungen am Turiner Grabtuch veröffentlicht. Er hatte in der oberen rechten und linken Ecke Flicken aus dem Mittelalter gefunden, die mit Steppstichen und überwendlichen Stichen aufgesetzt waren, um dem Originalstoff, der sich im Laufe der Jahrhunderte wie der Rand eines alten Teppichs buchstäblich fast aufgelöst hatte, Halt zu geben und ihn teilweise auch zu ersetzen.

1978 hatten Mottern, London und Morris von diesen Stellen Röntgenaufnahmen gemacht: Sie hatten dabei gesehen, daß das Gewebe bemerkenswert uneinheitlich war. Es gab Stellen mit „geringer Dichte", die ausgefranst und zerfallen waren, neben Stellen mit „hoher Dichte", die also stark ausgebessert waren. Sie veröffentlichten ihre Entdeckungen in wissenschaftlichen Zeitschriften.

Unseligerweise wurden die Proben für die Radiokarbon-Datierung gerade von einer solchen Stelle entnommen.

Eine Probeentnahme von Fadenteilen nach dem Zufallsprinzip von verschiedenen Stellen wurde bedauerlicherweise ausgeschlossen. Doch nur so hätte man, ohne das Tuch zu beschädigen, eine wirklich repräsentative Probe zur Radiokarbon-Datierung geben können.

Über das beschnittene Teilstück sagte der, der die Probe entnahm: „Es wurde im folgenden in Teile geteilt, drei davon waren gleich und wogen etwas über 50 Milligramm, sie wurden in drei Behälter gelegt ..." Das heißt, von den 478,1 Milligramm des ursprünglich abgeschnittenen Stücks gingen etwas über 150 Milligramm, die der Stelle mit dem größten mittleren Gewicht entnommen waren, an die drei Labors.

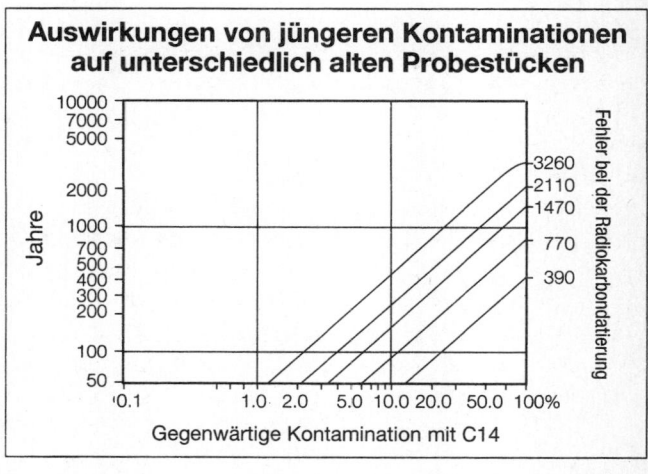

10. Prof. Ollson – Universität Uppsala

Wie sehr eine spätere Kontamination die Daten einer Radiokarbon-Datierung durcheinanderbringen kann, auch wenn diese technisch noch so sorgfältig durchgeführt wird, zeigen uns die Ergebnisse von Laboruntersuchungen.

Wenn man die vielen, so auffälligen Ausbesserungen und die großen Widersprüche bei den Gewichten kennt, ergibt sich leicht, daß auf allen Proben, die in den Labors für die Radiokarbon-Datierung untersucht wurden, sehr unregelmäßig verteilt fremde, unbestimmte Textilmaterialien vorhanden waren.

Die Untersuchungslabors führen routinemäßig eine sorgfältige Reinigung der zu untersuchenden Proben durch und entfernen Verunreinigungen und Fremdkörper, aber das Leinen, mit dem die Ausbesserungen gemacht worden waren, das in seiner Struktur homogen mit dem Originalleinen ist, konnte dabei nicht entfernt werden.

Die Vermengung mit Material, das radiokarbonmäßig viel jünger ist – wieviel jünger? zwölf, fünfzehn, sechzehn Jahrhunderte? – hat die Radiokarbonmenge auf den zu untersuchenden Probestücken dramatisch erhöht und damit verfälscht.

* * *

Angesichts der Ergebnisse des „Fire Simulating Model"-Versuchs und der schwerwiegenden Widersprüche bezüglich des Gewichts von Originalstellen und ausgebesserten Stellen weiß kein Mensch wirklich, an welchem „Ding" die Radiokarbondatierung durchgeführt wurde.

3. Kapitel
Das Forschungsprojekt

44 Jahre alte Fotos
und ein Mikroschwärzungsmesser in Albuquerque

Schon 1902 hatte Paul Vignon bei Betrachtung der umstrittenen Fotos von Secondo Pia beobachtet, daß der Abdruck auf dem Grabtuch an den Stellen, wo der Stoff mit der Haut eines ausgestreckten Leichnams in Berührung gekommen sein mußte – Nase, Fingerknöchel, Knie, Füße –, dunkler aussah, während die Stellen, wo der Stoff keinen Kontakt haben konnte – in den Augenhöhlen, an den Seiten der Arme und Beine, zwischen den Fingern – heller oder geradezu unsichtbar waren. Und deshalb, fügte Vignon hinzu, war es das, was niemand hören wollte, nämlich ein Abdruck.

Hieran mußte im Sommer 1975 in Albuquerque, Neu-Mexiko – einer Kleinstadt aus der spanischen Kolonialzeit, benannt nach einem Vizekönig von Neu-Spanien, die neuerdings zu einer Hochburg der geheimen Spitzentechnologie geworden war – ein junger theoretischer Physiker denken, als er die orthochromatischen Fotos in Weiß und Schwarz betrachtete, die Giuseppe Enrie 44 Jahre zuvor von dem Turiner Grabtuch gemacht hatte. Sein Name war John Jackson.

Jackson hatte sich 1974 an die Holy Shroud Guild – eine Vereinigung in den USA – gewandt, und um Informationen über diesen geheimnisvollen Gegenstand gebeten. Sehr überrascht mußte er feststellen, daß es über das Turiner Grabtuch trotz dessen aufsehenerregender Einzigartigkeit so gut wie keine wissenschaftlichen Untersuchungen gab, weder in den USA noch in Europa. Ein Artikel in der

„New Catholic Encyclopedia" war schon fast alles, und der war recht kurz und dazu noch verworren. Die Ausgangssituation war also mehr als dürftig.

Wenn, so die Überlegung von Jackson, die Helldunkeltöne nicht durch den Kunstgriff eines Malers entstanden waren, dann mußte, wie Vignon schon intuitiv erfaßt hatte, ihre Intensität in Zusammenhang stehen mit der Intensität des Kontaktes der verschiedenen Punkte des Stoffes mit der Haut eines echten Leichnams, und zwar so, daß die dunkleren Stellen in Wechselbeziehung stünden zu den hervorstehenden Stellen eines ausgestreckten menschlichen Körpers (wo ja der Kontakt zwischen Stoff und Haut am engsten ist).

Zu Zeiten Vignons besaß man keine Mittel, eine solche Hypothese quantitativ zu überprüfen, aber jetzt gab es hochsensible Geräte zur Analyse von Bildern, mit denen man vielleicht aus den alten Fotografien neue Aufschlüsse gewinnen könnte. Bei den neuen Geräten handelte es sich um Bildanalysatoren, die für die Auswertung von Satellitenfotos entwickelt worden waren.

Für die Forschung über das Grabtuch war dieser spontane Einfall ein atemberaubend neuer Aspekt.

Der Gedankengang war folgender: Auf einem normalen, nicht dreidimensionalen Foto ist es unmöglich, die genaue Entfernung zwischen den einzelnen Objekten festzustellen, z. B. zwischen der Nasenspitze und der Vertiefung der Augenhöhle oder zwischen einem Berggipfel und der Tiefe eines Tales, da die Entfernung durch die Umgebungsbeleuchtung verfälscht wird. Auf den Fotos der Planeten und Sterne dagegen hängt der Beleuchtungsgrad eines Gegenstandes von den wirklichen Entfernungen ab. Daher hatte man zur Erforschung des Weltraums Technologien entwickelt, die selbst die geringsten Veränderungen der Helligkeit auf den Satellitenbildern messen. Diese Ver-

änderungen werden mit einem komplizierten Verfahren vom Computer ausgewertet und in Entfernungsmaße zwischen zwei Punkten umgewandelt. Es entstehen somit also genaue Karten der fotografierten Gebiete.

Jackson dachte nun ganz schlicht, wenn auf dem Abdruck auf dem Grabtuch die unterschiedlichen Helligkeitsgrade nicht von einem künstlichen Auftrag, sondern von den Erhebungen eines wirklichen toten menschlichen Körpers stammen sollten, wären diese Geräte in der Lage, dies zu zeigen.

So suchte und fand er im Air Force Weapon Labor einen Spezialisten für die computergesteuerte Bildbearbeitung namens Don Devan. Dieser war ein orthodoxer Jude, der so sehr mit dem Glauben seiner Vorväter verbunden war, daß er auch bei seiner Arbeit am Computer seinen Kopf mit der Kippah bedeckte.

Jackson zeigte ihm das Foto von Giuseppe Enrie, Devan unterbrach seine Arbeit – er bearbeitete gerade Filme über Atomexplosionen – und fragte, woher es käme. Jackson erklärte ihm, wer vermutlich die Gestalt auf dem Foto des Grabtuchs sei: ein Mann, über den die christlichen Evangelien berichten. Der römische Statthalter Pilatus habe ihn auf grausame Weise hinrichten lassen und zwei seiner geheimen Anhänger haben ihn bestattet, wobei sie den Toten auf dieses Tuch gelegt und seinen unbekleideten Körper mit dem Tuch bedeckt haben. Es war ein sehr langes Tuch, über 4,30 Meter lang und etwa 1,10 Meter breit.

Über die geschichtliche Vergangenheit des Tuchs wisse man fast nichts, es gebe nur Legenden. Sicher sei, daß es um 1300 auf geheimnisvolle Weise in Europa aufgetaucht war, in einer französischen Familie, zu deren Vorfahren abenteuerliche Gestalten gehörten, Anführer in den Kreuzzügen und Tempelritter. Sie hatten das Tuch in einer Kirche ausgestellt, und sofort war ein Streit entbrannt zwischen denen, die es für echt hielten, und den anderen, die es als betrügerische Arbeit eines Malers bezeichneten.

Mitte des 15. Jahrhunderts habe das Haus Savoyen das Tuch zu einem hohen Preis erworben und nach Chambéry gebracht, wo es beinahe Opfer eines Brandes geworden wäre. Später sei es nach Turin gekommem, wo es sich seit nun 400 Jahren befinde.

Die Polemiken seien weitergegangen und nach den ersten überraschenden Fotos noch heftiger geworden. Auf den Fotos sehe es wirklich nicht so aus, als ob es sich um ein gemaltes Bild handelte.

Devan betrachtete das Foto, übersprang mit einem Satz die mittelalterlichen Dispute und erklärte – aus der Tiefe seiner zugleich jüdischen und technologischen Bildung schöpfend –, daß er außerordentlich interessiert sei. Es lohne die Mühe, die Intuition Paul Vignons zu überprüfen.

So begann in Albuquerque das erstaunlichste Projekt, das je für die Untersuchung eines archäologischen Objekts entwickelt worden war; das ganze Unternehmen konnte geradezu absurd erscheinen.

In der ersten Phase wurden, wie bei den Fotos aus dem Weltraum, elektronisch auf Mikroebene die Schwärzungsdichte eines jeden Punkts des Abdrucks auf dem Grabtuch gemessen.

Das erste elektronische Gerät, mit dem der Abdruck auf dem Turiner Grabtuch untersucht wurde, war ein Mikrodensitometer, ein Schwärzungsmesser von Boller and Chivers PDS. Der Abdruck wurde wie ein Schachbrett elektronisch in Tausende von „Bildpunkten" – Pixel – unterteilt, jedes Pixel empfing ein bestimmtes Lichtbündel. Die Lichtmenge, die jedes einzelne Pixel durchließ, wurde auf einer Schwarz-Weiß-Skala gemessen, die 256 mit dem Auge nicht mehr wahrnehmbare Abstufungen enthielt. So erhielt jedes Pixel je nach seiner Schwärzungsdichte eine Nummer zugeordnet. Das Foto, das 44 Jahre zuvor entstanden war, verwandelte sich in eine numerische Landkarte, die der Computer nun lesen konnte.

Der nächste Schritt bestand darin, die verschiedenen Kontaktebenen zwischen den einzelnen Punkten eines ausgestreckten Körpers und dem Tuch, das diesen bedeckte, im Versuch wiederzugeben.

Hierfür mußte man sich einen komplexen und ausgeklügelten Versuch einfallen lassen. Auf ein Tuch aus Leinen in Köperbindung, das genausoviel wog wie das Grabtuch, wurde mit Hilfe einer maßstabsgetreuen fotografischen Projektion eine Kopie des Abdrucks vom Grabtuch gedruckt.

Das Tuch wurde über den Körper einer Versuchsperson gelegt, die einen ähnlichen Körper wie die Person auf dem Grabtuch hatte – etwa 1,82 cm groß, auf dem Rücken liegend, die Hände überkreuzt –, so wie auch das Grabtuch hingelegt worden sein mußte. Das Wichtigste in dieser Phase war die genaue Lage des Tuchs, denn alle Einzelteile des Abdrucks mußten mit den entsprechenden Teilen des Körpers übereinstimmen. Es stellte sich heraus, daß der Abdruck des Grabtuchs sich mühelos mit dem darunterliegenden Körper deckte.

Mit feststehenden Kameras und kontrolliertem Licht wurden nun aus unterschiedlichen Blickwinkeln eine Reihe von Fotos gemacht, erst von dem mit dem Tuch verhüllten Körper und dann von dem Körper ohne Tuch. Die beiden Fotoreihen wurden elektronisch übereinandergelegt, und es ergab sich die Intensität des Kontaktes zwischen Körper und Stoff an den verschiedenen Stellen. Somit wurden die Entfernungen meßbar.

Es stellte sich sofort heraus, daß die Intuition Jacksons

richtig gewesen war und der von Don Devan vorgeschlagene Mikroschwärzungsmesser gute Arbeit geleistet hatte. Die Stellen mit der größten „Dichte" oder Schwärze des Abdrucks waren immer die Stellen, wo der Körper die höchsten Erhebungen aufwies: die Nasenspitze, die überkreuzten Hände, die Knie; dort, wo die Dichte etwas weniger ausgeprägt war, befanden sich die weniger starken Erhebungen der Augenbrauen, der Jochbögen, der Ellenbogen, und wo der Abdruck noch schwächer war, die Lider und Schienbeine; die Stellen, die fast gar keine Spuren aufwiesen, deckten sich mit der Innenseite der Hände und dem Raum zwischen den Fingern.

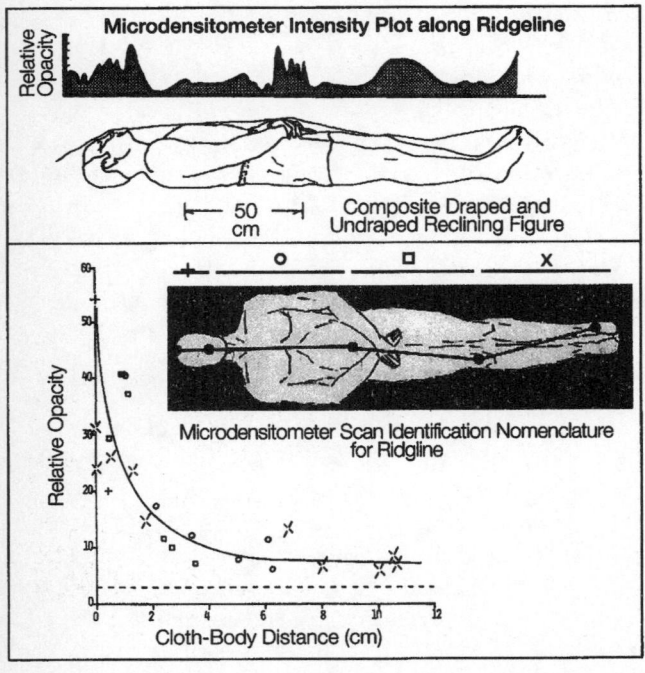

11. Das dreidimensionale Bild (Jackson, Jumper, Mottern)

Man stellte also fest, daß nicht nur eine Beziehung zwischen den Helldunkeltönen des Abdrucks und der angenommenen Intensität des Kontaktes mit der Haut bestand, sondern daß diese auch so genau war, daß man sie mathematisch ausdrücken konnte. Es war ein atemberaubendes Konzept, noch niemals zuvor hatte man einen solchen Versuch bei einem abgebildeten archäologischen Fund durchgeführt. Es war vorauszusehen, daß sich damit ganz neue Möglichkeiten ergeben würden.

Jeder der 256 Stufen der Schwarz-Weiß-Skala, die das Mikrodensitometer den Helldunkeltönen des Abdrucks auf dem Grabtuch zugeordnet hatte, wurde eine Höhenzahl zur Körperoberfläche zugewiesen.

Die Berechnungen am Computer führte Erich Jumper von der Akademie der Air Force durch, der danach meinte, die Arbeit sei eine wahre „Hundearbeit" gewesen.

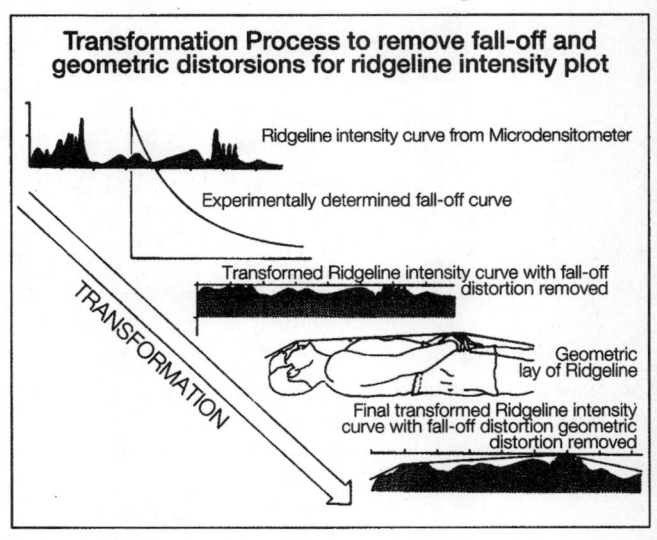

12. Das dreidimensionale Bild (Jackson, Jumper, Mottern)

Diese Bilder sind ein historisches Dokument. Die enorme technische Entwicklung auf diesem Gebiet sollte, wie wir sehen werden, damals noch unvorstellbare Entdeckungen auf dem Grabtuch ermöglichen. Während die damaligen Geräte 256 Grauabstufungen verarbeiten konnten, werden heute Bildanalysatoren eingesetzt, mit denen die kontinuierlichen Grauabstufungen in 65.536 Graustufen unterteilt werden können.

* * *

Wenn es ein mathematisch formulierbares Verhältnis zwischen dem Helldunkel des Abdrucks und den Höhen des Körpers gab, die den Abdruck verursacht hatten, dann war es möglich, dies im Computer zu lesen, auszuwerten und in ein dreidimensionales Bild umzusetzen, wie man es auch bei den Weltraumfotos machte. So rutschten bei den Analysen der Bilder einige der weltweit fähigsten Spezialisten – fast ohne sich dessen bewußt zu sein –in die aufsehenerregende Forschung am Grabtuch von Turin. Der erste war Bill Mottern vom „Sandia Laboratory."

„Sandia", so benannt nach dem Gebirge um Albuquerque, war ein durch strenge Sicherheitskontrollen abgeschirmtes, hochspezialisiertes Forschungs- und Versuchszentrum, das den „Interpretation System VP8 Image Analyzer" besaß, das Gerät, das die zweidimensionalen Weltraumfotos in dreidimensionale Reliefbilder umsetzen konnte.

Das spektakuläre Ergebnis war jedoch nur zu erzielen, wenn die Veränderungen der Lichtdichte eines Fotos nicht durch Beleuchtung, sondern durch die reale Entfernung zwischen den verschiedenen Punkten des Gegenstands hervorgerufen wurden.

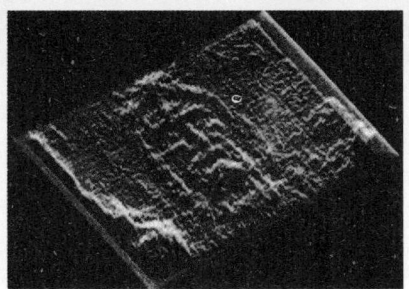

13. 3-D-Ausarbeitung durch den VP8 Image Analyzer
(Jackson, Jumper, Mottern)

„Laßt es uns versuchen", sagte Bill Mottern, fasziniert
von der Eigenartigkeit dieser Fotografien. Es schien gegen
alle Vernunft zu sein. Der VP8 las Tausende von Daten
aus dem Mikrodensitometer und setzte die Schwärzung
eines jeden Pixel in eine entsprechende Höhenangabe um.
Aus dem „elektronischen Nebel" des Bildschirms entstand
langsam das plastische Bild eines ausgestreckten menschlichen Körpers.

Das Ergebnis auf dem Bildschirm, auf dem normalerweise die Höhen und Tiefen der Planeten zu sehen waren,
war so umwerfend, mit dem Verstand nicht faßbar, daß
Jackson, Jumper und Mottern dachten, das Grabtuch müsse noch irgendeine andere bislang unbekannte Eigenschaft
haben oder es müsse sich um eine fotografische Anomalie
handeln – eine Vermutung, die knapp 80 Jahre zuvor auch
die Fotos von Secondo Pia hervorgerufen hatten.

Sie wiederholten den Versuch mit den Fotografien von
zwei sorgfältigen Kopien des Grabtuchs, die die Maler
Reffo und Cussetti im späten 19. Jahrhundert gemalt hatten und die heute in Turin aufbewahrt werden. Aber die
Bilder, die der VP8 lieferte, waren verzerrt und unergiebig,
so wie alle Bilder, die er aus gemalten Bildern oder normalen Fotografien umsetzte.

Also dachten sie, die Wiedergabe (vor allem in der Bandbreite der Rottöne) könnte durch die Platten aus dem Jahr 1931 verzerrt worden sein – dieser Gedanke war auch 45 Jahre zuvor, als Giuseppe Enrie seine orthochromatischen Fotografien gemacht hatte, geäußert worden – und es gäbe folglich gar keine „Dreidimensionalität", diese sei sozusagen nur ein fotografischer Scherz. Und sie wiederholten den Versuch mit den Fotografien, die Judica Cordiglia 1969 unter kontrollierten Bedingungen gemacht und entwickelt hatte.

Das Ergebnis dieses Versuchs war, daß die Gestalt des geheimnisvollen Leichnams noch wahrheitsgetreuer herauskam. Der Abdruck der Knie, der Hände und des Gesichts wurden noch deutlicher, man schien sie greifen zu können. Der Abdruck der Rückseite, der in den Einzelheiten besser ausgeprägt war, schien breiter zu sein, so als ob der Körper, der mit den Schultern, dem Rücken, den Hüften auf dem Tuch gelegen hatte, unter seinem eigenen Gewicht ein wenig flacher geworden wäre. Er sah aus wie der Abdruck einer Körpers aus Fleisch und nicht wie der einer Statue, die sich ja nicht verformt hätte.

Zwischen den Helldunkeltönen des Abdrucks und den vermuteten Erhebungen und Vertiefungen eines ausgestreckten Körpers gab es mehr als eine nur angenommene Abhängigkeit. Es gab ein genaues mathematisches Verhältnis, das quantifizierbar und nachvollziehbar war. Und das bedeutete, daß sich die Hypothese, es handele sich um ein gemaltes Bild, in Nichts auflöste.

Das Antlitz, das noch niemand gesehen hat

Dann stießen Donald Lynn und Jean Lorre vom Raketenforschungszentrum „Jet Propulsion Laboratory" in Pasadena zum Team. In ihrem Labor waren die ersten

Fotografien der Mariner Sonde von der Venus und vom Merkur auf dem Computer ausgearbeitet und in die Welt geschickt worden, und derzeit waren sie mit der Viking-Mission zum Mars beschäftigt.

Pasadena mit seinem alten indianischen Namen „Krone des Tals", seiner liebenswerten Tradition des „Rosenturniers", dem milden Klima des San-Gabriel-Tals zu Füßen der Sierra Madre, war vor allem der Sitz des angesehenen California Institute of Technology, das zusammen mit der NASA das fortschrittlichste Raumfahrtforschungszentrum dort hingebaut hatte.

Lynn und Lorre waren Fachleute für hochentwickelte Techniken der computergesteuerten Bildverarbeitung und -verstärkung der Fotos, die von Satelliten im Weltraum aufgenommen wurden. Diese Satellitenfotos, die als winzige elektrische Impulse durch den Weltraum kommen und von hochsensiblen Antennen aufgefangen werden, sind beladen mit Störungen, und es ist eine unendlich mühsame Arbeit erforderlich, in einer unendlichen Reihe von Kombinationen Einzelheiten und Strukturen zu isolieren, zu verstärken, abzuschwächen oder zu eliminieren. Aber die Fachleute merkten zu ihrer Überraschung, wie schwierig auch der Abdruck auf dem Grabtuch vom Computer zu lesen war. Seine zarte Farbe war unterbrochen von Wasserflecken, Brandstellen und Flicken; jeder Millimeter seiner Oberfläche war Teil eines Gewebes aus Kette und Schuß im Fischgrätmuster, ein Geflecht von Fäden wie ein Gitternetz, das sich mit den Einzelheiten des Abdrucks vermischte.

Der erste Computer der Welt, der die Daten vom Antlitz des Grabtuchs verarbeitete, ein riesiger IBM/365, war eigens dafür abgestellt worden.

Das erste Ziel war, den Bereich des Antlitzes von dem störenden Hintergrund des Stoffgewebes freizulegen, damit die reine Struktur des feinen Abdrucks auf der Oberfläche herauskam.

Nachdem der Abdruck nun von den „Störfaktoren" des Stoffgewebes befreit war, merkte man, daß er eine sehr eigenartige Struktur hatte: Er sah so aus, als wäre er leicht auf den Stoff „gelegt". Man sah keine Gerichtetheit in seinen Schatten, keine geplante Verkettung von Strichen.

Jeder Maler hinterläßt bei seiner Arbeit, ganz gleich, welche Mittel er verwendet, ob er Pinsel, Spachtel, Stift oder Fingerkuppen einsetzt, die Spuren der bevorzugten Richtung seiner Hand, die so persönlich geprägt ist wie der Neigungswinkel der Handschrift. Diese bevorzugte Richtung, sei es mit dem Pinsel oder beim Zeichnen, ist die „primäre Richtung" eines Künstlers, sie ist bei jedem Menschen unterschiedlich, und sie läßt sich nicht willentlich unterdrücken.

Der Abdruck dagegen wies keine Spuren einer Zeichen- oder Maltechnik auf. Er lag homogen, ohne Gewicht, auf dem Stoff.

Ferner schien es, als ob oben vom Gesicht ein Tuch weggenommen worden wäre. Die elektronische Datenverarbeitung zeigte auch die vielen Verletzungen, die es verunstaltet hatten und die von anderen Wissenschaftlern (Vignon, Barbet, Hynek, Ricci) bereits als Blutergüsse und Schwellungen, die von Schlägen und Stürzen stammten, erkannt worden waren.

Es war wie die Durchführung einer Leichenidentifizierung, nachdem man vorher von Mißhandlungen, die dieser Mensch erlitten und von den Ursachen seines Todes gelesen und gehört hatte.

Der rechte Jochbogen war so angeschwollen, daß auch das Augenlid geschwollen war und höher als das linke erschien; man sah, daß die Nase Abschürfungen wie nach einem Sturz aufwies und der Nasenknorpel schief und vom Knochen losgelöst war; man sah die Schwellung auf der Stirn über der linken Augenbraue und die geschwollene Lippe und Wange.

Der Abdruck ist thermostabil

Aber als Jackson, Devan, Mottern, Lorre und Lynn, die als erste der Welt den Abdruck auf dem Grabtuch elektronisch gelesen und dabei phantastische Ergebnisse erzielt hatten, am 27. März 1977 in Albuquerque Ray Rogers trafen – den Experten für „Thermische Wirkungen" am Scientific Laboratory in Los Alamos, der mit leidenschaftlichem Interesse die Spuren der alten Brände untersucht hatte –, hörten sie von ihm, daß seiner Meinung nach die Fotografien des Grabtuchs noch eine andere, außerordentliche Seltsamkeit aufwiesen.

Auf dem Grabtuch befanden sich zwei Arten von Spuren: die Blutflecken entsprechend der Form der Wunden und der Abdruck des Körpers. Auf den Farbfotos von Judica Cordiglia sah man, daß die Blutflecken in der Nähe der Brandstellen logischerweise verbrannt und gebräunt aussahen. Der Abdruck des Körpers dagegen wies auch dort, wo er weniger als einen Millimeter von den versengten oder verbrannten Fäden entfernt war, nicht die geringste Veränderung auf: Die gelbliche Farbe des Abdrucks blieb immer und gleichbleibend dieselbe, sie war also „thermostabil", wärmebeständig (siehe Farbtafel 12).

Es war klar, daß die Hitze des Brandes notwendigerweise die Farbe einer färbenden Substanz, ganz gleich ob mineralischer, pflanzlicher oder tierischer Art oder Zusammensetzung, die zum Malen des Abdrucks verwendet worden wäre, verändert hätte.

Währenddessen gewann das „Objekt" in der wissenschaftlichen Welt immer mehr Bekanntheit und Interesse.

So entstand in jenen Tagen in Albuquerque die Initiative, einem der erregendsten Rätsel der Geschichte – dem Blut und dem geheimnisvollen Abdruck auf dem Grabtuch von Turin – mit Hilfe von hochentwickelten Technologien und neuesten wissenschaftlichen Kenntnissen auf die Spur zu kommen: Es wurde ein Forschungsprojekt gestartet, das unter der Bezeichnung STURP (Shroud of Turin Research Project) in die Geschichte eingehen sollte.

Durch tausend unerwartete „Zufälle" („coincidences", wie John Heller in seinem „Report of The Shroud of Turin" schreibt) zeichnete sich die Möglichkeit ab, in Turin auf dem Grabtuch selber Untersuchungen vorzunehmen: eine einzigartige Gelegenheit, denn von einer öffentlichen Ausstellung – einer „ricognizione" – bis zur nächsten vergingen normalerweise Jahrzehnte.

Ein Landhaus in Connecticut
am Ufer des Wassers unter großen Bäumen

Ein Jahr später saß John Heller, Biochemiker, Forscher und Gründer des New England Institute, an einem lauen Frühlingsabend 1978 in seinem Garten unter den großen Bäumen und blätterte in der Zeitschrift „Science."

Seine Augen fielen auf einen Bericht, in dem stand, daß ein paar Wissenschaftler versucht hätten, mit Geräten aus der Raumfahrtforschung einen Gegenstand mit der Bezeichnung „The Shroud of Turin" zu entziffern. „Was von wo?" fragte sich Heller. Als Wissenschaftler hatte er fast sein ganzes Leben an der Universität Yale und in seinen Labors verbracht. Seine Familie war christlich, Baptisten. Er konnte im Moment nicht ganz einordnen, wo „Turin" lag; bei „Shroud" mußte es sich um einen Stoff handeln.

Der Artikel war mit Barbara Culliton unterzeichnet, einem der glanzvollsten Namen des Wissenschaftsjournalismus; aber was Heller dort las – eine zweidimensionale Fotografie eines zweidimensionalen Gegenstandes (ein flach ausgebreitetes Tuch), aus dem man einen dreidimensionalen festen Körper machen konnte –, war wissenschaftlich betrachtet so absurd, daß er die Zeitschrift weggeworfen hätte, wenn ihn nicht weltberühmte Namen wie Ray Rogers und Donald Lynn gefesselt hätten.

So steckte er die Zeitschrift in seine Tasche. Am anderen Tag las er den Artikel noch einmal und betrachtete die Fotos. Jetzt wußte er, was „Shroud" und „Turin" bedeuteten. Donald Lynn führte aus, daß man, wenn man die Struktur dieses „Bildes" untersuchte, keine Ausrichtungen sehen konnte. Das hieß, daß man keine manuelle Bewegung entdecken konnte, die beim Auftrag von Farbe entstanden wäre. Dann hieß es, daß das Gesicht und der Körper zerschunden und von Wunden und Blutflecken bedeckt wären. Barbara Culliton kam zu der Schlußfolgerung, daß dies ein seltsames, aber erklärbares Phänomen – „a rare but explicable phenomenon" – wäre. Nun, wenn es „explicable" war, müßte es auch jemand geben, der es erklären könnte.

Er dachte noch zwei Tage lang nach, dann schrieb er an John Jackson und fragte ihn unter anderem, ob man, wenn man von Blut spräche, gemaltes oder echtes Blut meinte. Und er fügte einen schicksalsschweren Satz an: „It should be very simple to determine" (es müßte sehr einfach festzustellen sein).

Dieser Brief gab der gesamten Forschung eine Wendung, die niemand vorhergesehen und niemand beabsichtigt hatte, denn Jackson antwortete ihm eher betrübt, daß man zur Zeit nicht wüßte, ob es sich um Blut handle. Es sei 1973 untersucht worden, aber ohne Erfolg, „unsuccesfully."

Es hatte bis dahin kein ernsthaftes interdisziplinäres wissenschaftliches Forschungsprojekt zum Turiner Grabtuch gegeben. Am 16. Juni 1969 war das Tuch von den Mitgliedern einer „Expertenkommission" recht oberflächlich unter dem Mikroskop betrachtet worden. „All they did was look at the Shroud" – alles, was sie gemacht haben, war, das Grabtuch zu betrachten", hatte der damalige Besitzer Umberto von Savoyen den Vorgang kommentiert.

Wie wir wissen, entnahmen am 24. November 1973 Fachleute von zwei berühmten italienischen Universitäten Fragmente, anhand deren untersucht werden sollte, ob sich Blut auf dem Tuch befände. Das umstrittene Ergebnis dieser Untersuchungen wurde 1976 mit einem unverdienten Bekanntheitsgrad veröffentlicht. Wenn die Untersuchungen überhaupt einen Erfolg gebracht hatten, dann, wenn auch unfreiwillig, diesen: Sie zeigten die Notwendigkeit, daß eine Untersuchung des Grabtuchs systematisch und mit den geeigneten Technologien erfolgen müßte

Das von Jackson verwendetete Wort „unsuccessfully" verdroß Heller als Wissenschaftler. Jackson erklärte, daß die Wissenschaftler damals das Blut untersucht hätten, ohne zu einem positiven Ergebnis zu kommen, aber das Ergebnis der Untersuchung war auch nicht vollkommen negativ, es war also nicht auszuschließen. Das sei „double talk", doppelzüngiges Gerede, meinte Heller, ihm war unverständlich, was das heißen sollte, ein Test auf Blut sei „unsuccesful" gewesen. Entweder war der Test positiv, oder er war negativ. „There is nothing in between." Und er meinte, wenn jemand einen Faden mit Blut untersuchen solle, müßte er schon ein vollkommener Versager sein, wenn es ihm nicht gelänge, das Blut nachzuweisen.

Mit diesen Worten stürzte er sich in ein Forschungsabenteuer, das er sich eine Woche vorher nicht im entferntesten hätte vorstellen können.

4. *Kapitel*
Das Rätsel

Mit Geräten der Zukunft in historischen Sälen

Der Ort, an dem ein Team von Experten in der ersten wissenschaftlichen Untersuchung in der langen Geschichte des Grabtuchs dieses alte brüchige Leinen prüfen wollte, war der Königspalast von Turin, geschichtsbeladen und beladen mit Barockdekorationen, dessen Säle weit entfernt von dem waren, was man sich unter einem Forschungslabor vorstellt. Mit Hilfe vieler kluger Köpfe, die begeistert ihre Mitarbeit zugesagt hatten, war der Plan soweit gediehen, daß es ein interdisziplinäres Forschungsprojekt wurde, bei dem die neuesten Technologien eingesetzt wurden und Wissenschaftler aus verschiedenen Bereichen mitarbeiteten. Finanziell wurde das Unternehmen getragen durch öffentliche und private Gelder, die Teilnehmer hatten zum Teil sogar eigene Geldmittel, ohne Gewinnabsichten, eingesetzt. Es hatten sich einige der weltweit angesehensten Experten der wissenschaftlichen Forschung aus den verschiedensten Bereichen versammelt. Und so wurden an einem einzigen archäologischen Fundstück unzählige Untersuchungen vorgenommen; nie zuvor war ein Gegenstand von künstlerischem oder historischem Interesse so umfassend geprüft worden.

Die Frage war: Sind auf dem Grabtuch organische Substanzen wie Blut vorhanden, die vom Kontakt mit einem Leichnam stammen? Gibt es dort mineralische, pflanzliche oder tierische Farbpigmente? Oder wurde ein etwaiger Abdruck durch künstliche Kolorierungen aufgefrischt?

Für die Antworten wurde zwei Verfahren gewählt: Einmal sollten auf dem Grabtuch selbst es nicht beschädigende Untersuchungen durchgeführt werden, und zum anderen wollte man Mikroproben entnehmen, die anschließend im Labor analysiert werden konnten.

Für das Projekt standen die modernsten Geräte zur Verfügung, einige davon waren eigens im Flugzeug nach Turin gebracht worden. Es wurde auch ein schwenkbarer Tisch entwickelt, der so groß wie das Grabtuch war und auf dem das Tuch mühelos für Fotografien und Untersuchungen zugänglich war.

Insgesamt hatte man für die Arbeiten aller Forschungsgruppen rund 120 Stunden zugebilligt. Aber das technische und wissenschaftliche Material wurde aus bürokratischen Gründen tagelang beim Zoll festgehalten. So begann die für die Untersuchungen zugestandene Zeit schon bevor das Grabtuch den Wissenschaftlern zur Verfügung stand zu verstreichen. Doch das Wissen darum, daß es bislang noch kein vergleichbares Forschungsprojekt gegeben hatte, das Fehlen jeden wirtschaftlichen Nutzens und von Konkurrenzstreben der einzelnen Forscher schufen einen einzigartigen Teamgeist unter den Wissenschaftlern der verschiedensten Disziplinen, die gewohnt waren, unter optimalen Bedingungen in hochangesehenen Labors zu arbeiten. Einprägsamer als jede Schilderung ist vielleicht ein Foto, auf dem man den Lastwagen sieht, mit dem die lang erwarteten Geräte endlich auf den Hof des Königspalastes eingetroffen sind, und wie die Wissenschaftler eigenhändig die schweren Kisten entladen und auf den Schultern die große Treppe hinauftragen.

Die Struktur des Abdrucks

In der Presse war lange und mit großem Echo die Hypothese aus der Barockzeit diskutiert worden, es handle sich um einen Abdruck auf Leinen durch den Kontakt mit einer glühend heißen Statue.

So galt eine der ersten Untersuchungen der Messung der Fluoreszenz mit Wood-Licht.

Die Hypothese von einer Statue fiel, wie Rogers vorhergesehen hatte, sofort in sich zusammen. Die erwarteten rötlichen Fluoreszenzen zeigten sich bei den Brandstellen der alten Brände, aber an keiner Stelle des Abdrucks. „Es gibt nichts, was darauf hindeutet, den Abdruck mit einer Verbrennung oder Versengung oder Wärmeabstrahlung in Verbindung zu bringen. Absolut nichts."

Dann gelang es mit Hilfe eines Gerätes, das hochsensibel auf die Fluoreszenz von Röntgenstrahlen reagiert, das mittlere Gewicht des Gewebes pro Quadratzentimeter zu berechnen. Auch die Struktur des Stoffes, der auf sehr altertümliche Weise mit der Hand hergestellt worden war, wurde untersucht.

„Die Leinenstränge wurden von verschiedenen Händen gesponnen." Das Tuch hatte eine lange, wechselvolle Geschichte hinter sich, es wies an vielen Stellen die unterschiedlichsten Beschädigungen auf. An den Rändern sah man umfangreiche Verstärkungen, „Flicken, eingezogene Fäden, Stopfstellen ...." (*An dieser Stelle wurde 1988 das Probestück für die Radiokarbondatierung entnommen. Aber damals dachte noch niemand daran.*)

Die Suche nach einem möglichen Kunstgriff, mit dem das Tuch hätte behandelt worden sein können, konzentrierte sich jetzt auf Farbsubstanzen, auch in winzigsten Mengen.

Ideal hierfür waren spektroskopische Techniken, mit deren Hilfe man in einem unbekannten Gegenstand einzelne Elemente feststellen konnte, auch wenn diese untereinander vermischt waren und nur in winzigsten Mengen auftraten. Wenn man das Gewebe einem ausgewählten Strahlenbündel aussetzte, so mußte bei einer künstlichen Färbung jedes Element sein charakteristisches „Spektrum" abgeben, durch das man es erkennen konnte.

Für die spektroskopische Infrarotuntersuchung und die thermographischen Untersuchungen hatte man ein Gerät nach Turin gebracht, das auf winzigste Temperaturschwankungen reagierte. Bei einer Bestrahlung des Tuchs mit Infrarotlicht hätten sich die einzelnen Stellen je nach den Substanzen, die dort vorhanden waren, unterschiedlich erhitzt, denn jede Substanz nimmt auf unterschiedliche Art eine andere Menge an Infrarotstrahlen auf. Geräte dieser Art waren schon lange und sehr erfolgreich in der Forschung, der Verbrechensbekämpfung, in der Medizin und zu militärischen Zwecken eingesetzt worden.

Für die fotoelektrische Spektrum-Rückstrahlungs-Messung wurde eigens ein hochsensibler tragbarer Apparat entwickelt, der für die einzigartigen Forschungsbedingungen geeignet war.

Ziel all dieser Untersuchungen war es, auf dem Leinen Farbstoffe, Pigmente, Klebemittel oder irgendeine sonstige Spur eines manuellen Eingriffs nachzuweisen.

Diese Phase nahm viele Stunden in Anspruch. Der Abdruck des Gesichts und des Körpers reagierte während der ganzen Zeit und unter all den vielen Geräten erstaunlich: „Die Stellen, wo das Leinen sauber ist, und die Stellen mit dem Abdruck reagieren exakt gleich." Genau so, als wären auf dem Abdruck keinerlei Substanzen aufgetragen und als wäre auf dem Leinen dort, wo der Abdruck erscheint, nichts vorhanden (siehe Farbtafel 18).

Die Wunden

Aber wenn auch der Abdruck sich so verhielt, als ob es ihn nicht gäbe, verhielten sich die Blutflecken doch wie richtiges Blut, sie fluoreszierten in der Bandbreite, durch die man Blut erkennt. Alle Geräte ziegten übereinstimmend am Handgelenk, am Bart, auf der Stirn und an den Füßen Blut an. Nein, das untersuchte „Objekt" verdiente nicht, daß man es so töricht verdächtigte. Wahrscheinlich trug es die Spuren einer Tragödie an sich.

Die Ergebnisse eröffneten so neue Perspektiven, daß ab einem bestimmten Punkt die Meinung auftauchte, die Daten der Untersuchungen würden – aus noch unbekanntem Grund – durch den Stoff des Grabtuchs verzerrt. Man wiederholte die Untersuchungen auf einem Fragment aus rötlichem Material, das man dem Stoff entnommen hatte. Das Fragment zeigte das „Spektrum" von denaturiertem Methämoglobin, d. h. von wirklich sehr altem Blut. Unter den Wissenschaftlern trat Stille ein, und eine große Ergriffenheit wurde spürbar.

Das fotografische Auge

Vernon Miller, Barrie Schwortz und Ernie Brooks vom Brooks Institute of Photography in Santa Barbara, Kalifornien, hatten schon, ehe sie nach Turin kamen, intensiv die alten Fotografien vom Grabtuch untersucht.

Das Tuch lag jetzt vor ihnen ausgebreitet auf dem schwenkbaren Tisch, der jede erdenkliche Neigung und Beleuchtung erlaubte. Es war ein außerordentlich schwieriges Objekt, das ausgewählte Techniken erforderte (siehe Farbtafel 1). Und nach allem, was die anderen Geräte gezeigt hatten, mußte seine geheimnisvolle Struktur noch weitere Informationen enthüllen.

Schmal-Band-Filter auf dem ganzen sichtbaren Spektrum von Infrarot bis Ultraviolett, Spezialflüssigkeitsfilter, UV-Farbplatten, die auf Blut empfindlich reagierten: Es sollten aufsehenerregende Bilder werden. Die schönsten und bewegendsten Fotos vom Grabtuch sind mit dem

Namen Vernon Miller verbunden. Es wurden auch Fotos gemacht, bei denen das Licht von der Rückseite des Stoffs kam und der Fotoapparat davorstand. Man sah sofort, es war fast greifbar, daß das Tuch ein sehr hohes Alter hatte. Die Flicken, die 1534 aufgesetzt wurden, sahen sehr viel jünger aus als das Leinen des Grabtuchs selbst. Auf der Farbskala betrug der Gelbton der Flicken nur ein Viertel vom Gelbton des Tuchs, und das eindeutigste Zeichen für das Alter von Leinen ist, daß es unaufhaltsam vergilbt.

Makro- und Mikrofotografie

Die ersten, die das Grabtuch in den spektakulären Vergrößerungen der hochentwickelten Optik- und Elektronikgeräte und der Mikrodokumentation der Farbfotos sahen, waren Sam Pellicori, Spektroskopfachmann und Experte für optische Physik vom Santa Barbara Research Center, und sein Mitarbeiter Mark Evans.

Sie begannen mit einer makroskopischen Untersuchung (bis zu fünfzigfache Vergrößerungen) und gelangten schließlich in die faszinierende Welt von mehr als tausendfachen Vergrößerungen mit ihren ultrastrukturellen Geheimnissen.

Die Untersuchungen wurden schrittweise durch Makro- und Mikrofarbfotografien dokumentiert, die von einer bewegenden Schärfe sind.

Die Untersuchungsbedingungen waren schwierig. Objekt der Fotos war ein in sich nachgiebiges und unstabiles Tuch. Es lag in einem alten historischen Saal, wo es von allen Ecken zog und bei jedem Schritt der Fußboden vibrierte.

Es brauchte nur ein Mitarbeiter den Raum oder auch nur den Nebenraum zu betreten, und eine lange Vorbereitung war unbrauchbar geworden.

Bei einer zwanzigfachen Vergrößerung betrug die Brenntiefe, innerhalb derer man operieren konnte, einen Millimeter. Und bei dieser recht bescheidenen Vergrößerung vergrößerte sich jede Bewegung des Subjektes zwanzigmal auf dem Foto. Man brauchte wirklich viel Geduld.

Der Abdruck und das Mikroskop

Als erstes sah man, daß die blasse Farbe des Abdrucks auch in einer Entfernung von nur einem Millimeter von den Verbrennungen nicht verändert war: „Der Abdruck ist absolut thermostabil." Er hatte sich weder durch die Hitze des Feuers und noch durch die enorme Hitze des geschmolzenen Silbers im mindestens verändert. In geheimnisvoller Weise schien seine blasse Farbe unerreichbar zu sein.

Dies bestätigte die Intuition von Ray Rogers, die dieser gleich hatte, als er die Farbfotografien von Judica Cordiglia untersuchte. Aber es war dennoch überraschend.

Dann sah man, daß der Abdruck auf der gesamten unstabilen Fläche des mehr als vier Meter langen Tuchs überall gleichmäßig war und sich nur leicht auf der Oberfläche der Fasern gebildet hatte. An keiner Stelle war er in die Vertiefungen des Gewebes eingedrungen: „Sobald sich der Faden entsprechend des Webmusters abwärts neigt, verschwindet der Abdruck" (siehe Farbtafel 18).

An keiner Stelle trat seine blasse Farbe von der betroffenen Faser in die Nachbarfasern über: „Nicht ein einziger Grat war zu finden", keine Ausbreitung der Farbe durch die Kapillarität der Poren. „Schauen Sie, was für ein Unterschied zu den Wasserflecken." Das Wasser, das über das Tuch geschüttet worden war, um den Brand zu löschen, war kapillarförmig in die Fäden eingedrungen und hatte das Gewebe bis auf die Rückseite durchtränkt. Der

Stoff des Grabtuchs war äußerst durchlässig, und doch war der Abdruck wie unbeweglich auf den feinsten Fasern der Oberfläche schweben geblieben. Dies schloß jeden Mechanismus aus, den eine Wanderung von Flüssigkeiten mit sich gebracht hätte: „Der Abdruck ist nicht durch eine Farbflüssigkeit entstanden."

Die Leinenfasern, auf denen der Abdruck erschien, waren in keiner Weise miteinander verklebt: Auch bei einer tausendfachen Vergrößerung der Fasern konnte man nichts entdecken, was auf das Gewebe „aufgestrichen" worden wäre. „Es befinden sich keine Partikel von färbenden Substanzen auf dem Stoff."

Das Ergebnis der Untersuchung war, daß es keine zusätzliche Substanz gab, die die eigenartige gelbliche Farbe des Tuchs verursacht haben könnte. „... es findet sich nichts ..." Diese Erkenntnis löste zwar ein Rätsel, aber gleichzeitig gab sie ein neues auf.

Vielleicht konnte John Heller dieses neue Rätsel bei der Untersuchung der Mikroproben in seinem Labor lösen.

Das Blut unter dem Mikroskop

Die Flecken von den Wunden sahen dagegen sofort wie alte getrocknete Blutflecken aus, wie es auch die Röntgen- und spektroskopischen Untersuchungen ergeben hatten. Dort war eine klebrige Flüssigkeit in das Gewebe gedrungen: „Sie hat die Fäden durchtränkt und ist in die Stofftiefe eingedrungen." Die klebrige Flüssigkeit war auch etwas in die Fäden am Rand des Flecks gelaufen; sie hatte sich also durch die Kapillarität der Poren so ausgebreitet, wie sich jede Flüssigkeit auf einem Gewebe verhält (siehe Farbtafel 14).

Bei den größeren Wunden – am Brustkorb, an den Füßen, am linken Handgelenk –, die sofort die Aufmerksamkeit der Wissenschaftler auf sich gezogen hatten, sah es so aus, als ob die Flüssigkeit sich mehrfach ergossen hätte: „Die Krusten waren dicker." Aber die Flecken hatten sich nicht sehr weit ausgedehnt. Die Flüssigkeit muß also klebrig gewesen sein, wie es das Blut bei Menschen ist, die durch Durst dehydriert sind oder sehr viel Flüssigkeit verloren haben.

Um die roten Flecken herum sah man einen Rand von heller Flüssigkeit: „Sie hat die Farbe von Honig, es scheint Serum zu sein." Sie war weniger dickflüssig als die rote Flüssigkeit und hatte sich schnell auf dem Leinen ausgebreitet. Sie erinnerte an den serumhaltigen Bestandteil des Bluts (der gut auf Wundverbänden zu erkennen ist), wenn er sich von den roten Blutkörperchen getrennt hat. Im Unterschied zu dem Abdruck hatten die roten Flecken in der Nähe der Brandstellen sehr wohl auf die Hitze reagiert: „Die Flecken sind dunkel, es sieht wie verbranntes Blut aus."

Die Wissenschaftler waren fasziniert: Was sie vor sich sahen, schien wirklich das echte Blut aus den Wunden eines Mannes zu sein, der auf unvorstellbare Weise gefoltert worden war. Nichts deutete bei diesen Flecken auf einen Kunstgriff hin, auf einen willkürlichen Auftrag von irgendeiner Substanz. Sie waren mit dramatischer Folgerichtigkeit von der Haut gerade hier auf das Leinen gedruckt worden, und der Abdruck war so geblieben.

Als die 120 Stunden der zugestandenen Untersuchungszeit vorüber waren, stellten Sam Pellicori und die Fachleute vom Brooks Institute fest, daß sie wie im Fieber fünf- bis siebentausend Aufnahmen gemacht hatten; wie viele es genau waren, wurde nie gezählt.

Eine viereinhalb Zentimeter lange Wunde
am Brustkorb

Die Untersuchung der großen Wunden schließlich mittels der Röntgenfluoreszenz brachte ein bewegendes Ergebnis: Es schien, daß aus der Wunde des Brustkorbs und den Wunden an den Füßen, die vom Annageln an ein Kreuz stammen konnten, sehr große Blutmengen geflossen waren. Es fand sich dort eine auffallend hohe Konzentration von biologischem Eisenoxid, einem Hauptbestandteil des Blutes: 20 Mikrogramm pro Quadratzentimeter Tuchstoff. Am Brustkorb wurden sogar 30 und 40 Mikrogramm gemessen.

Über die Haut des Brustkorbs und der Hüfte war also ein beträchtlicher Blutstrom geflossen, während sich der Mann in einer senkrechten Lage befand. Dieses Blut war aus einer einzigen Wunde geflossen, die sich auf der rechten Brustkorbhälfte zwischen der fünften und sechsten Rippe befand, einer Wunde, die man auch mit bloßem Auge auf dem Grabtuch sehen kann. Dieser intensive Blutstrom hatte danach das Gewebe durchtränkt und war auf dem Stoff in der beachtlichen Stärke getrocknet, die sich bei der Messung der Röntgenfluoreszenz herausgestellt hatte.

Man sah sofort, daß dies eine ganz besondere Wunde war, die nichts von der Eleganz jener Wunden hatte, die tausendfach von unseren Malern gemalt worden sind. Dies hier war eine große klaffende Wunde, realistisch, gewaltsam, mit offenen Rändern und ohne die geringste Spur einer Gerinnung, eine Wunde auf einem Leichnam, aus der das Blut ohne jeden malerischen Reiz auf den Brustkorb floß und ihn besudelte.

Die Wunde war etwa viereinhalb Zentimeter lang. Sie befand sich an einer Stelle, von der aus eine scharfkantige Lanze, wenn sie die Muskeln durchbohrt hatte und zwischen den Rippen hindurchgeglitten war, mit tödlicher Sicherheit das Herz treffen mußte.

Als 1981 auf einem Symposion in New London die bewegenden Fotografien von Vernon Miller den Blutfluß und die Fluoreszenz des Serums im Ultraviolett-Licht zeigten (siehe Farbtafel 8), machte ein Archäologe darauf aufmerksam, daß man nach rund 20 Jahrhunderten in Jerusalem vielleicht ein Exemplar jener Waffe gefunden hatte, die den Brustkorb dieses Leichnams – zum Zweck einer makabren Kontrolle – durchbohrt haben könnte: eine römische Lanze, die die Soldaten des Titus an den Mauern der im Jahre 70 n. Chr. belagerten Stadt liegengelassen hatten, mit einer scharfen Schneide in der Form eines länglichen Blattes, mit der man leicht in die Körpertiefe eindringen konnte.

Es käme nur selten vor, daß in der Erde sehr alte Gegenstände aus Eisen gefunden würden, denn Eisen löse sich in zahlreiche Rostfragmente auf, erklärte der Archäologe. Aber diese rostige Lanze hatte sich erhalten: an der breitesten Stelle maß sie vier Zentimeter.

John Heller und die Mikrofragmente

Die Wissenschaftler hatten gesehen, wie ihre Apparate kühl ein Ergebnis auswarfen, das an die Echtheit eines bestimmtem Tuches denken ließ, das tatsächlich einen bestimmten Leichnam eingehüllt hatte.

Sie konnten nur beobachten. Vielleicht hatten sie eine neue Tür in der Geschichte geöffnet. „Wenn ich an den Tag denke, an dem ich dieses Foto zum ersten Mal sah ..." Sie schalteten ihre Apparate ab, während die Kustoden das Grabtuch wieder mit seiner Hülle aus roter Seide bedeckten.

Da sie gewohnt waren, im Team zu arbeiten, Daten zu vergleichen, waren sie mit Äußerungen zurückhaltend, denn nun blieb noch die zweite Phase der Untersuchung abzuwarten: die Laboruntersuchungen, die John Heller jetzt beginnen wollte.

Da es undenkbar war, von dem Tuch noch einmal ein Stück abzuschneiden, wie es andere unglücklicherweise schon gemacht hatten und wie es auch später wieder geschehen sollte, wurde ein Verfahren gewählt, das sich bei wissenschaftlichen und gerichtlichen Untersuchungen bewährt hat. Auf 36 Stellen des Leinens, die vorher auf einer Karte festgehalten worden waren, wurden spezielle Klebebänder aufgebracht. Auf diesen blieben Staubteilchen, Faserteile, Teile von den Flecken, Mikroorganismen, Sporen und anderes, was sich auf dem Stoff befand, hängen, und dies, ohne den Stoff zu beschädigen. Die so behafteten Klebebänder wurden sorgfältig versiegelt, damit keine Verunreinigungen eindringen konnten.

Eine ähnliche Untersuchung war noch nie zuvor gemacht worden, und man konnte daher auf keine früheren Erfahrungen zurückgreifen.

Die Proben, mit denen gearbeitet werden sollte, waren winzig klein. Die Leinenfäserchen (und ein Faden ist aus Tausenden von Fäserchen wie Haare in einem Zopf zusammengesetzt) hatten einen Durchmesser von 10 bis 15 Mikron (ein Tausendstel eines Millimeters), die maximale Länge betrug wenige Millimeter.

Das Gewicht bestand aus wenigen Nanogramm bei den kleinsten Teilchen; wenn sie größer ausfielen, kamen sie auf ein paar Mikrogramm. Die meisten Teilchen maßen weniger als ein Mikron.

In der Praxis sah das so aus, daß man das, was nun untersucht werden sollte – in chemischen Tests mit Kontakten, Zusätzen, Eintauchen in Bäder mit anderen Substan-

zen, Reagenzien oder biochemischen Spezialitäten –, mit dem bloßen Auge nicht sehen konnte.

Die ganze Untersuchung spielte sich also auf der Infinitesimalebene, in der Welt der Kleinstteilchen ab. Die Proben konnten in keiner Weise ersetzt oder ergänzt werden. Diese Schwierigkeiten inspirierten die Erfindungsgabe Hellers zu neuen spezifischen Techniken, mit denen Untersuchungen von solchen Kleinstteilchen durchgeführt werden konnten.

Blut aus echten Wunden

Wenn ein Lichtstrahl einen Kristall aus mineralischem Eisenoxid durchdringt, das normalerweise in alten, von Malern früher verwendeten Farben vorhanden ist, spaltet der Kristall den Strahl, er ist doppeltbrechend und ändert seine Farbe je nach der Drehung, der er ausgesetzt ist (man nennt dieses Phänomen Pleochroismus). Die ersten Untersuchungen der rötlichen Fragmente der Wunden am Grabtuch zeigten jedoch, daß sie weder doppeltbrechend noch pleochroistisch waren. „Diese Wunden und dieses Blut hat sich kein Maler ausgedacht."

In den Mikroteilchen aus den Wundflecken entdeckte Heller Spuren von tierischen Proteinen. Es war logisch, sie dort zu finden, wenn es Blut war. „Sie bestätigten die Untersuchungen von Turin." Es konnten allerdings auch Reste von tierischem Leim sein, der aus Kaninchen, Fischen, Knochenbrühe oder anderem hergestellt worden war und mit dem die alten Maler ihre Leinwand bestrichen; der Leim bereitete auf diese Weise den Untergrund zur Aufnahme der Farbe vor, dieser wurde hierdurch weniger absorbierend sowie glatt und kompakt.

Aber an den Stellen, wo der Abdruck des Körpers erschien, fand Heller keine tierischen Proteine. Das bedeutete, daß hier nichts geschehen war, was eine Bemalung vorbereitet hätte. Die tierischen Proteine befanden sich „nur" auf den Wundflecken. Und das bedeutete, daß diese Flecken organisch waren: „Es könnte Blut sein."

Wenn man eine Probe, von der man annimmt, es sei Blut, auch wenn es nur die unvorstellbar kleine Menge eines Milliardstel Gramms Methämoglobin wäre, in eine Hydrazinlösung taucht, so zeigt die Lösung dies an. Es wurden ein paar Mikroteilchen, die in Turin zusammen mit dem Klebeband von den Wunden abgelöst worden waren, in eine solche Lösung getaucht. Als sie sich zersetzten, verbreiteten sie eine rötliche Farbe, die die Kriminologen bestens kennen: Es ist „Hämochromogen", ein Abbauprodukt des roten Blutfarbstoffs.

Man brauchte Beweise. Heller machte sich auf die Suche nach anderen Bestandteilen des Blutes, unter anderem nach biliaren Pigmenten wie das Bilirubin. Das Testergebnis war positiv: Im zurückgeworfenen Licht erschien die charakteristische blaue Farbe des Azobilirubin.

Dann führte er den hochempfindlichen Fluorescamin-Test durch, mit dem man bis zu der unglaublich kleinen Menge eines Nanogramms Proteine im Blut entdecken kann. Und unter den ultravioletten Strahlen sah er die charakteristische Fluoreszenz.

Es blieb noch die Möglichkeit, daß ein Maler diese Wunden mit Blut gemalt hat. Diese Hypothese war sofort aufgetaucht, nachdem die ersten sensationellen Ergebnisse der Turiner Untersuchungen bekannt gegeben worden waren.

Die Gerichtsmediziner hatten die Hypothese gar nicht erst in Betracht gezogen, weil die Wunden so grausam echt strukturiert waren, aber Heller trat doch den Gegenbeweis an.

Sobald das Blut aus dem Körper tritt, trennen sich der serum- und der blutkörperchenhaltige Teil. Wenn nun ein

Maler Blut verwendet hätte, hätte sich auch dieses getrennt. Heller suchte nun in den Wunden des Grabtuchs nach den „Seroalbuminen", die nur in dem serumhaltigen Teil des Blutes vorhanden sind. Er hatte hierzu Miktroteilchen aus den gelblichen Höfen entnommen, die sich um die roten Flecken gebildet hatten, wie dies normalerweise auf Wundverbänden geschieht.

Der Test, mit dem nach „Seroalbuminen" gesucht wird, heißt „Bromcresol green", mit ihm werden Albumine bis zu einer Größe von 0,1 Mikrogramm im Blut festgestellt. Das Testergebnis war positiv. Die „serumhaltigen Höfe" bestanden wirklich aus Serum, in einem Verhältnis und einer Verteilung, die der Natur entspricht.

„Es handelt sich um komplettes Blut, so wie es, ohne Manipulation, aus den Venen kommt" (siehe Farbtafel 11).

Nach der Veröffentlichung der Ergebnisse der Gerichtsmediziner, in denen sie von echten Wunden sprachen, die zwingend mit den Zeugnissen der Evangelien übereinstimmten, wurde die seltsame Theorie aufgestellt, jemand habe sie vielleicht malerisch „nachgebessert" und vervollständigt, damit sie den in den Evangelien beschriebenen Wunden ähnelten.

Daher führte Heller noch einen weiteren Test durch, der direkt und spezifisch war: mit proteolytischen – eiweißabbauenden – Enzymen. Wenn jemand den Blutflekken oder dem Serum Farbstoffe hinzugefügt hätte, müßte dieser Test ein negatives Ergebnis bringen.

Einige rötliche Mikroteilchen wurden zusammen mit den Leinenfasern, an denen sie hafteten, in ein Konzentrat von frischen Enzymen eingetaucht. Nach einer halben Stunde waren die Teilchen verschwunden, die Enzyme hatte sie aufgefressen und die sauberen Fasern zurückgelassen. Das gleiche geschah mit den Fasern, an denen das Serum der Höfe gehaftet hatte.

Niemand hatte je in all den vielen Jahrhunderten Farbstoffe auf die Wunden der Stirn, der Hände und Füße, auf die 120 Spuren von Schlägen, die den Körper geschunden hatten, aufgetragen. Es war nichts als Blut. Menschliches Blut, mit allen seinen Bestandteilen (siehe Farbtafel 10).

Wer war das Opfer?

Es war ein Unternehmen, das seinesgleichen in der Geschichte der Archäologie suchte: Heller allein in seinem Labor, vor den Ergebnissen einer Untersuchung, die er selbst in die Wege geleitet hatte. Bei negativen Ergebnissen würde eine Legende zerstört. Würden sie positiv sein, würden sie eine schwindelerregende archäologische Entdeckung anzeigen.

Aber die Woge der Gefühle, die die ersten Ergebnisse hervorgerufen hatten, mußte vor der Tür des Labors bleiben. Hartnäckig, in der Stille, führte Heller jeden erdenklichen Test gegen sich selbst und seine Entdeckung durch, der ihn bestätigen oder widerlegen konnte. Schließlich war er soweit, daß er eine weitere Kontrolle für notwendig hielt. Also rief er Alan Adler von der Western Connecticut University an. Wie Don Devan in Albuquerque stammte auch Adler aus einer jüdischen Familie. (Wie wir wissen, sollte er mit seiner hartnäckigen Forschung über das Hämoglobin, das in so großen Mengen im Blut des Grabtuchs vorhanden war, die schrecklichen Folgen einer römischen Geißelung aufzeigen.)

Heller bat ihn, die Tests zu wiederholen, dabei erwähnte er nicht, worum es sich handelte. Adler führte die Tests durch und kam zu dem Schluß: „Blut. Alles Blut. Nichts als Blut. Kannst du mir jetzt endlich sagen, wer das Opfer war und wer der Mörder?"

Die lange Untersuchung hielt noch eine andere Überraschung bereit: Als man die Blutpartikel entfernte, die die

Leinenfasern bedeckten, entdeckte man, daß an diesen Stellen das Leinen „nicht" die blasse Farbe der Körperabdrucks trug.

Also hatte das Blut dort, wo es sich auf das Leinen abgedrückt hatte, verhindert, daß das Leinen Kontakt mit der Haut bekam. Es hatte die Fasern an dieser Stelle vor dem unbekannten Prozeß, der das Abbild formte, geschützt und sie „versiegelt".

Diese Entdeckung hatte große Auswirkung auf die späteren Studien. Für die Gerichtsmediziner bedeutete dies mit Sicherheit: Der Körper war in Kontakt mit dem Leinen gekommen, ohne daß irgend etwas, ein Aromastoff oder etwas anderes, über den Körper gegossen oder gestrichen worden war, ohne daß ihn jemand, ausgenommen die notwendigen Handgriffe für die rituelle Bestattung, berührt hatte.

Dieser Körper hatte mit all den unangetasteten Verletzungen seines schrecklichen Todes in dem Leinen gelegen.

Der Abdruck ist etwas „ohne Farbe", aus Nichts gemacht

Seit jeher wurde die Farbe des Abdrucks als monochromes Sepia im „Sfumato" definiert. Aber es zeigte sich sofort, daß das nicht richtig war, auch wenn die Beurteilung der Farbe eines so ungewöhnlichen Gegenstandes je nach Beleuchtung und Entfernung des Betrachters wechselt. Wenn man den Abdruck mit einem weißen Licht beleuchtete, schien er eine sehr helle gelbliche Farbe ähnlich wie Stroh zu haben. Und keineswegs war es ein „Sfumato", eine Helldunkelmalerei mit verschwimmenden Rändern.

Mit einer Reihe von mikrochemischen Tests ging man auf die Suche nach mineralischen oder tierischen Farbstoffen sowie Leim und Bindestoffen für den Maluntergrund, wie man ihn im Mittelalter herstellte. Die Tests hätten das Vorhandensein solcher Substanzen selbst in Mengen unter einem Millionstel Gramm feststellen können.

Sowohl in der klassischen Antike als auch im Mittelalter waren in Europa, Nordafrika und im Mittleren Orient alle Pigmente für die Malerei, wie venezianisches Rot oder Ocker, immer mit einer gewissen Menge an Mangan, Nikkel, Kadmium und anderen Mineralien kontaminiert, die die eingesetzten Tests sofort entdeckt hätten. Aber man fand nichts davon, so wie man auch bei der spektroskopischen und thermografischen Untersuchung nichts davon gefunden hatte. Auf dem Grabtuch befanden sich keinerlei Spuren von künstlichen Farbstoffen gleich welcher Art.

Nun versuchte man dieser Färbung, angesichts deren man verzweifeln konnte, mit Lösungsmitteln beizukommen. Jeder Fleck und jede Färbung natürlicher oder synthetischer Art kann mit dem richtigen Lösungsmittel ausgezogen (und somit erkannt) werden. Welche Substanz auch immer den Abdruck erzeugt haben mochte, letzten Endes hätte man das entsprechende Lösungsmittel gefunden. Aber das Rätsel wurde in dieser Phase der Forschung nicht nur nicht gelöst, im Gegenteil, es entstand ein neues Rätsel: Warum wurde die gelbliche Farbe des Abdrucks von keinem Lösungsmittel ausgezogen? Die Farbe des Abdrucks war also eine „Nicht-Farbe".

Dann bestätigte sich etwas, was auch Sam Pellicori unter dem Mikroskop gesehen hatte: Der Abdruck berührte – im Gegensatz zu jedem gemalten Auftrag – nur die obersten Fasern der Leinenfäden. Wenn man in der Vergrößerung unter dem Mikroskop einen Leinenfaden mit einem dicken Haarzopf verglich, färbte der Abdruck nur etwa zehn der äußersten Haare. Sogar an den Stellen, die mit dem bloßen Auge dunkler erschienen – Augenbrauen, Nase, Knie –, drang der Abdruck nicht tiefer ein.

Und man entdeckte, daß die größere Dunkelheit dieser Stellen nicht daran lag, daß die Fasern als solche „dunkler" waren, sondern es fand sich dort eine „dichtere" Menge von Fasern, die alle dieselbe blasse und immer gleiche Farbe hatten; so ergab sich die Täuschung, daß sie dunkler erschienen. Tatsächlich lag der Abdruck an den Wangen, den Augenhöhlen und an den Stellen zwischen den Fingern nur auf sehr wenigen dünnen Fäserchen zwischen vielen anderen Fasern, die völlig unberührt waren.

Weiter stellte man fest, daß die vergilbten Leinenfäden mit dem Abdruck auf den Klebebändern eine weit größere Menge an Härchen und Pulverresten hinterlassen hatten als die Fäden ohne Abdruck. Es schien, als wären sie in ihrer Struktur durch irgendeinen chemischen Prozeß, der sie angegriffen hatte, „geschwächt".

Leinenfasern bestehen aus Pflanzenzellen, die eng miteinander verbunden sind, unter dem Mikroskop sehen sie wie Bambusrohre aus. Die Verbindungen, oder Menisken, haben eine Struktur und einen Umfang, die klar definiert sind. Aber unter dem Phasenkontrastmikroskop entdeckte man, daß die Fäserchen, die den Abdruck trugen, an der Oberfläche erodiert, abgetragen schienen. Das allein war die Ursache ihrer Strohfarbe. Sie waren früher vergilbt als die Fäserchen neben ihnen, die keinen Abdruck trugen, so wie eben Leinen im Laufe der Jahre vergilbt. Sie waren durch eine saure Oxidation schneller dehydriert und oxidiert, sie waren schneller gealtert. Dies ist der Grund, und es ist der einzige Grund, warum wir die Form eines Gesichts und eines Körpers sehen.

Der berühmte, dramatische Abdruck auf dem Grabtuch war auf einen einzigartigen Alterungsprozeß von ganz bestimmten Punkten des Gewebes zurückzuführen, er bestand in einer „beschleunigten Zersetzung" des Leinens. Letztendlich war er aus nichts gemacht.

Gedankenexperiment

Wir waren im Oktober 1981 in New London zum Symposium des STURP zusammengekommen. Es sollten die
Egebnisse des gewaltigen Forschungsunternehmens gesammelt werden. Noch nie war ein archäologischer Gegenstand einer so gigantischen Anzahl von Untersuchungen
unterzogen worden.

Am letzten Abend verriet mir John Heller, daß es Al-
bert Einstein gewesen war, der ihm den direktesten, selbst-
kritischsten und kreativsten Weg gezeigt hatte, ein Problem anzugehen: durch das „Gedankenexperiment".

Über lange Jahre hatte eine starke, intellektuelle
Freundschaft den großen Einstein mit dem damals jungen,
hartnäckigen und vielversprechenden Forscher verbunden.
Ein- oder zweimal im Jahr war der junge Heller von Yale
nach Princeton gefahren, und das Genie Einstein hatte ihm
am schwierigsten Punkt seiner Forschung neue Wege gezeigt. Dabei hat er ihm einmal einen Rat gegeben, das
„Gedankenexperiment": sich das Problem gedanklich stellen, es unerbittlich und selbstkritisch durchdenken, so lange immer weiter suchen, bis sich in den Gedanken das
Gleichgewicht einer mathematisch klaren logischen Lösung ausbreitet; es sei außerdem die am wenigsten kost-
spielige Versuchsmethode, meinte Einstein.

So war Heller den gesamten Ablauf der Erforschung
des Grabtuchs Schritt für Schritt gedanklich durchgegan-
gen, und er hatte die verschiedenen Phasen bereits durch-
gespielt, ehe er die Mikroteilchen unter seinem Mikroskop
liegen hatte.

Das Grabtuch von Turin – hat er mir an jenem letzten
Abend in New London anvertraut – war das ideale Objekt, um in einem Forscher die einsame Starrköpfigkeit
eines langwierigen „Gedankenexperiments" zu wecken,
bei dem im Kopf alle bekannten Daten wie in einem Com-

puter zusammenlaufen, um sich schließlich im Gleichge-
wicht einer Lösung zu ordnen.

Leider mußte man aber schnell erkennen, daß das Tu-
riner Grabtuch wegen seiner außerordentlichen chemo-
physikalischen Komplexität, die aus ihm ein einzigartiges
archäologisches und historisches Zeugnis von unschätzba-
rem Wert machte, zwar voll und ganz von denen geschätzt
wurde, die seinen wissenschaftlichen Wert erkannten: von
Archäologen, Gerichtsmedizinern, Wissenschaftlern jeder
oder auch keiner Konfession.

Aber es wurde oft unterbewertet oder falsch ausgelegt
von denjenigen, die wegen ihrer traditionell humanisti-
schen, künstlerischen, philosophischen oder exegetischen
Herkunft zwar gewohnt waren, verbale Realitäten zu
schaffen und zu bearbeiten, die aber nicht die geeigneten
praktischen Instrumente besaßen, das Grabtuch richtig
einzuordnen.

Die Forschung des STURP über das Grabtuch – mehr
als 150.000 Arbeitsstunden auf höchstem wissenschaftli-
chem Niveau, ein interdisziplinäres Projekt, das die besten
Köpfe und die modernsten Technologien vereinte, die im
Augenblick verfügbar waren (es gab freilich in Italien
Leute, die behaupteten, „die Amerikaner" seien zwar unter dem Vorwand gekommen, Untersuchungen anzustel-
len, aber in Wirklichkeit wollten sie nur Fotos vom
Grabtuch machen, die sie dann in Amerika verkaufen
könnten) – dieses Projekt ist in die Geschichte eingegangen als ein interdisziplinäres Forschungsmodell, bei dem
die ideologischen und kulturellen Unterschiedlichkeiten
zwischen den Teilnehmern – Juden, Katholiken, Christen
der verschiedensten Bekenntnisse, Agnostiker – keine
Rolle spielten angesichts der unverrückbaren und unver-
fälschbaren wissenschaftlichen Aussagen.

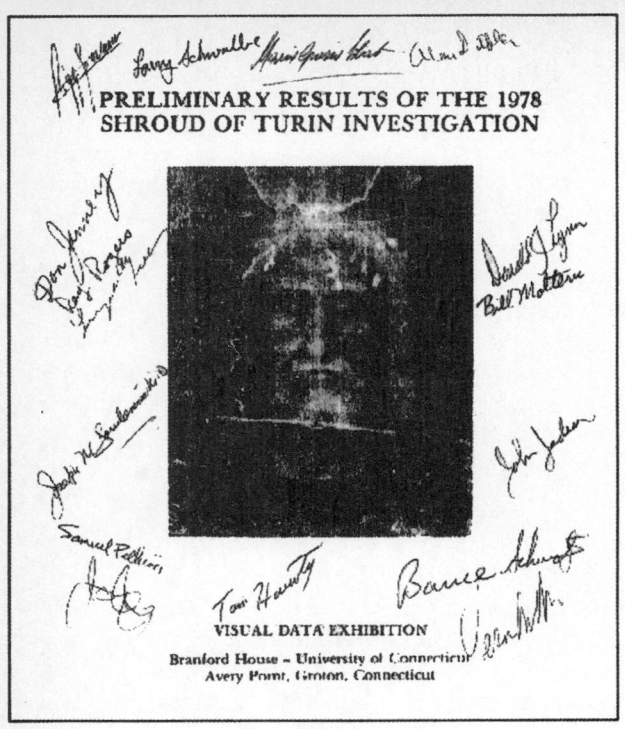

**PRELIMINARY RESULTS OF THE 1978
SHROUD OF TURIN INVESTIGATION**

VISUAL DATA EXHIBITION

Branford House – University of Connecticut
Avery Point, Groton, Connecticut

14. Symposium der STURP-Gruppe

N.B. Von allen Forschungen und Entdeckungen, die in diesen
Kapiteln beschrieben werden, wurden ausschließlich nur die
Namen derjenigen erwähnt, die hierauf ein wissenschaftliches
Vorrecht haben. Spätere, in anderen Zentren oder privat durch-
geführte Arbeiten anderer Forscher wiederholten nur mit per-
sönlichen Hinzufügungen die hier beschriebenen Wege.

5. Kapitel
Das archäologische Gedächtnis

Es gab dort einen Garten
und ein in den Fels gehauenes neues Grab, das leer war

Wie damals der Ort ausgesehen haben muß, wo der Tote von Golgota bestattet wurde, war jahrhundertelang eines des widersprüchlichsten Probleme der Archäologie. Die Überlieferung dagegen war von Anfang an eindeutig und bestimmt.

Die Zeugnisse der Evangelien sprechen davon, daß der kleine Hügel für die Hinrichtungen außerhalb der Mauern lag, aber „nahe bei der Stadt"; das felsige Gelände wurde auf Hebräisch „Gulgolet", auf Aramäisch „Golgolta" genannt, im alten Latein des Titus Livius hieß es „calva", kahler Schädel, Calvario. Noch heute nennen die Araber eine Felserhebung „Ras", Kopf. Aber am westlichen Abhang lag ein Garten, ein trockenes Stück Land, auf dem Palmen und Olivenbäume wuchsen. Dort hatte der reiche Ratsherr Josef aus Ramataim – gräzisiert „Arimathäa" – ein Grab in den Fels schlagen lassen, das wahrscheinlich für ihn selbst gedacht war und, jüdischem Brauch entsprechend, später für seine Familie erweitert werden konnte. Damals war jedenfalls dort noch niemand bestattet worden.

Er war allerdings nicht der einzige, der sich diese Stelle als Bestattungsort ausgesucht hatte, denn am Fuß des trockenen und steilen Felsens fand man weitere alte jüdische Gräber.

Nach der Beschreibung stellt man sich einen schroffen, einzeln liegenden Felshügel vor, der von allen Seiten zu sehen ist, im Hintergrund die Stadtmauer. So ist man, wenn man zum ersten Mal dorthin kommt, überrascht und enttäuscht: Man steht vor einer chaotisch anmutenden Basilika, die in andere Bauten eingezwängt ist, mitten zwischen den Häusern und vor allem innerhalb der Stadtmauer. Manche haben deshalb gesagt, der Ort, der jahrhundertelang als der kleine Hügel von Golgota verehrt wurde, sei nichts als eine Legende, für die jeder Beweis fehle. Aber das stimmt nicht. Die archäologischen Forschungen haben den Beweis geliefert, und dieser stützt sich – das kann man wörtlich so sagen – auf den Felsen.

Drei Stadtmauern für Jerusalem

Das alte Jerusalem war recht zusammengedrängt, und auf seiner nördlichen Seite wurde die Stadtmauer dreimal erweitert. Die „erste Mauer" verband fast gradlinig den Hippikusturm, in dessen Nähe die Straße nach Betlehem abgeht, mit dem Westtor des Tempels.

Die alte Stadt Davids und Salomos war ein gut befestigtes Karree, das auf drei Seiten durch die Abhänge der Felsvorsprünge des Kidron-

15. Die erste Mauer
(nach einem Plan von D. Baldi und
V. Corbo)

und Ge-Hinnom-Tals schwer zugänglich war. Der Golgota-Hügel, die erste Erhebung des Bergs Gareb, lag weit draußen.

Da die Stadt immer mehr wuchs, gab Herodes „der Große", wie Josephus Flavius in seiner „Geschichte des Jüdischen Krieges" berichtet, etwa 50 Jahre vor der Hinrichtung auf Golgota seiner Hauptstadt mehr Raum und Sicherheit, indem er einen Abschnitt der Befestigungen nach Norden hin mit mächtigen Bauwerken erweiterte, der „Zweiten Mauer". Der Hügel von Golgota befand sich nun unmittelbar vor dieser Stadtmauer.

Kurz nach Jesu Tod, nach der Amtsenthebung von Pilatus und dem fast gleichzeitigen Tod des Tiberius, gab der junge Kaiser Caius Cäsar Germanicus, genannt „Caligula", Judäa an den letzten legitimen Herodianer, Herodes Agrippa I., zurück, der sich durch ein Allianzabkommen und durch seine persönliche Freundschaft mit dem römischen Kaiser verband. Herodes Agrippa entschied, den Stadtbereich zu erweitern und die Verteidigungsanlagen auf der

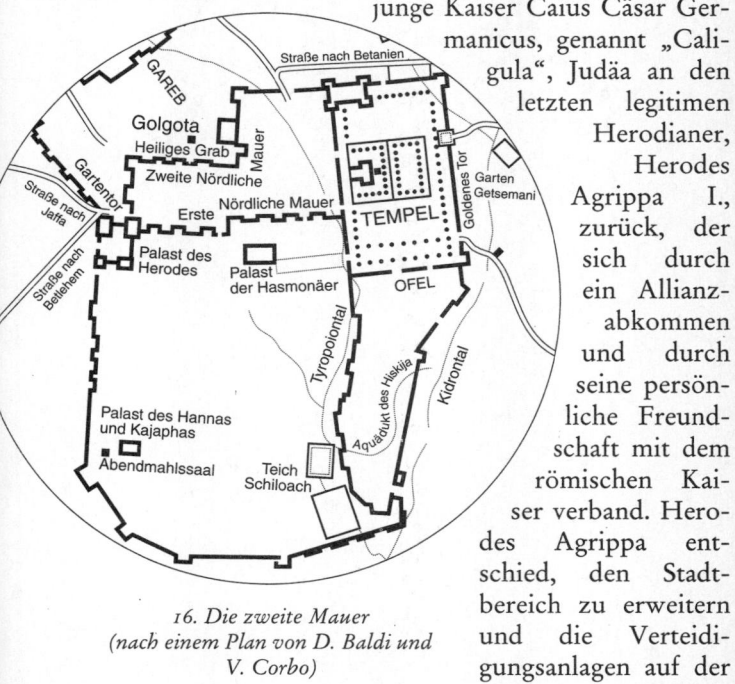

16. Die zweite Mauer
(nach einem Plan von D. Baldi und
V. Corbo)

Nordseite von Jerusalem zu verstärken, auf der Seite, die schon seit jeher alle Angreifer gewählt hatten und auch in Zukunft wählen würden.

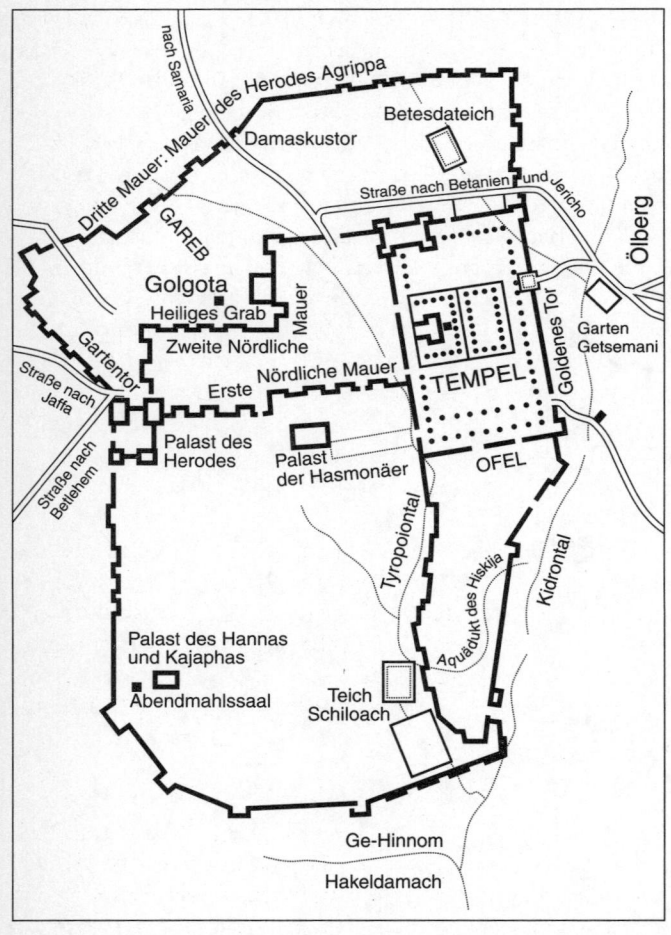

17. Die dritte Mauer (nach einem Plan von D. Baldi und V. Corbo)

Agrippa führte sein Werk nicht zu Ende. Im Januar 41 wurde Caligula ermordet; seine Politik der friedlichen Allianzen mit den Herrschern des Vorderen Orients, von Thrakien bis zur Arabia Nabataea, brach ab. Agrippa, der sich in jenen Tagen gerade in Rom aufhielt – und der den römischen Senat mutig gebeten hatte, ihm den Leichnam des getöteten Kaisers, dessen Frau und der kleinen Tochter, die mit ihm zusammen ermordet worden waren, herauszugeben, um sie zu bestatten –, kehrte in sein unsicheres und unruhiges Land zurück. Aber er unterbrach die Befestigungsarbeiten an der Stadtmauer, weil der römische Senat darin eine feindliche Geste sah.

Nach drei Jahren starb Herodes Agrippa, Rom kehrte wieder zu der agressiven Politik der Senatspartei zurück, die den neuen Kaiser Claudius nur als Instrument benutzte. In Jerusalem wurde wieder eine harte, Rom direkt unterstellte Regierung eingesetzt, mit Legionen und Statthaltern. Wenige Jahre später brach der jüdische Aufstand los, und Titus marschierte – durch die nicht fertiggestellte Mauer – in Jerusalem ein.

Doch Herodes Agrippa hatte Zeit gehabt, mit seiner „Dritten Mauer" auch die Hügelkuppe von Golgota zu umschließen, und daher sehen wir heute die Grabeskirche von vielen Bauwerken umgeben, die sich dicht um sie drängen. (Allerdings ist das keine ausreichende Erklärung für den heutigen, beklagenswerten Zustand der Kirche.)

Das Grab

Im Alten Israel wurden die Toten in Gräber gelegt, die, wie auf Golgota, an trockenen, hochgelegenen Stellen ausgehoben wurden, die vor Überschwemmungen sicher waren.

Die Gräber sahen wie Kammern aus, manchmal hatten sie einen Eingangsraum und einen zweiten, inneren Raum. Wir finden Steinsarkophage oder Felsnischen, manchmal befindet sich in der Mitte des Raums eine Rille, entlang der Wände können Bänke angebracht sein. Manchmal treffen wir alle vier Arten zusammen an wie in den Grabhöhlen des Skopus-Bergs. Oft sind sie, als Familiengräber, so geräumig, daß mehrere Körper dort Platz finden.

Das Grab des Ratsherrn Josef aus Ramataim, das in den Evangelien beschrieben wird, entspricht, wie jüngste Aus-

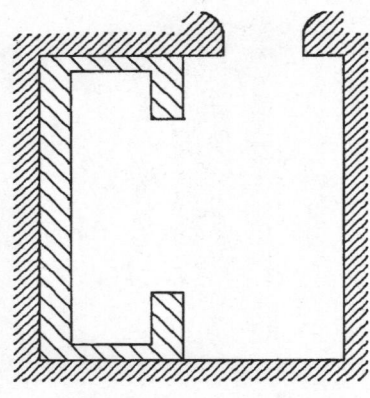

18. Grundriß eines Grabes

grabungen ergeben haben, der jüdischen Begräbnisarchitektur für eine vornehme Familie vor etwa 2000 Jahren. Ein in den Fels gehauener Vorraum für die rituellen Verrichtungen, dann die Totenkammer. Der Zugang von außen war sehr niedrig und konnte leicht mit einem großen runden Stein, den man davorrollte, geschlossen werden.

Johannes verwendet tatsächlich das Wort „sich bücken, sich vorbeugen" (Joh 20,5), um die Haltung zu beschrei-

ben, die einnehmen muß, wer ins Grabinnere sehen möchte.

In der Grabkammer war, wenn man hineinging, rechts in der Wand eine Vertiefung in Form einer Ruhebank aus dem Fels geschlagen, darüber wölbte sich ein Arkosolium, eine bogenförmige Nische.

Daß das Grab Jesu so aussah, bestätigen die Evangelien (Mk 16,5; Joh 20,12).

19. Rekonstruktion des Grabesinneren (Archiv Sergio Varisco)

Die elektronischen Untersuchungen und die dreidimensionalen Rekonstruktionen des Abdrucks auf dem Turiner Grabtuch zeigen, daß der Abdruck von einem Körper stammt, der auf das Tuch gelegt worden und dann mit ihm zugedeckt worden war, in einem Raum, der für die Vorrichtungen der Bestattenden zugänglich war. Das stimmt mit den Beschreibungen überein, die uns die Menschen, die das Grab selbst haben sehen können, hinterlassen haben.

Die grausame Belagerung Jerusalems

Wenige Jahrzehnte später, im Jahre 70 n. Chr., erlebte Jerusalem das tragischste Ereignis seiner langen Geschichte, den Aufstand, der als der „Jüdische Krieg" in die Geschichte einging: die Belagerung durch Titus – der mit diesem Sieg die Herrschaft errang; die Vertreibung der Überlebenden in die Sklaverei – Beginn einer tausendjährigen Diaspora der Juden; die Plünderung des Tempelschatzes – der dann im Triumph nach Rom gebracht wurde, wo er Jahrhunderte später von dem Wandalen Geiserich geraubt wurde; den Abriß des gewaltigen Bauwerks des Tempels bis auf seine Grundmauern – Schauplatz für die langen, schrecklichen Konflikte mit den späteren arabischen Eroberern.

Über die politischen Gründe hinaus waren es religiöse Motive, die die Römer zu dieser Zerstörung getrieben haben. Ein Indiz dafür ist die abergläubische Neugierde, mit der die Invasoren in den Bereich des Tempels eindrangen, der dem Hohen Priester vorbehalten war und nicht betreten werden durfte. Aber als sie dort angekommen waren, stellten sie überrascht fest, daß im Inneren des Heiligtums nichts als ein „dunkles Nichts" zu finden war..

Trotz alledem überlebte das jüdische Volk, und 135 brach ein zweiter und noch verzweifelterer Aufstand aus, den Kaiser Hadrian mit grausamer Härte niederschlug. Um die „jüdische Frage" ein für alle Mal zu lösen, wurden alle jüdischen Bauwerke in Jerusalem zerstört. Über dem Schiloach-Teich wurde ein Nymphäum, das „Tetranymphon", errichtet. Man baute Thermalbäder und ein Theater, das „Dodekapylon". Auf dem freien Platz, wo der Tempel gestanden hatte, genau an der Stelle des „Allerheiligsten", erhoben sich die Statuen von Jupiter und Kaiser Vespasian. In Mamre, dem Ort der tausendjährigen Erinnerung an Abraham, wurde eine Umzäunung errichtet, in der die jüdischen Sklaven zusammengepfercht wurden und auf ihre Käufer warteten. Auch ein heidnischer Tempel wurde dort gebaut. (*Die Archäologen haben eindeutige Überreste hiervon gefunden.*) Den Juden wurde unter Todesstrafe verboten, Jerusalem zu betreten.

Auch die Orte der aufkommenden christlichen Überlieferungen wurden zerstört. In Betlehem ließ Hadrian über einer Grotte, die schon damals „Geburtsgrotte" genannt wurde, einen Adonis-Tempel errichten. Der Hügel von Golgota und der anschließende Abhang, wo Josef von Ramataim den in das Grabtuch eingehüllten Toten bestattet hatte, wurden von einer gewaltigen Begrenzungsmauer eingeschlossen. Dann wurden riesige von außerhalb der Stadt herbeigebrachte Erdmengen aufgeschüttet, die einen Wall bildeten, unter dem Golgota und das Grab völlig verschwanden. Erde und Steine füllten auch die kleine Senke aus, die die kahle Kuppe des Golgotafelsens von der Grabhöhle trennte. Dann machten sich die Architekten Hadrians daran, den Erdwall zu verdichten und abzustützen, schließlich legten sie eine Straße mit Kolonnaden an, errichteten ein Forum und die beiden Haupttempel, den Venus- und den Jupitertempel.

Aus städtebaulicher Sicht erscheint der Plan, mit Hilfe von riesigen Erdbewegungsarbeiten einen ganzen Hügel unter sich zu begraben, gegen alle Vernunft, es sei denn, man wollte gleichzeitig unter all den Steinen auch die Geschichte begraben.

In der Tat hatte Hadrian hellsichtig erfaßt, daß sich gerade an genau diesen beiden Orten Dinge von historischem Ausmaß ereignet hatten, deren Erinnerungsmale schon durch ihr einfaches Vorhandensein die Ruhe des Imperiums erschüttern konnten.

Schließlich erhielt die neue Stadt auch einen neuen Namen: „Aelia Capitolina".

Unter einem Erdwall verborgene Gedenkstätten

In der neuen Stadt aus Stein entstand nach und nach eine stille judenchristliche Gemeinde, die auch einen Bischof mit Namen Markus hatte. Und trotz der brutalen, aber eindrucksvollen Umwandlung des Ortes unter Kaiser Hadrian hielt sich die geschichtliche Erinnerung an das zugeschüttete Grab.

Gelegentlich, wenn die unsicheren Zeiten es erlaubten, gelang es christlichen Pilgern, bis nach Jerusalem zu kommen – der Stadt mit einer heidnischen, nicht semitischen Bevölkerung, die aus anderen Orten umgesiedelt worden war –, und manch einer von ihnen schrieb dann ein Tagebuch seiner Reise. Im Jahr 212 kam Alexander aus Kappadokien, zwischen 230 und 250 Firmilian aus Cäsarea und im Jahr 240 Pionius aus Smyrna. Keiner von ihnen hat das Grab oder den Golgota-Hügel, die unter den hadrianischen Tempeln begraben waren, gesehen, geschweige denn beschrieben.

Die Bauten Hadrians und der Name „Aelia Capitolina" blieben 190 Jahre lang bestehen. Im Jahr 312 riß Konstantin mit der Unterstützung der bisher halb im Verborgenen lebenden Christen die Macht an sich. Nach der Unterwerfung und Ermordung von Licinius übernahm er auch die Herrschaft über die östlichen Provinzen. Und überall – und in Jerusalem lebhafter als an jedem anderen Ort – wurden nach der langen Zeit des Schweigens die christlichen Erinnerungen wach.

Nachdem Makarios, der Bischof von Jerusalem, Konstantin in Nizäa aufgesucht hatte, machte sich der Kaiser selbst auf den Weg nach Jerusalem.

Makarios muß große Überzeugungskraft besessen haben und sich seiner Sache sehr sicher gewesen sein, denn aus seinen Worten sprach die schmerzliche Erinnerung an drei Jahrhunderte, in denen das Christentum nur im Untergrund hatte leben können. Eine Zeit im Verborgenen, die nun beendet war.

Aus den genauen, mündlich weitergegebenen Erinnerungen der judenchristlichen Familien und ihrer Priester wußte Bischof Makarios genau, wo all die historischen Orte lagen, an denen Jesus sich während der 33 Jahre seines Lebens aufgehalten hatte: der Ort seiner Geburt in Betlehem, die Häuser seiner Familie und Verwandten in Nazaret, der Berg, auf dem er die Gleichnisse erzählt, der Saal, wo er mit seinen Jüngern das letzte Abendmahl gehalten hat, der Ort, wo der Prozeß stattgefunden hat, der Ort seines schrecklichen Todes und seiner Bestattung: all die Orte, die Hadrian so gründlich vernichtet hatte.

Konstantin hörte fasziniert zu, der Bericht beeindruckte ihn und seine Mutter Helena aufs tiefste, und so beschloß er die erste archäologische Maßnahme der Geschichte: den Golgota-Hügel auszugraben und das Grab wiederzuentdecken. (Was er nicht vorhersehen konnte: Seine Entscheidung hatte schwerwiegende Auswirkungen auf die späteren geschichtlichen Ereignisse. 700 Jahre später kämpften die Kreuzritter um die Befreiung des Heiligen Grabes.) Uns ist das Schreiben aus dem Jahr 325 überliefert, in dem Konstantin Makarios, dem Bischof von Jerusalem, den Plan mitteilt, die hadrianischen Tempel abzutragen, Golgota und das Grab auszugraben und dort eine Basilika zu errichten. Er bat Makarios, die „geistliche" Aufsicht über die Baustelle zu übernehmen. Wir kennen auch den Namen des Architekten: Eustathios von Konstantinopel.

Anastasis und Martyrium: Das Zeugnis des Eusebius

Das Vorhaben wurde sofort unter den Augen von vielen Neugierigen in Angriff genommen: der Heiden, die empört waren, daß wegen eines exzentrischen Einfalls das marmorne Kapitol Hadrians abgerissen wurde; der Christen, die die Arbeiten ängstlich verfolgten, bereit, in jedem Stein, der bewegt wurde, ein Zeugnis dessen zu sehen, was sie suchten.

In einer Stadt, deren Bewohner damals überwiegend Heiden waren, in einer unter vielen Gesichtspunkten noch unsicheren Zeit des Übergangs von einer heidnischen zu einer christlichen Welt, die gerade erst begonnen hatte, hätte dieses urbanistische Großunternehmen schwerwiegende politische Risiken heraufbeschworen, wenn sich nach dem Abriß des höchst bedeutsamen heidnischen Tempels – der zur Feier der Siege Hadrians errichtet worden war – herausgestellt hätte, daß darunter gar nichts war.

In der Menge, die sich um die Ausgräber drängte, befand sich auch jemand, der der wichtigste Zeuge werden sollte: ein Mann von höchster Bildung und ein talentierter Schriftsteller, der die Ereignisse gewissenhaft aufzeichnete. Als Augenzeuge hat er sie dann in seine Geschichtswerke aufgenommen und weitergegeben.

Dieser Mann war Eusebius aus Cäsarea. Er war dort geboren, wo das Judenchristentum seinen Ursprung hatte, hatte die letzten Jahrzehnte des heidnischen Kaiserreichs erlebt und mußte bei der letzten Verfolgung der Christen nach Ägypten fliehen. Nun sah er die ersten Tage des christlichen Kaiserreichs. Er war der erste, der die zahlreichen bisher im Verborgenen gebliebenen und verstreuten Zeugnisse des frühen Christentums sammelte. Viele Namen und viele Fakten sind uns heute nur deshalb bekannt, weil er sie aufgeschrieben hat. Ohne seine Arbeit wären die versunkenen Jahrhunderte des frühen Christentums für uns noch viel dunkler.

Unter städtebaulichen Gesichtspunkten erschien das

Projekt Konstantins – ebenso wie zuvor das Hadrians – unsinnig zu sein: das Forum der Stadt und die Tempel, die dort auf der Höhe standen, abzureißen, einen Erdwall abzutragen, riesige Erdmassen wegzuschaffen, bis man auf den harten, steilen Fels des ursprünglichen Niveaus stoßen würde.

Aber das Projekt stützte sich auf eine tiefinnere Überzeugung, die alle Bedenken wegen der ungeheuren Kosten und der großen Zerstörungen überwand: die gewissenhafte Überlieferung, daß hier darunter, und an keinem anderen Ort, die heiligsten Stätten der Christenheit lagen.

Die Tempel wurden abgetragen, die Marmorsteine aufgestapelt (und umgehend wieder verwendet, wie die eifrigen Archäologen unseres Jahrhunderts festgestellt haben), der Erdwall gesprengt, und unter großem Jubel und der bewegten Anteilnahme aller sah man, daß die Angaben des Makarios sich als richtig herausstellten. Es kam der alte ursprüngliche Fels mit den rötlichen Adern zum Vorschein. Die weiße Farbe dieses rotgeäderten Kalksteins, des Malaki-Steins vom Berg Gareb, wird von einigen Pilgern bezeugt, die schreiben, daß sie diesen Stein gesehen hätten.

Durch das Abtragen der aufgeschütteten Erde wurde nach und nach wieder das unterste Niveau freigelegt. Mehrere Pilger, die diese Tage erlebt haben, beschreiben, wie der nackte Fels von Golgota ans Licht kam und wie auf dem nur wenig entfernten Abhang mit jedem Tag mehr die Konturen des alten Gartens und der Eingang des Grabes sichtbar wurden, das der Ratsherr Josef für sich hatte aushauen lassen und in dem er dann, was er sich nie vorgestellt hätte, IHN bestattet hat. Mit Ergriffenheit stellten alle fest, daß die Grabkammer so beschaffen war, wie Johannes sie beschrieben hatte.

Der Eingang, der so niedrig war, daß man sich bücken mußte, um hineinzugelangen, führte in eine gewölbte

Vorkammer und von dort auf der rechten Seite in eine Grabkammer, wo ein niedriges Fach in die Felswand gehauen war: der Platz für einen ordentlich in ein Grabtuch gehüllten Leichnam, wie die Evangelisten geschrieben hatten. Vorraum und Grabkammer waren leer.

Aber die Erdmassen und Steine, die den Garten begraben hatten, hatten auch eine alte Zisterne für Regenwasser unter sich verborgen. Als man diese sorgfältig ausräumte, entdeckte man auf dem Boden übereinanderliegende schwere Balken sowie alte Nägel. Vielleicht hatte sie dort der gesetzestreue Ratsherr Josef, der einzige, der die Zisterne in seinem Garten kannte, eilig hineingeworfen, ehe der Abend dieses Freitags anbrach, damit sie nicht – befleckt mit dem Blut eines Toten, also mit unbestattetem Blut – das heilige Fest des Sabbat verunreinigten. Und man sieht ja, daß die Zisterne für jemanden, der den Golgota-Hügel herabstieg, ganz nahe lag.

Ein Augenzeuge dieser Entdeckung war vielleicht der im Jahr 386 verstorbene Kyrill von Jerusalem. Er schrieb nämlich an Kaiser Konstantius – und in seinen Worten spürt man noch die Empfindung einer gemeinsam erlebten Erfahrung –: „Zur Zeit Konstantins, deines Vaters, fand man in Jerusalem das Holz des Kreuzes." Sein Zeugnis wird noch gewichtiger, wenn man den Zeitablauf beachtet. Kaiser Konstantius starb im Jahr 361, der Brief wurde sicher vorher geschrieben, also noch näher an den Ereignissen. Kyrill hatte als Bischof von Jerusalem und zweiter Nachfolger des Makarios die offizielle Verantwortung für die Arbeiten und führte die direkte Aufsicht.

Die geschichtliche Erinnerung ist lückenlos. Wir finden sie in den Schriften des Ambrosius, Rufinus, Paulinus von Nola und bei den Geschichtsschreibern Sozomenos, Theodoret und Sokrates, der als stets zuverlässiger Berichterstatter von der Auffindung unmittelbar nach dem Konzil

*von Nizäa berichtet. Wir wissen also, daß es das Jahr 326
war. Auch Kaiser Justinian erinnert in seinen Schriften
daran.*

Konstantin spürte sicher die große geschichtliche Bedeutung seiner Entdeckung, als er an Makarios schrieb, es übersteige wahrlich alles Staunen, daß „das Denkzeichen seines hochheiligen Leidens", das so lange unter der Erde verdeckt und so viele Jahre hindurch verborgen gewesen sei, nun wieder aufleuchten sollte.

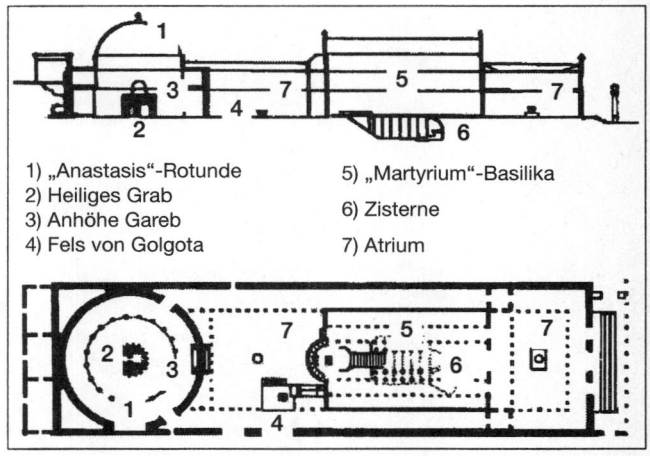

1) „Anastasis"-Rotunde
2) Heiliges Grab
3) Anhöhe Gareb
4) Fels von Golgota
5) „Martyrium"-Basilika
6) Zisterne
7) Atrium

20. Schnitt und Grundriß der konstantinischen Basiliken

Über der Zisterne, in der die Balken gefunden worden waren, wurde eine prächtige fünfschiffige Basilika, „Martyrium" (Leiden) genannt, errichtet.

Über dem nahen Grab baute man eine große Rotunde, ein Mausoleum östlicher Prägung, in dessen Mitte sich das Grab befand. Sie erhielt den Namen „Anastasis" (Auferstehung). Die beiden mächtigen und eindrucksvollen Bauwerke, so die alten Beschreibungen, wurden mit einem

Prozessionsweg mit halboffenen Säulengängen, Wandel-
gängen und großzügigen Treppenaufgängen verbunden.
Unter offenem Himmel erhob sich der höchste Punkt des
nackten Felsen von Golgota, auf dem ein kostbares Kreuz
mit einem Partikel des Originalholzes aufgestellt wurde.

In seiner großen Begeisterung, auch durch sein imperial
geprägtes Denken ausgelöst, unterliefen Konstantin, oder
seinen Architekten, einige beklagenswerte und nicht wieder gutzumachende Unbesonnenheiten. Um den Raum
der Anastasis-Rotunde, die in der Mitte eines von einer
riesigen Kuppel überspannten Portikus das Heilige Grab
aufnehmen sollte, noch großartiger zu machen, entschied
man sich, das ganze Felssegment mit dem Grab und der
Vorkammer vom Hang des Bergs Gareb „abzutrennen"
und um den Felsen eine Ädikula, eine Grabkammer aus
kostbarem Marmor, zu bauen.

Leider stellte sich heraus, daß der abgetrennte Fels die
Harmonie des Projekts störte, er war zu groß, und so entschied man sich, auch wenn wir das heute nicht verstehen
können, den Teil des Felsens abzuschneiden, der die Vorkammer enthielt.

So konnte bereits im Jahr 350 Kyrill von Jerusalem seinen Zuhörern, die ganz benommen von der Großartigkeit
des Bauwerks waren, nur schildern, wie das Grab vor 320
Jahren einmal wirklich ausgesehen hatte. Kyrill berichtet
wie ein Journalist: „Um die Harmonie des Bauwerks nicht
zu beeinträchtigen, wurde die Vorkammer abgetragen ...
Bevor das Grab durch die kaiserliche Großzügigkeit aus-
geschmückt wurde, befand sich vor dem Grab ein Vorraum, der als Schutz diente ...", wobei seine Wortwahl
eine gewisse unfreiwillige Ironie offenbart. Und auch
schon damals gab es Menschen, die sich über die mondäne
Pracht beklagten.

Hieronymus (347–420) hielt zum Beispiel fest, daß er
dort unten fast nichts hätte sehen können, und er drückte

damit die Enttäuschung all derer aus, die nach ihm Jerusalem besucht haben. Geprägt durch ein langes, asketisches Leben als Mönch in Betlehem – er hatte es unternommen, die „Kirchengeschichte" des Eusebius aus dem Griechischen und, mit Hilfe eines befreundeten Rabbiners, die Bibel aus dem Hebräischen ins Lateinische zu übersetzen – meinte er, daß er diese Orte lieber so gesehen hätte, wie sie zur Zeit Jesu gewesen waren, während andere, um den Ort zu ehren, die Erde abgetragen und durch Silber ersetzt hätten, ohne zu begreifen, daß das, was sie unwiederbringlich weggeworfen haben, der kostbarste Teil gewesen sei.

Der Komplex der Basilika wurde am 14. September 335 geweiht – an dem Tag, an dem vor neun Jahren im Beisein der Kaiserinmutter Helena die zugeschüttete Zisterne mit den Leidenswerkzeugen entdeckt worden war.

Einmal im Leben nach Jerusalem

Von diesem Tag an machte sich von überall her, auf allen Straßen des Imperiums, von allen Häfen des Mittelmeers aus, ein unlenkbarer vielsprachiger Strom von Menschen unterschiedlichster Art auf die Reise – eine Herausforderung für Regierung, Piraten, Wegelagerer, Epidemien –, und sie hatten alle nur ein Ziel: einmal im Leben Jerusalem und das Heilige Grab von Golgota zu sehen.

Rund hundert Jahre später kam die durch eine höfische Intrige aus Konstantinopel vertriebene Kaiserin Eudokia nach Jerusalem. Sie liebte diese Stadt sehr und fand hier ein Betätigungsfeld gegen ihre Einsamkeit: Sie ließ restaurieren und neue Bauten errichten. Es ist sicher ein Fehler, daß die Archäologen und Historiker dieser im Grunde unglücklichen, aber feinfühligen und mutigen Frau nicht die Bedeutung zuerkannt haben, die sie verdient hätte. Mit

Monumenten, Kirchen und Kapellen schuf sie an geschichtlichen und traditionsreichen Orten Erinnerungsstätten, beispielsweise an der Stelle der Steinigung des ersten Märtyrers Stefanus und im Garten Getsemani. Der einzige Ort, der nicht durch eine Kapelle oder ein Monument ausgewiesen war, war die große Ruine des jüdischen Tempels, in dem Jesus als Kind dargebracht worden war und wo er gepredigt hatte. Im Laufe der Zeit war daraus ein chaotischer, stinkender Abfallplatz geworden.

Eudokia hob die – noch aus der Zeit der Eroberung durch Kaiser Hadrian vor 300 Jahren stammende – Anordnung auf, die Juden verbot, die Stadt zu betreten. Die Juden, die in ihre Stadt zurückkehrten, fanden jedoch fast nichts vor, was noch aus ihrer Zeit stammte: Jerusalem war zu einer vollkommen römisch-byzantinischen Stadt geworden.

Das Acheiropoieton von Edessa und die Kirche des Grabtuchs in Jerusalem

Im Jahr 560 erreichte Kaiser Justinian nach einem zermürbenden Krieg gegen das persische Reich einen völlig unerwarteten Waffenstillstand, denn – so berichten die Geschichtsschreiber – viele tausend Kilometer nördlich von Jerusalem, in einem Gebiet, das heute eine Provinz im Inneren der Türkei ist, in einer Stadt, die Edessa hieß, hatten sich seltsame Dinge ereignet.

Edessa wurde von den Persern belagert und stand kurz vor der Kapitulation, als man in einer gut verborgenen Aushöhlung der Stadtmauer den kostbarsten und geheimnisvollsten Heiligen Gegenstand der Christenheit fand: das lange Tuch, das Sindon, in das der Leichnam Jesu gehüllt worden war, nachdem man ihn vom Kreuz von Golgota abgenommen hatte.

Nach einer sehr alten Überlieferung hatten die Jünger das Grabtuch an sich genommen und aufbewahrt. Es war dann in den Tagen der schrecklichen jüdischen Kriege aus Jerusalem verschwunden; man sagte, daß Judenchristen es auf ihrer Flucht mitgenommen und möglicherweise in den Schutz von König Abgar von Edessa gegeben hätten.

21. Münze mit dem Kopf Justinians

Es hieß, daß auf dem Tuch der Abdruck des Antlitzes Jesu zu sehen sei. Niemand hatte es gemalt. Es war von selbst entstanden, geheimnisvoll und bleich wie es war. Edessa wurde nun die Stadt des Acheiropoieton, des Bildes, das von keiner menschlichen Hand gemalt worden war, genannt.

Aber dann verlor die Stadt unter Kaiser Caracalla ihre Unabhängigkeit, die christliche Gemeinde litt schwer unter den großen Verfolgungen des 3. Jahrhunderts, und niemand wußte mehr, was mit dem Tuch mit dem geheimnisvollen Abdruck geschehen war.

Die Nachricht, daß das Tuch während der schrecklichen Belagerung wieder aufgetaucht war, verbreitete sich im ganzen Reich. Man trug es in einer Prozession vor die Befestigungsmauern, die Perser erlitten ganz unerwartet eine Niederlage, Justinian konnte einen willkommenen Waffenstillstand unterzeichnen.

Aus Dankbarkeit ließ Justinian nach dem Ende des Krieges die Kirchen in Jerusalem restaurieren, und er ließ für das Grabtuch eine „Große Kirche" errichten.

22. Sarqis-Krieger (Sarazenen)

Dann wurde Jerusalem unter dem blutrünstigen General Sharbaraz erneut von persischen Heeren erobert. Chosrau II. plünderte die Stadt, das Heilige Grab wurde verwüstet und in Brand gesteckt. Nur die Basilika von Betlehem ließen die Perser unbehelligt, da auf den Mosaiken, die die Geburt Christi darstellten, die „Magier" in persischen Gewändern zu sehen waren. Die Schätze und das kostbare Kreuz, das Konstantin auf Golgota hatte aufstellen lassen, nahmen sie mit.

23. Das Siegel Omars

Fünfzehn Jahre später besiegte der byzantinische Kaiser Herakleios endgültig seine alten Feinde, und unter der Kriegsbeute des Chosrau in Ktesiphon fand er das Kreuz wieder. Er brachte es nach Jerusalem zurück, und am 14. September – an dem Tag also, an dem man einst in der alten Zisterne die Leidenswerkzeuge gefunden hatte – des Jahres 629 trug er das Kreuz auf das verwüstete Golgota. Er betraute Modestos, den Abt der Laura des hl. Theodosios auf dem Athos, mit den mühevollen Aufbauarbeiten. 630 wurde Modestos zum Patriarchen von Jerusalem erhoben.

Aber er hatte nicht die Kraft und auch nicht die Zeit, die alte Anlage Konstantins wiederzuerrichten. Neun Jahre später, im Jahr 638, belagerte der Araber Khalid Jerusalem, das auch dem Islam als Heilige Stadt galt; nach vier Monaten ohne Lebensmittel und ohne Wasser mußte die Stadt kapitulieren und fiel in die Hände des Kalifen Omar. Der Patriarch Sophronios mußte nun Omar in die Grabeskirche geleiten und schrieb: „Eine Stätte der Verwüstung ist der heilige Ort geworden."

In dem Grab ein ausgebreitetes Tuch
Die Erzählung des schiffbrüchigen Arculf

Ein paar Jahre später erzählte ein Pilger mit Namen Arculf, er habe noch die Kirche des Heiligen Tuchs gesehen; und er sah in Jerusalem auch, was wir heute als erste „Kopie" des Grabtuchs bezeichnen könnten: ein Tuch, von kostbaren Stickereien umrahmt, mit Darstellungen und Inschriften, die sich auf die Apostel bezogen, und auf dem, verkleinert, der Abdruck vom Grabtuch gemalt war.

Arculf, Bischof in Gallien, war um 670 zusammen mit einem Eremiten namens Petrus nach Jerusalem gekommen. Er begab sich zum Heiligen Grab, das damals offen und sichtbar war: „Man betritt die Gruft und findet links vom Betrachter eine Steinbank für den Toten, über der sich ein Arkosolium wölbt."

Er wollte dann die Länge der Steinbank messen, hatte aber nichts zum Messen dabei. So nahm er seine gespreizte Hand.

„... sepulcrum ... cuius longitudinem Arculfus in septem pedum mensura mensus est manu ... Quod videlicet sepulchrum ... totum simplex a vertice usque ad plantas lectum unius hominis capacem super dorsum iacentis praebens."

Die – als einzige überlieferte besonders wertvolle – Messung Arculfs (Werner Bulst hat sie auf ca. 1,80 Meter umgerechnet) stimmt mit den anatomischen Berechnungen überein, die man an dem Abdruck vom Turiner Grabtuch vorgenommen hat. Diese haben circa 1,81 Meter ergeben sowie einen ausgeprägten Knick im Stoff vor dem Kopfabdruck. All das wüßten wir jedoch nicht, wenn Arculf auf seiner Heimfahrt nicht großes Glück gehabt hätte.

Als sein Schiff das Mittelmeer hinter sich gelassen hatte und auf den Atlantik kam, den Bug nordwärts gerichtet, geriet es in einen heftigen Sturm. Kapitän und Passagiere, die tagelang kein Land sahen, wußten nicht mehr, wo sie sich befanden.

Endlich beruhigte sich das Meer, und die Reisenden fanden sich an einem wunderschönen, friedlichen Ort wieder: Die Luft war klar, und eingetaucht in das helle Licht des Nordens lag eine felsumsäumte kleine Bucht mit weißem Sand vor ihnen, tiefdunkel, fast schwarz die Felsen ringsum, mit Blüten überdeckt, und im Meer Seehunde. Ein Gefühl von Freiheit und tiefem Frieden. Und ein Kloster mit einem Steinkreuz. Es war eine Insel, aber Arculf kannte sie nicht; sie lag ganz oben im Norden und gehörte zu den Inneren Hebriden, aber unser Odysseus des frühen Mittelalters, den das Meer von Palästina bis an die schottische Küste getragen hatte, wußte das nicht. Es war die

Insel Iona mit ihrer berühmten Benediktinerkloster, in dem die schottischen Könige begraben wurden. Der damalige Abt hieß Adamnanus, er nahm den Schiffbrüchigen gastlich auf und zeichnete auf Wachstäfelchen den Reisebericht auf, den Arculf ihm gab.

Die Intoleranz des Kalifen Al-Hakim

Nach drei Jahrhunderten zwar unsicherer, aber insgesamt friedsamer Unterwerfung unter die Bedingungen der „Dhimma" – des Schutzes, unter den Juden und Christen als Schriftbesitzer im Islam gestellt waren – kam es im Jahr 1009 unter dem Kalifen Al-Hakim zum Ausbruch religiöser Intoleranz: Die Anastasis-Rotunde und die Martyrium-Basilika fielen der Spitzhacke zum Opfer, schließlich sogar der am Heiligen Grab herausstehende Felsen. Dann starb Al-Hakim, und der Kaiser von Konstantinopel versuchte, seinen Nachfolger gegen Geld dafür zu gewinnen, das, was stehengeblieben war, zu restaurieren. Aber die Verwüstungen waren beträchtlich. Nur die Anastasis, die das Heilige Grab umschloß, wurde restauriert. Ein kleines Oratorium schützte die Kuppe des Felsens von Golgota, der offen und sichtbar blieb. Die Martyrium-Basilika, die Säulengänge und die Treppenanlagen wurden dem Verfall preisgegeben.

Von der „Kirche des Grabtuchs" verlor sich sogar das Wissen, wo sie gestanden hatte.

Jerusalem war nun Al-Quds, die dritte heilige Stadt des Islam.

Wenn uns nicht die wenigen Zeilen überkommen wären, die Bischof Arculf in einem schottischen Kloster diktiert hat, wüßten wir nicht einmal, daß jene „Große Kirche", in der das Grabtuch verehrt wurde, und die Kopie des Grabtuchs „mit kostbarer Stickerei" früher einmal existiert hatten. Unsere Kenntnis jener Jahrhunderte ist wie ein halbversunkener Archipel, zwischen dessen Klippen die Archäologie sich einen Weg sucht.

Im Jahr 1884 entdeckte man in Madaba in Jordanien auf dem Fußboden einer kleinen Kirche ein kostbares byzantinisches Mosaik: Dort ist der verlorengegangene Grundriß des einstigen Jerusalem mit dem Komplex des Golgota-Hügels dargestellt.

Dieses Mosaik und eine frühe Elfenbeinarbeit, die in der Nationalbibliothek Paris aufbewahrt wird, auf der die beiden zerstörten Bauwerke des „Martyrium" und der „Anastasis" eingeschnitten sind, ist alles, was uns geblieben ist, um uns eine Vorstellung vom Werk Konstantins machen zu können.

Von Konstantins Bauwerken haben die Archäologen inzwischen auf dem rotgeäderten Felsen, der der Beweis für das ursprüngliche Niveau ist, Mauerfragmente ausgegraben.

24. Die Omar-Moschee

Das Königreich der Kreuzritter in Jerusalem

Am Abend des 15. Juli 1099 zogen die Kreuzritter, nachdem sie Jerusalem in einem Blutbad erobert hatten, barfuß und ohne Kopfbedeckung zum Golgota-Hügel hoch und knieten vor dem Heiligen Grab nieder.

Sicher mit sehr viel geringeren finanziellen Mitteln, als den byzantinischen Kaisern einst zur Verfügung standen, planten sie eine Restaurierung der Kirche, deren Hauptlinien noch heute zu sehen sind. Ein unorganisches und komplexes Bauwerk, in dem sich der alte Grundriß der

25. Die Kreuzritter (nach G. Dorè)

Anastasis aus byzantinischer Zeit im romanischen Bau verliert und von ihm sozusagen erstickt wird.

Eine sehr alte Tradition aufnehmend, wurde eine Treppe angelegt, auf der man zur „Kapelle der Hl. Helena" hinabsteigen konnte, zu der alten Zisterne, in der die Nägel und die Kreuzesbalken gefunden worden waren – dies ist auch heute noch der bewegendste und wichtigste Teil des Bauwerks, den die konstantinischen Architekten auch im „Cubiculum Sanctae Helenae" in Santa Croce in Rom haben anklingen lassen.

26. Siegel mit den drei Hauptbauwerken des christlichen Jerusalem

Das Grab, von dem die Pilger Fragmente abgeschlagen hatten und das Al-Hakim versucht hatte, einzuebnen, wurde zum Schutz vollständig mit schweren Marmorplatten abgedeckt und mit einer Ädikula umschlossen.

Die Arbeiten nahmen 50 Jahre in Anspruch, am 15. Juli 1149 wurde ihr Abschluß gefeiert. Seitdem haben nur wenige Male Menschen in unserem Jahrtausend die Möglichkeit gehabt, die verborgene Form des Heiligen Grabes zu sehen, das in seiner Marmorumkleidung eingeschlossen ist.

Das „Lateinische Königreich" von Jerusalem wurde von den Truppen der stolzen geistlichen Ritterorden, den Johannitern und den Tempelrittern, geschützt.

* * *

Am 3. Oktober 1187, noch nicht einmal 40 Jahre nach der Fertigstellung des Baus der Kreuzritter, marschierte das Heer von Salah-ad-Din, diesmal ohne Blutbad, in Jerusalem ein. Der Sultan sollte sich den Besiegten gegenüber tolerant verhalten. Denn er hatte eine Kultur empfangen, die wir vielleicht erst heute verstehen können: Er war in einem Derwisch-Kloster in den Sufismus, die mystische Schule des Islam, eingeführt worden.

Die Erfahrung des Sufismus – dem es um das Wesentliche geht und dem alle theologischen Streitigkeiten fernliegen – machte es ihm leicht und ließ es als „vernünftig" erscheinen, die Tore Al-Quds, des vor kurzem eroberten Jerusalem, auch all denen zu öffnen, die es aus religiösen Überzeugungen, die sich von den seinen unterschieden oder ihnen sogar entgegengesetzt waren, besuchen oder sich hier niederlassen wollten: den christlichen Pilgern, die nach Jerusalem zurückkehrten, um hier zu beten, wo sie nicht mehr zu kämpfen brauchten, und den Juden, für die die Stadt trotz elf Jahrhunderten leidvoller Diaspora immer die heilige Stadt ihres geschichtlichen Ursprungs geblieben war.

27. Siegel des Ordens der Tempelritter

Salah-ad-Din erklärte mit einer Art angelsächsischem Pragmatismus auch, daß die besten Wächter der christlichen „Heiligen Stätten" – vor allem des „Heiligen Grabes"

– diejenigen sein müßten, denen sie wirklich heilig waren. Und er vertraute sie denen an, die ihm am nächsten und am wenigsten in die blutigen Ereignisse der Kreuzzüge verwickelt waren, und das waren die Orthodoxen, die sich an Konstantinopel orientierten. Er konnte bei dieser aus seiner Sicht großzügigen Entscheidung nicht voraussehen, was die verschiedenen christlichen Kirchen und Sekten schließlich aus diesem kostbaren Bauwerk machen würden. Die unversöhnlichen theologischen Streitigkeiten sollten – bis auf den heutigen Tag – die Kirche in ein wirres Labyrinth von verschiedenen Besitzansprüchen zerstückeln, die sich überschneiden, nebeneinander herlaufen, übereinander liegen, sich abschließen, sich gegenseitig bedrohen, und dies quer durch Kapellen, Atrien, Pfeiler, Treppen, in einem Durcheinander von Riten, Bildern, Prozessionen und Gesängen.

Das erste Mal, als es – in dieser Situation – wieder möglich war, die Steine des Heiligen Grabes zu sehen, beschreibt Pater Bonifatius von Ragusa. Im Jahr 1555 mußte die stark beschädigte Ädikula über dem Grab erneuert werden; dabei konnte man den alten Felsen und die Steinbank für den Toten sehen, und zu ihrer großen Überraschung und Rührung stellten die Männer fest, daß die Grabkammer noch nach Aromastoffen roch.

Auf der Steinbank lag ein „sudarium pretiosum", ein kostbar besticktes Tuch, in das ein Holzteilchen eingewickelt war. Daneben lag auch noch ein stark zerfallenes Pergament, auf dem Bonifatius nur zwei Wörter entziffern konnte: „... Helena magni ..." Der so bewegende Fund konnte aber nicht erhalten werden. Kaum waren das Pergament, das Holz und der Stoff mit der Luft in Berührung gekommen, erzählte Bonifatius, zerfiel alles innerhalb kurzer Zeit in Staub und hinterließ nur ein paar Goldfäden, die den Stoff geschmückt hatten.

Im Jahr 1808 brach wieder einmal ein Brand aus, und die orthodoxen Mönche erhielten vom türkischen Sultan die Erlaubnis, die Basilika zu restaurieren. Ein Zeuge, Maximus Simeon, berichtete, daß, als man die Marmorplatte wegschob, immer noch ein intensiver Duft aufstieg. Das brauchten keine Übertreibungen des Schreibers sein, denn auch ein französischer Reisender, der bei der Öffnung dabei war, berichtet in seiner „Voyage en Terre Sainte" vom Aufsteigen des Duftes. Vielleicht hatte ja, wie auch in den jüdischen Katakomben der Villa Torlonia, das Verschließen mit Steinplatten die aromatischen Substanzen jahrhundertelang konserviert.

28. Das Heilige Grab in Jerusalem (12. Jh.)

So haben in den Jahrhunderten Erdbeben und Brände, Unterwerfung unter die „Dhimma" und dann Nachlässigkeit, Geldmangel, die wüsten Streitigkeiten zwischen Griechen, Römern, Syrern, Abessiniern, Kopten und Armeniern zum Niedergang dieses wunderbaren Bauwerks und zu seinem heutigen Zustand geführt.

Und das Grab, in dem sich mit größter Wahrscheinlichkeit der Abdruck auf dem Turiner Grabtuch gebildet hat, liegt noch heute unter der unglücklichen Verkleidung aus dem Jahre 1808.

6. Kapitel
Die Pollen und der Abdruck

Von Zürich nach Turin,
um die Echtheit der Fotos zu bestätigen

Bereits 1898, als Secondo Pia die ersten Fotos vom Grabtuch gemacht hatte, wurde gesagt und geschrieben, daß die Bilder manipuliert worden sein müssen, um den seltsamen „Negativeffekt" zu erhalten.

Als man 1969 – 37 Jahre nachdem die ebenfalls umstrittenen Fotos von Giuseppe Enrie gemacht worden waren – entschied, das Grabtuch unter Einsatz der neuesten Techniken wieder zu fotografieren, erinnerte man sich an diese bitteren Unterstellungen. Diesmal sollten die Fotoaufnahmen, die Entwicklung und der Druck in jeder Phase von Personen überprüft und beglaubigt werden, die am Unternehmen selbst nicht beteiligt waren und aufgrund ihrer Stellung unumstrittenes Ansehen genossen.

Und es wurde ein Sachverständiger der Züricher Polizei nach Turin eingeladen, ein Experte im Bereich kriminalistischer Untersuchungen, dessen Name mit berühmten und komplizierten Ermittlungen verbunden war: der Schweizer Max Frei Sulzer. Er hatte für die Kriminalistik ein neues Terrain erschlossen, die Untersuchung der Mikrospuren mittels mikroskopischer Analyse der „eingefangenen" Staubpartikel auf einem Beweisstück.

In Turin wurde Frei – der mit der Überzeugung eintraf, jene berühmte „Fälschung" vorzufinden, über die sich schon im 16. Jahrhundert Jean Cauvin, genannt Calvin, polemisch geäußert hatte – sofort von der Ungewöhnlichkeit des „Objekts" überwältigt, wie all die anderen Naturwissenschaftler, die es bisher gesehen hatten oder noch sehen sollten. Es zieht sich tatsächlich wie ein roter Faden durch die Geschichte des Grabtuchs, daß es in Menschen mit literarischer Bildung dünkelhafte Zweifel hervorruft, bei Wissenschaftlern mit naturwissenschaftlicher Bildung hingegen eine positive Neugierde zu wecken vermag.

Max Frei schlug sofort vor, Proben der Mikrostaubpartikel vom Grabtuch zu nehmen. Wenn dieses eigentümliche Leinentuch so alt war, wenn es wirklich vom östlichen Mittelmeer nach Turin gebracht worden war, müßten sich Spuren seiner Geschichte in den Fasern verfangen haben.

Allerdings mußte er bis zur Nacht des 23. November 1973 warten, bis er auf dem Leinen seine speziellen Haftstreifen – die in steriler Umgebung hergestellt worden waren und daher keinerlei Verunreinigungen enthielten – anbringen und, bedeckt mit den Staubpartikeln, die an ihnen haften geblieben waren, wieder abnehmen konnte.

Das Lichtmikroskop zeigte, was von einem Gewebe, das auf jeden Fall Jahrhunderte alt war, erwartet werden konnte: Spuren von Mineralien, Faserstückchen, Pilzsporen, verschiedenste Verunreinigungen. Aber was er zu sehen bekam, hätte kaum zur Lösung des historischen Rätsels beigetragen, wenn Max Frei nicht im Laufe seiner Karriere als Ermittler eine Untersuchungstechnik entwickelt hätte, die auf der Botanik und auf einem ihrer speziellen Gebiete basierte: der Palynologie, der Wissenschaft von den Pollen.

Pollen sind Strukturen, die kleiner sind als ein Hundertstel Millimeter und nur unter dem Lichtmikroskop sichtbar werden. Um in ihre Struktur einzudringen, benötigt man ein Rasterelektronenmikroskop; erst jenseits der Schwelle der dreitausendfachen Vergrößerung zeigen die kleinen beständigen Zellen ihre bizzarren Formen mit oft unregelmäßigen und unterschiedlichen, leicht verwechselbaren Konturen.

Da jede Pflanzenart logischerweise ihre spezifischen Pollen produziert (die Pollen sind ja die Zellen der Reproduktion), gibt es Hunderttausende von Pollenarten unterschiedlichster Strukturen und Dimensionen, die äußerst phantasievoll sowie oftmals von ungewöhnlicher, wenn auch für uns im allgemeinen nicht sichtbarer Schönheit sind.

Als widerstandsfähige, doppelwandige Zellen mit Strukturen für das Überleben unter den härtesten Bedingungen, beständig gegen Säuren und ätzende Flüssigkeiten – das Kochen tötet sie, verändert jedoch nicht ihre äußere Form –, überstehen die Pollen die Jahrtausende.

Um sie untersuchen zu können, war es erforderlich, sie in eine Gelatinepräparation zu tauchen, die eine freie und umlaufende Sicht von allen Seiten gestattete. Man behandelte die Pollen, die aus dem Staub des Grabtuchs auftauchten, als historische Dokumente, die untersucht, fotografiert und konserviert wurden.

Durch Experimente mit Viskosestreifen, die unter verschiedenen meteorologischen Bedingungen der Luft ausgesetzt wurden, oder mit Apparaturen, die Luft und Staub in festgelegten Mengen für bestimmte Zeiträume auffingen, hatte Max Frei festgestellt, daß sich Pollen normalerweise in einem begrenzten Gebiet ausbreiten: Der größte

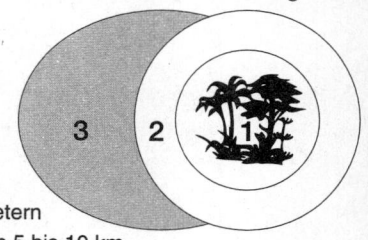

1 – 90 % in einem
    Bereich von etwa 100 Metern
2 – 6 % in einem Bereich von 5 bis 10 km
3 – 4 % nur mit starkem Wind bis 10 km

29. Mittlere Verbreitung der Pollen einer Blütenpflanze

Teil der Pollen einer Pflanze setzt sich in einem Bereich von drei bis vierhundert Metern ab; die wenigsten fliegen mit Mühe zehn bis dreißig Kilometer. Nur mit trockenen und heftigen Windstürmen können Pollen weitere Entfernungen zurücklegen, die Fälle waren jedoch so selten, daß sie keine statistische Relevanz hatten. In der Kriminologie konnte das Auffinden bestimmter Pollenarten auf einem Gegenstand oder einer Person Informationen liefern und auch einen Weg nachzeichnen. Die Anwendung dieser Untersuchungstechnik für die Archäologie brachte als erstes Ergebnis, daß die Pollen, die unterdessen vom Grabtuch gewonnen worden waren, in 59 verschiedene Arten unterteilt werden konnten. Soweit in den Archiven Vergleichsexemplare vorhanden waren, konnten verschiedene für Mitteleuropa typische Pflanzenpollen sofort erkannt werden. Damit wurde bestätigt, was ohnehin bekannt war: Jahrhundertelang war das Grabtuch in Chambéry, in Lirey und an anderen Orten in Frankreich aufbewahrt worden.

Dann wurde eine Pollenart identifiziert, die sich eigentlich gar nicht auf diesem Leinentuch befinden durfte: Reis der Sorte „Oryza sativa", die auf den Reisfeldern von Vercelli angebaut wird.

Bei der historischen Nachprüfung stieß man auf ein kurzes und wunderliches Intermezzo, das die Erklärung lieferte.

1553 hatte Emanuel Philibert von Savoyen, der sich im Krieg mit Frankreich befand, das Grabtuch zusammen mit dem Familienschatz in der Kathedrale von Vercelli versteckt, dem Land der Reisfelder. Die Truppen des Marschalls De Brissac plünderten die Kathedrale, fanden aber das Grabtuch nicht. Der Kanonikus Andrea Costa hatte es unter seiner Kutte versteckt und lud die feindlichen Offiziere, um sie abzulenken, zu einem „französischen" Essen ein, das mit den Weinen aus Piemont offensichtlich ein Erfolg war, denn das Grabtuch wurde gerettet.

Die Identifizierung der anderen Pollenarten wurde für Max Frei nach und nach schwieriger: Es handelte sich um Pflanzen, die er nicht kannte, die nicht in seine Ordner paßten, die nicht auf europäischem Boden wuchsen.

Vielleicht brachten diese Pollen, die auf dem Stoff gefunden worden waren, Aufschlüsse, die die bis dahin (also bis zum Jahr 1973) bekannte Geschichte des Grabtuchs noch nicht gegeben hatte. Damals wußte man fast nichts von dem, was in den folgenden Jahren über das Judenchristentum und über das byzantinische Reich neu entdeckt werden sollte und was für die Geschichte des frühen Christentums und die aufsehenerregenden Geschehnisse um das Grabtuch von größter Bedeutung war. Die offizielle Geschichte des Grabtuchs hatte ziemlich willkürlich zu einem strittigen Zeitpunkt im Mittelalter Halt gemacht.

Max Frei arbeitete, bis seine Augen müde wurden, am Mikroskop, er erblickte unbekannte Pollen, die er noch nie gesehen hatte, und er sagte sich, daß dieses Leinentuch nicht aus Europa stammen könne. Wer weiß, wann und wo überall es unterwegs gewesen war. Es mußte jedenfalls in den Ländern gewesen sein, in denen diese unbekannten Pflanzen hauptsächlich oder ausschließlich vorkamen. Wo war es gewesen, bevor es nach Europa kam?

Es gab Bruchstücke möglicher Informationen über das erste Jahrtausend: Handschriften auf Papier oder Pergament, verstreut in fernen Bibliotheken, auf Aramäisch, Syrisch, in mittelalterlichem Griechisch und auf Arabisch. Schlecht entzifferte und schlecht übersetzte Texte, die nie miteinander verglichen wurden und so gut wie vergessen waren. Bestenfalls betrachtete man sie als Legenden.

Die weiten Reisen des Kriminologen Max Frei

Max Frei Sulzer, aufgewachsen in der westlichen weltlichen und rationalen Kultur, verfolgte vier aufeinanderfolgende Frühlinge lang – zu Beginn von niemandem gesponsert und unterstützt – diese hypothetischen Wege.

Er reiste – unter den unwegsamsten Bedingungen und über schwieriges Gelände – im Vorfrühling durch die Länder des östlichen Mittelmeers, zu einer Zeit also, als die kurzen Blütezeiten dieser wüstenhaften Gebiete es ihm erlaubten, die Pollen einzusammeln, die es zu erkennen, zu klassifizieren und mit den rätselhaften Funden auf dem Grabtuch zu vergleichen galt. Da er den Weg zurückverfolgen wollte, den nach seiner Annahme das Grabtuch über 700 Jahre zuvor genommen hatte, wählte Max Frei als erste Etappe Konstantinopel, die Hauptstadt des byzantinischen Reiches, die zu einer türkischen Stadt wurde und heute Istanbul heißt.

Und fast sofort fand er etwas, dem er einen Namen geben konnte und das keinesfalls in Kontinentaleuropa vorkam. Es war eine Waldpflanze aus dem Gebiet des Schwarzen Meeres, typisch für Konstantinopel. Sie hieß „Epimedium pubigerum" (Sockenblume) und wuchs in dem Wald, der einst ein riesiger, jahrhundertealter Eichenwald gewesen war, dessen reiche Quellen Konstantinopel mit reinem und köstlichem Wasser versorgten, das über den Aquädukt des Kaisers Valens in die Stadt und in die riesigen Zisternen der kaiserlichen Paläste geleitet wurde.

Aus diesen Wäldern flossen zwei Flüsse zusammen, die allmählich die letzten Biegungen des Goldenen Horns, das die Byzantiner Chrysokeras nannten, verlanden ließen. Die schlammigen Wasser streiften die Mauern von St. Maria im Blachernenviertel; Reisende aus dem Westen hatten geschrieben, sie hätten dort „le Sydoine" gesehen.

Dann wurden weitere vier Pflanzenpollen identifiziert, die es am Bosporus reichlich und in Europa nicht gibt. Damit war klar, daß das Leinen von Turin der Luft in Konstantinopel ausgesetzt gewesen war und daß es die Pollen des Bosporus aufgenommen hatte.

* * *

Anschließend folgte Max Frei der alten Straße, die über die Jahrhunderte das byzantinische Reich und das persische Reich verbunden hatte, in die innere Türkei. Er entdeckte dort eine Pollenart, die für die Rekonstruktion der Geschichte des Grabtuchs zentrale Bedeutung gewinnen sollte: das Liliengewächs „Hixiolirion montanum" (Berg-Amaryllis). Diese Lilie wächst in Höhenlagen in der inneren Türkei, im Norden von Syrien und in Mesopotamien; es ist eine Pflanze, die es in Europa nicht gibt.

Die verfallene türkische Stadt Urfa, wo diese Lilie blühte, war das alte Edessa, die Hauptstadt des Königreichs Osrhoene. Dort wurde im 2./3. Jahrhundert ein geheimnisvolles Tuch mit dem Antlitz von Golgota verehrt. Man hatte es „Acheiropoieton" genannt, „nicht von Menschenhand gemacht", und es war in der gesamten Christenheit des Ostens berühmt gewesen.

Die Winde jener Hochebene hatten viele Jahre lang über dem Grabtuch geweht und auf ihm ein höchst charakteristisches natürliches Zeichen hinterlassen.

Man fand eine außergewöhnliche Menge von Pollen der „Atraphaxis spinosa", einer dornigen Pflanze, die alleinstehend auf dem steinigen Boden der Felswüsten der iranisch-turanischen Region wächst. Ferner wurden gefunden: eine weitere Steppenpflanze, „Glaucium grandiflorum", die sich in wenigen Tagen zu einer großen Blüte öffnet und die in der inneren Türkei und in entlegenen Gebieten des Iran wächst; die „Gundelia tournefortii", die

dort beheimatet ist, wo die Steppe in eine Steinwüste über-
geht. Es ergab sich schließlich, daß von den ersten 59
Pflanzenarten, die auf dem Grabtuch gefunden worden
waren, 20 auf der Hochebene von Edessa reichlich, in
Westeuropa jedoch überhaupt nicht vorkommen.

Der Abdruck auf dem Grabtuch war also der Heilige
Gegenstand, den die Edessener, fasziniert von der geheimnisvollen Erscheinung auf dem Leinen, „Acheiropoieton"
genannt hatten. Vielleicht hing die Tatsache, daß man in
Europa die Meinung vertreten konnte, das Grabtuch von
Turin habe keine Geschichte, damit zusammen, daß man
im Westen diesen alten Namen „Acheiropoieton" vergessen hatte.

Max Frei folgte dann dem Weg, der nach der Legende
in den Jahren 70 und 130 n. Chr. der Fluchtweg der Judenchristen vor den römischen Legionen gewesen war:
über das rauhe, steinige Gelände zum salzigen Ufer des
Toten Meeres, das Jordantal nach Norden in Richtung der
Dekapolis, über die Grenzen des römischen Reichs hinaus.

* * *

Auf dem Leinen des Grabtuchs befanden sich Pollen von
„Anabasis aphylla", von „Suaeda aegyptica" und von
„Tamarix nilotica". Dies sind reine Wüstenpflanzen, die in
steinigen und salzigen Geländen ohne Wasser mit extre-
men Bedingungen beheimatet sind; diese Halophyten –
salztolerante Pflanzen – ließen das Bild einer trockenen
und von heftiger Hitze geprägten Landschaft erstehen.

Ferner wurden Pollen von „Reaumuria hirtella" und
von „Zygophyllum dumosum" gefunden; diese zwei
Pflanzen gehören zu den häufigsten Gewächsen in den
Steinwüsten um das Tote Meer. Noch im 5. Jahrhundert
sagte man den Pilgern, daß das Grabtuch in jenem steinigen Gelände versteckt worden war. Und dann wurden auf

dem Tuch noch Pollen von „Acacia albida" entdeckt, einer Pflanze, die entlang dem grünen Jordantal blüht.

Schließlich ging Max Frei noch die Mauern der Altstadt von Jerusalem ab und sammelte Pflanzenpollen, die dort im April blühen: unter anderem den „Hyoscyamus aureus" und die „Onosma orientalis". Und auch sie fand er ebenfalls im Gewebe des Grabtuchs von Turin. Wer weiß, an welchem Tag seiner Geschichte im Monat April das Grabtuch die Pollen jener Pflanzen aufgenommen hat, die jahrhundertelang weiterhin auf den Mauern der alten Zitadelle sprießen sollten, kalziniert von einer unbarmherzigen Sonne.

Für den Kriminologen Max Frei war das Grabtuch an all diesen Orten gewesen, an denen es, wenn es echt war, gewesen sein „mußte".

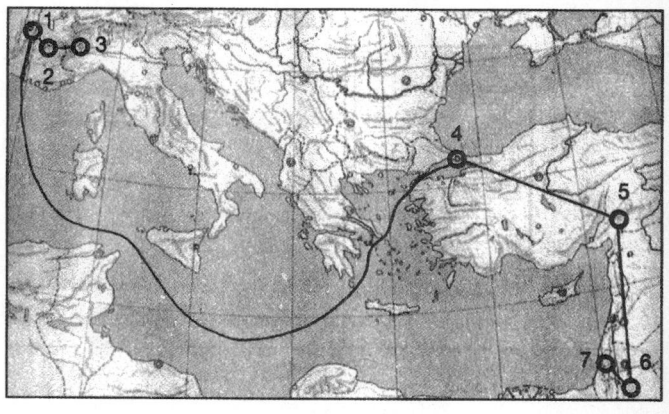

1 - aus Zentralfrankreich; 2 - aus Savoyen; 3 - aus Piemont;
4 - aus Konstantinopel; 5 - aus Anatolien; 6 - vom Toten Meer;
7 - aus Jerusalem

30. Geographie der Pollenarten auf dem Grabtuch

Was der Abdruck nicht ist

Der blasse, dramatische und naturalistische Abdruck auf dem Grabtuch hatte unter den hartnäckigsten wissenschaftlichen Untersuchungen gezeigt, was er auf keinen Fall war.

Es gab keine Konturen noch Füllungen, noch klar umrissene Ränder. Es war also keine Zeichnung.

Auf das Leinen war kein „Untergrund" zur Vorbereitung gestrichen worden, und man fand auch keine Pigmente auf ihm. Kein mineralischer, pflanzlicher oder tierischer Farbstoff, kein öl- oder wasserhaltiges Suspensionsmittel noch irgendeine Art von Bindemittel war für seine eigentümliche gelbliche Farbe verantwortlich. Es war keine Malerei.

Es gab keine Übertragung von fremden Substanzen auf die Fasern, die den Abdruck tragen. Es war folglich auch keine Durchpausung.

Wie eine der ersten Untersuchungen gezeigt hatte, fluoreszierte der Abdruck nicht bei Wood-Licht, und er hatte sich nicht „unter" den Blutflecken gebildet. Folglich war er nicht durch den Aufdruck eines heißen Metalls entstanden.

Wie bereits von Anfang an die Transformation von Fourier aufgezeigt hatte, waren auch nicht die geringsten Spuren von Pinselstrichen oder Spachtelaufträgen und auch nicht von mit Fingerkuppen aufgetragenen Farben festzustellen. Es gab keine Farbeinwirkung mit künstlerischen Mitteln.

* * *

Es gab nur drei seltsame kleine Bereiche, deren Struktur nicht bestimmt werden konnte. Da waren zwei vertikale Streifen an den Seiten des Gesichts und ein horizontaler Streifen unter dem Kinn, auf dem sich der Abdruck rätsel-

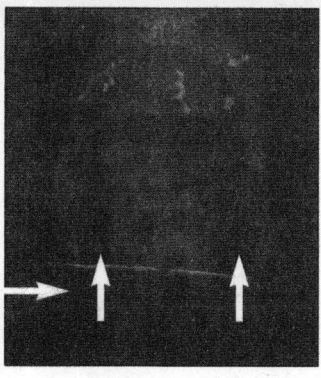

31. Zwei vertikale Streifen und ein horizontaler Streifen an den Seiten des Gesichts

hafterweise nicht gebildet hatte.

Irgend jemand hatte zu Beginn die Hypothese einer Binde, einen Kinnhalters, aufgestellt. Diese Streifen sollten Jahre später mit einer aufregenden Computeranalyse näher untersucht werden. Aber zu diesem Zeitpunkt konnte man sich das noch nicht vorstellen.

* * *

Die Vorstellung von einem Abdruck, „der aus nichts entstanden war", lieferte unvermeidlicherweise reichlich Nährboden für die Phantasie. Das einzige Ergebnis dieser wirren, jedoch hartnäckigen Klügeleien – Hypothesen über geheimnisvolle Strahlungen oder über Fälschungen durch Zauberei – bestand darin, daß sie konkrete Untersuchungen behinderten.

Denn das, was man auf dem Grabtuch sah, war weder ein betrügerisches Kunstwerk noch ein symbolisches Bild, es war, wissenschaftlich gesehen, „ein Abdruck". Dies setzte die historische Existenz von Jemandem voraus, der ihn aufgedrückt hatte, sowie den Mechanismus, der ihn hatte entstehen lassen.

Die Ausgrabungen von Antinoe in Ägypten

Ende des 19. Jahrhunderts hatte Emile Guimet, ein reicher Adliger aus Lyon, die Stadt Antinoe am östlichen Ufer des Nils als Ziel einer von ihm finanzierten archäologischen

Expedition nach Ägypten ausgewählt. Die Stadt war um das Jahr 125 n. Chr. von dem römischen Kaiser Hadrian an der Stelle erbaut worden, wo sein Geliebter Antinous den Tod gefunden hatte.

Die Ausgrabungen, die von dem Archäologen Gayet geleitet wurden, standen unter einem besonders glücklichen Stern und füllten so das kleine und auserlesene Museum Guimet in Paris. Unter anderem war eine Totenstadt lokalisiert worden. Die Grabnischen waren in Stein gehauen und sorgfältig mit Kalk verschlossen worden; der trockene und warme Sand hatte sie gut geschützt. Sie enthielten noch konservierte Skelette, Tunikareste und Kleider aus Leinen, obwohl man sie nicht mumifiziert, sondern lediglich mit Aromastoffen und salzhaltigen Substanzen besprengt hatte.

Auf dem Leichnam einer Frau war ein Schleier aus Leinen, der das Gesicht bedeckte, noch immer an seinem Platz. Das Leinen war trotz der schwierigen Umweltbedingungen erhalten geblieben. Man konnte sogar Stickereien und Saum erkennen.

Gayet beschrieb den leichten Stoff: Übereinstimmend mit den hervorgehobenen Punkten dessen, was einmal das Gesicht gewesen war, hatten sich klare Schatten gebildet, während die anderen Stellen blasser waren. „Dieses Stoffstück", sagte Gayet, „gibt das Gesicht einer toten Person wieder." Unter dem Schleier befand sich ein dehydrierter und zusammengeschrumpfter Schädel, aber der Abdruck auf dem Tuch war der von vor 2000 Jahren. Gayet und die Spezialisten, die das Fundstück untersuchten, waren – fälschlicherweise – der Ansicht, der Abdruck sei durch aromatische Substanzen hervorgerufen worden, die für die Bestattung verwendet wurden. Der Irrtum sollte viele Forscher auf einen falschen Weg führen.

Tatsächlich hatten einige Wissenschaftler versucht, die rätselhaften Abdrücke auf dem Grabtuch experimentell zu reproduzieren. Sie hatten mehr oder weniger unterschiedliche Techniken angewandt, die jedoch auf eine einzige Idee zurückgingen: auf irgendeine Weise zwischen dem Leichnam und dem Leinen einen Kontakt mit aromatischen Substanzen herzustellen, wie sie für die Bestattung verwendet wurden, vor allem mit Aloe und Myrrhe, wie im Johannes-Evangelium beschrieben.

Sie benutzten Leinenstücke, die mit einer natürlichen Lösung benetzt und mit Mischungen aus Aloe und Myrrhe getränkt oder mit den Gewürzen in Pulverform bestreut waren; es entstanden so Flecken, die den Erhebungen der Gesichter entsprachen. Aber die Abdrucke waren grob, plump und ungenau. Und unter dem Mikroskop zeigten sie eine andere Struktur als der Abdruck auf dem Grabtuch.

Um 1932 dachten sich zwei französische Wissenschaftler, Antoine Legrand und der Arzt Pierre Gallimard, ein Experiment aus, dem damals allerdings nicht die ihm gebührende Beachtung geschenkt wurde.

Sie legten einfach gesäuberte Leinenstücke – ohne Öle und aromatische oder konservierende Substanzen – auf die schweißbedeckte Haut. Und nichts geschah.

Aber nach einigen Jahren, als alle dieses Experiment schon vergessen hatten, sah Doktor Gallimard, daß doch etwas geschehen war: Die Leinenstücke begannen an den Stellen, an denen sie für wenige Minuten den Schweiß aufgesaugt hatten, ganz geringfügig zu dunkeln.

„Pendant des longs mois" – schrieb Gallimard – „le lin ainsi impregné ne laisse voir aucune trace de sueur et ce n'est généralement qu'au but de trois ans que les brunissement est perceptible (jamais avant de deux ans) ..."

Das Dunkelwerden, besser gesagt: das Vergilben – das sich so langsam gebildet hatte – war erst nach zwei oder drei Jahren mühelos „wahrnehmbar" und schien die Töne des Abdrucks anzunehmen, den man auf dem Grabtuch sah. Aber das Experiment war offenbar zu schlicht und zu vernünftig und stieß daher auf kein Interesse. Die eine Seite hörte nicht auf, Wunder zu ersinnen, die andere Seite fuhr fort, unbekannte Maler des Mittelalters dingfest zu machen.

Das „Air Backing"-System in Santa Barbara

1981 fragte sich Samuel Pellicori am Santa Barbara Research Center, der das Grabtuch von Turin lange untersucht und mit Hilfe der Mikrofotografie aufgenommen hatte, ob dieser Abdruck, „der aus nichts entstanden war", nicht auf eine unbekannte Verbindung mit der Haut des mit Blut bedeckten unbekleideten Leichnams, den das Tuch bedeckte, zurückzuführen war.

Es mußte experimentell überprüft werden, ob die sauren Ausscheidungen der Haut, das Fett und der Schweiß, auf der Zelluloseverbindung des Leinens – dort, wo es vom Körper berührt worden war – irgendwie eine chemische Veränderung in Gang gesetzt hatten.

Man stellte sich die Frage, ob dieser Prozeß einen unauslöschlichen, anhaltenden und wärmebeständigen Abdruck wie den verschwommenen Abdruck auf dem Grabtuch hätte hervorrufen und so die verblüffende Form des Körpers und des Gesichts hätte nachzeichnen können. Heller hatte festgestellt, daß die Fasern, die vom Abdruck auf dem Grabtuch berührt worden waren, brüchig und viel angegriffener waren als das umliegende Gewebe. Es war von einem beschleunigten Zerfall die Rede.

Es galt also, die innere Dynamik des intuitiven Experiments von Gallimard und Legrand zu reproduzieren und zu analysieren. Es mußte überprüft werden, ob der Abdruck auf dem Grabtuch zu Beginn und für eine unbekannte Zeitdauer im Tuch „latent" enthalten – also praktisch unsichtbar – und nur die Blutflecken und die Wunden sichtbar gewesen sein konnten.

Ein solcher Prozeß, wie Gallimard und Legrand ihn in Gang gesetzt hatten, erforderte langes Warten, vielleicht Jahrzehnte, bevor sich der Abdruck in seiner Gesamtheit zeigen würde. Eine zu lange Zeit, die das Leben eines Wissenschaftlers überschritt, so daß es fast unmöglich war, das Experiment zu korrigieren oder zu wiederholen.

In seiner Besorgnis über diese Notlage dachte Pellicori, daß vielleicht eine Art Abkürzung durchführbar wäre. Er war mit der Textiltechnologie vertraut, um Dauer und Qualität von Garnen und Geweben prüfen zu können, aber auch mit der Technologie, Holz und andere Materialien künstlich zu „trocknen", dem „Air Backing"-System; dabei wird ein Ofen mit warmer Luft eingesetzt, wobei unzählige Kombinationen von Zeit und Temperatur möglich sind.

Vielleicht war es mit diesem Kunstgriff möglich, den Prozeß der Dehydrierung, der in der Natur Jahrzehnte gebraucht hätte, in dem Leinen in wenigen Stunden ablaufen zu lassen.

Saubere Leinenstücke wurden mit der ungewaschenen und schweißbedeckten Haut in Berührung gebracht und so „verunreinigt". Wenn die Hypothese richtig war, kam es nicht auf die Dauer des Kontakts an, sondern schlicht und einfach darauf, daß die Zellulose des Leinens Zeit hatte, die von der Haut abgesonderten Substanzen aufzunehmen.

Im ersten Augenblick war wie bei Gallimard eine eventuelle Aufnahme der Substanzen unsichtbar. Aber dann wurden die so verschmutzten Leinenstücke in dem

Luftofen getrocknet und dehydratisiert. Nach einigen Experimenten mit abgestuften Zeit- und Temperatureinstellungen sah man, daß der Versuch so verlaufen war wie bei einem Äquivalent, das einige Jahre normalen Umweltbedingungen ausgesetzt ist. Auf den Leinenstücken, die aus dem Ofen genommen wurden, hatte sich ein beschleunigter Prozeß in Gang gesetzt, der dem entsprach, der sich auf dem Grabtuch vollzogen haben mußte. Jeder der verunreinigten Bereiche hatte die Form der Gesichter und der Hände, die sie berührt hatten, erstaunlicherweise wieder auftauchen lassen. Es war, lautete die Schlußfolgerung, ein echter Abdruck.

Unter dem Mikroskop zeigten sich die Leinenfasern der Bereiche, die in Kontakt mit der menschlichen Haut gekommen waren, angegriffen, genau wie – bei der gleichen Untersuchung und bei den gleichen Vergrößerungen – die Fasern des Grabtuchs in den Bereichen des Abdrucks. Das Experiment bewies, was Gallimard dunkel geahnt hatte: Der Abdruck entwickelte sich langsam im Laufe der Jahre.

Aber da die von der Haut abgesonderten Substanzen thermisch instabil sind, hätten die möglicherweise auf dem Grabtuch vorhandenen Substanzen die Farbe in der Nähe der verbrannten Bereiche ändern müssen. Man weiß aber, daß sich die Farbe des Abdrucks in keiner Weise verändert hat, nicht einmal an Stellen, die nur einen Millimeter neben den verbrannten Bereichen liegen. Zur Kontrolle wurden die verunreinigten Leinenstücke nun angesengt und angebrannt.

Und zur großen Überraschung sah man, daß auch die Testabdrücke in unmittelbarer Nähe der Verbrennungen die Farbe nicht änderten. Sie verhielten sich also genauso wie der Abdruck auf dem Grabtuch.

Spektrographische Untersuchungen ergaben Spektralkurven, die große Ähnlichkeit mit denen des Grabtuchs zeigten. Wenn sie sich einmal gebildet hatten, änderten sie sich nicht mehr, weder im Laufe der Zeit noch infolge von Temperaturschwankungen.

* * *

Aber diese besonnene und vernünftige Reihe von Experimenten zerstörte die mythische Welt derer, die, wie auch immer, Wunder suchen und deshalb davon nichts hören wollten, und sie untergräbt die Position der Verfechter einer betrügerischen Herstellung des Abdrucks.

Und tatsächlich wurde sofort eine extreme Gegenhypothese aufgestellt. Wer weiß, wann im Mittelalter ein plumper und grausamer Fälscher, ein unfaßbarer „verrückter Mönch" in irgendeinem syrischen Kloster – in Anbetracht dessen, daß Pflanzenpollen aus dem Orient vorhanden waren – einen Leichnam gefoltert, getötet und in ein Tuch eingewickelt haben konnte, um ein Grabtuch „herzustellen". Diese Idee, die schriftlich festzuhalten jemand die Zeit hatte, berücksichtigt nicht die Tatsache, daß das Einprägen eines Abdrucks auf dem Leinen ein sehr langwieriger Prozeß ist, der Jahrzehnte braucht. Der unglückselige syrische Fälscher hätte einen unsichtbaren Abdruck produziert, den er selbst gar nicht hätte verwenden können und von dem weder er noch – bis in unsere Tage – sonst jemand voraussehen noch sich vorstellen hätte können, daß er sich bildet!

Das Herbarium von Professor Volckringer

Er hatte 1942 begonnen, mitten im Zweiten Weltkrieg, in der beängstigenden Stille der von der Verdunkelung geprägten Nächte. Sein Projekt hatte er so definiert: „ ... *expliquer la formation de l'empreinte par le jeu des forces naturelles"*: eine Erklärung für die Entstehung des Abdrucks durch das Spiel natürlicher Kräfte zu finden.

Er war ein bekannter Chemiker und Pharmazeut und hieß Jean Volckringer. Er wollte die Bildung des Abdrucks auf dem Grabtuch – auch für sich – mit dem Wirken natürlicher Kräfte erklären. Er beschritt den Weg der anderen Forscher: Er machte Experimente mit Abdrücken mit Hilfe von Aromastoffen, Salben und Parfüms und führte Versuche durch, ob auf einem mit Aloe „getränkten" oder den für Gräber typischen Ammoniakgerüchen ausgesetzten Tuch Abdrücke entstünden. Aber die Untersuchung stellte ihn nicht zufrieden: Es waren keine Abdrücke, es waren Flecken.

War es möglich, daß „in natura" und „nicht im Labor" keine Art von natürlichem Abdruck existierte, der dem des Grabtuchs von Turin nahe kam?

Da erinnerte er sich an ein anderes „Abdruckmodell": das, das auf den Seiten der alten Herbarien auftauchte. Er untersuchte Pflanzen, die mindestens hundert Jahre alt waren. Die vom Kolleg Juvisy-sur-Orge stammten von 1840, die von der Fakultät für Pharmazie in Paris von 1836 und die des Naturkundemuseums sogar von 1650.

„En general, une plante se trouve fixée sur une feuille de papier simple, laquelle est enfermée dans une deuzième feuille double qui en constitue la chemise véritable ...": In einer Pflanzensammlung wurde die Pflanze, die auf ein Blatt Papier gelegt wurde, anschließend in ein zweites zusammengefaltetes Blatt gesteckt, das eine Art Umschlag bildete. Daher sah man von der Pflanze den oberen und den unteren Abdruck: Ein zusammengefaltetes Papier; oben und unten; Zellulose; wie ein Tuch aus Leinen.

Der Pflanzenabdruck erschien auf dem Papier als dünne sepiafarbene Form von vollkommener Beständigkeit; die Vergrößerungen brachten keinen begrenzenden Rand zum Vorschein, sondern ein Ganzes ohne festgelegte

Grenzen und von unterschiedlicher Intensität. „Image d'une extraordinaire précision, donant de la plante une réproduction des plus fidèles." Es waren tatsächlich Bilder von einer außergewöhnlichen Genauigkeit, die eine sehr getreue Reproduktion der Pflanze wiedergaben (vgl. Farbtafel 19).

Dann folgte das entscheidende Experiment. Es wurden einige Pflanzenabdrücke fotografiert, und die Negative zeigten die erhöhten Teile der Pflanze heller, während die tiefergelegenen Teile dunkel waren; das Bild hob sich natürlich vom schwarzen Hintergrund ab.

„C'est le Negatif de l'empreinte qui restitue la vision de la plante": Das Fotonegativ des Pflanzenabdrucks war ein perfektes Abbild der zwischen die Blätter des Herbariums gelegten Pflanze; so wie das Fotonegativ des Abdrucks auf dem Grabtuch ein perfektes Abbild des Leichnams war, der von ihm bedeckt worden war.

In den Herbarien waren noch Pflanzen erhalten, die einer Vortrocknung unterzogen worden waren. Sie hatten sich auf Formen von brauner oder schwärzlicher Farbe reduziert, die Äderungen waren verschwunden, die Details abgeschwächt, und die Erhebungen hatten sich verloren. *(So wie in Antinoe in Ägypten sich die Gesichtszüge der Toten, die vor 1800 Jahren begraben worden war, aufgelöst hatten.)*

Der Abdruck, den man auf dem Papier sah, war hingegen der Abdruck des Blattes zu seinen Lebzeiten. *(So wie Gayet auf dem Leinentuch, das den Schädel bedeckte, die früheren Formen des Gesichts gesehen hatte.)*

* * *

Bei so vielen Analogien ist es heutzutage, unter Heranziehung der Labordaten, möglich, die Gewinnung dieser alten und neuen Erkenntnisse zu rekonstruieren und erneut experimentell zu überprüfen.

Der Pflanzenabdruck war – wie Heller es für den Abdruck auf dem Grabtuch feststellen konnte – beständig gegen chemische Reagenzien sowie Hitze und beliebige Lösungsmittel. Er ist, wie Heller über den Abdruck auf dem Grabtuch sagte, eine Figur, die aus „nichts" entstanden ist, eine „Nicht-Farbe", die man sieht.

Der Träger, auf dem sich der Pflanzenabdruck bildet, ist Papier, das heißt Zellulose. Der Träger des Abdrucks auf dem Grabtuch waren Fasern aus Leinen, das heißt Zellulose.

Die Analysen haben auf den Pflanzenabdrücken der Herbarien „keinerlei Farbstoff" isoliert. Auch auf dem Abdruck des Grabtuchs findet sich keinerlei Farbstoff. Volckringer fragte sich nach der Natur des Abdrucks: „Est-ce une déstruction de l'édifice moléculaire de la cellulose du papier, un état de transformation vers le carbone": Handelt es sich um eine Beschädigung der Molekularstruktur der Zellulose des Papiers?

Die Bereiche des Papiers, die den Pflanzenabdruck tragen, weisen eine Beschädigung der Zellulose auf, genau wie das Leinen des Grabtuchs an den Stellen, wo es den Abdruck des Leichnams trägt.

Die Pflanzenabdrücke der alten Herbarien fluoreszieren nicht bei Wood-Licht. Der Abdruck auf dem Grabtuch tut dies auch nicht.

Sowohl bei den Pflanzenabdrücken der Herbarien als auch bei dem Abdruck des Leichnams auf dem Grabtuch besteht ein genaues Verhältnis zwischen der Intensität des Kontakts und der optischen Dichte des Abdrucks.

Die höhergelegenen Teile (Stengel, große und kleine Äderungen bei den Blättern; Stirn, Nase, Knöchel der Finger am Leichnam) haben mit dem Blatt bzw. dem Tuch logischerweise einen Kontakt von größerer Intensität als die weniger herausragenden Teile. Werden die Helldunkelwerte der Fotos mit computergestützten Geräten gelesen – wie man es mit dem Abdruck auf dem Grabtuch gemacht hat –, liefern sie ein äußerst zuverlässiges mathematisches Verhältnis zwischen der Intensität des Kontakts und der Intensität des Abdrucks, das heißt, sie liefern eine dreidimensionale Information.

Wie die menschlichen Abdrücke auf Leinen, mit denen Pellicori experimentierte, hat auch der Pflanzenabdruck in den Herbarien eine „Latenzperiode". Er erscheint also nicht sofort, sondern erst nach einigen Jahren.

Bezüglich der Zeit, die für seine Bildung erforderlich ist, erklärte Volckringer 1984, daß ein Abdruck durchschnittlich fünfzig Jahre braucht, wenn er deutlich zu sehen sein soll. Volckringer hatte seinerzeit ein kleines Herbarium mit Blättern nicht aus Papier, sondern aus reinem Leinen wie das Grabtuch anfertigen lassen. Und Bernard Ribay hat berichtet, daß die Abdrücke auf den Blättern aus Leinen heute genauso erscheinen wie auf den Blättern aus Papier.

Man hat festgestellt, daß die Intensivierung des Abdrucks auch dann erfolgt, wenn die Pflanze sehr bald aus dem Herbarium entnommen wird; wie im Air-Backing-Versuch von Pellicori löst ein kurzer Kontakt von Haut und Stoff eine Oxidation, eine beschleunigte Dekomposition der Zellulose des Papiers und des Leinens aus.

* * *

Es wurde also zum ersten Mal eine grundlegende Übereinstimmung zwischen der Struktur des Abdrucks auf dem Grabtuch und einem Experiment im Labor nachgewiesen.

Das Phänomen – dessen Bedeutung man gar nicht hoch genug einschätzen kann – verlangt eine erschöpfende wissenschaftliche Erforschung. Dabei ist zu berücksichtigen, daß die, mit Papier verglichen, größere Dichte des Leinens, die mikrofeinen Unregelmäßigkeiten des Gewebes und die eventuelle rituelle Verwendung von Aromastoffen in die Art des den Abdruck hervorrufenden Prozesses, nicht jedoch in seine Struktur Variablen einführen.

Bis jetzt können wir jedenfalls berechtigterweise darauf hinweisen, daß es zumindest hinsichtlich der Herbarien noch niemandem in den Sinn gekommen ist, Hypothesen über Wunder, Strahlungen, Neutronenblitze, „Helldunkelmalerei in der Art Leonardos" oder „glühende Statuen" aufzustellen.

7. *Kapitel*
Die vergessene Geschichte

Flucht aus Jerusalem

„Die Gemeinde in Jerusalem hatte die Weisung erhalten, noch vor dem Krieg die Stadt zu verlassen und sich in einer Stadt Peräas, namens Pella, niederzulassen."

Wenige Jahrzehnte nach dem Ereignis auf Golgota löste die brutale und provozierende Gewaltherrschaft des römischen Prokurators Gessius Florus einen Aufstand in Jerusalem aus. Im Herbst des Jahres 66 jagten die Rebellen die Römer aus der Stadt, überrannten am Paß Beth Horon die Legion, die vom Abgesandten von Syrien angeführt wurde, und errichteten eine provisorische Regierung.

Der „Jüdische Krieg", wie ein erschütterter und aufgewühlter Zeuge, der romanisierte Jude Josephus Flavius, den Aufstand nannte, hatte begonnen.

Zu Beginn des Jahres 67 brach der General Vespasian mit seinem Heer von den Winterquartieren in Antiochia auf, Titus stieß von Süden her mit weiteren Legionen hinzu, und gemeinsam marschierten sie in das aufständische Galiläa ein.

Nach fast drei Jahrhunderten schrieb ein christlicher Historiker, Eusebius von Caesarea, die Judenchristen von Jerusalem hätten durch ein Orakel – war es ein Traum, eine Weissagung, eine Vision, eine vernünftige Überlegung? – die Weisung erhalten, die gefährdete Stadt zu verlassen, den Jordan zu durchqueren und in ein Land jenseits des Flusses und außerhalb des römischen Machtbereichs zu fliehen.

Jenseits der Grenze der römischen Provinz Syrien erstreckte sich die Dekapolis, das „Gebiet der Zehn Städte" – mit Pella, Skythopolis, Damaskus –, die sich zu einem von Rom mehr oder weniger unabhängigen Städtebund zusammengeschlossen hatten.

Daß diese Flucht keine Legende war, wird durch ein Dokument bestätigt, das auf dem Zweiten Konzil von Nizäa vorgelegt wurde. Es heißt dort wörtlich: „Zwei Jahre vor der Zerstörung Jerusalems" – das heißt: bei der Ankunft von Vespasian und Titus in Galiläa – wären die Judenchristen, die von den jüdischen Patrioten angeklagt wurden, bei der Revolte nicht Partei zu ergreifen, in aller Heimlichkeit geflohen, wobei sie „ihre wertvollsten Dinge, Bilder und heiligen Gegenstände mitnahmen ...". Am Ende des 4. Jahrhunderts war Epiphanios, Bischof von Salamis auf Zypern, auf seiner Reise nach Jordanien in Pella einer Gruppe von Gläubigen begegnet, die behaupteten, von den Judenchristen abzustammen, die damals vor dem Krieg geflohen waren.

Die Flucht war beschwerlich. In der Gegend um Jerusalem patrouillierten die erbarmungslosen Banden der Aufständischen. Die Küste war in der Hand der Römer, die von ihrem Stützpunkt Caesarea aus die alte Küstenstraße nach Gaza und im Norden alle Wege nach Syrien kontrollierten. Im Süden und im Osten erstreckten sich die arabische Wüste und das Land der Nabatäer, das von den räuberischen Badawern heimgesucht wurde.

Der einzige Fluchtweg zur Umgehung der Rebellen und der römischen Kontrollen führte – wie die Funde bestätigen – von Jerusalem hinab zum tiefsten Punkt der Erde, das heißt in den riesigen Graben, der mehr als 400 Meter unter den Wasserspiegel des Mittelmeers abfällt, wo der Jordan sich in das salzige Wasser des Toten Meeres verliert und wo sich unter den Kalkfelsen der östlichen Küste das biblische Tal von Siddim auftut. Es sind nun – wie die Geologie bestätigt – 4000 Jahre her, daß Sodom und Gomorrha dort unter einem schrecklichen Erdbeben und einem Regen aus vulkanischen Trümmerstücken verschwanden, vergleichbar wohl dem Untergang von Pompeji 2000 Jahre später.

Aber auf der steilen, steinigen Westseite des Grabens, die von Schluchten und Höhlen durchlöchert ist, lebte von der Welt abgeschieden die asketische Gemeinschaft der essenischen Mönche, die von den verschiedenen Richtungen des Judentums Jesus wohl am nächsten stand.

Man hat ihre so geheimnisvolle Geschichte bis vor kurzem für eine Legende gehalten. Aber seit jeher hatten die arabischen Hirten diesen Ort „Khirbet Qumran" genannt, die Ruinen von Qumran. In den fünfziger Jahren entdeckte eine erfolgreiche Ausgrabungsexpedition diese Ruinen, die die Welt der Essener gewesen waren: Kloster, Werkstatt, Schule und Friedhof.

Die Ruinen des Klosters wurden genau dort gefunden, wo sie nach der Beschreibung des Gaius Plinius Secundus liegen mußten, nicht weit vom Ufer. Das Kloster war ohne architektonische Besonderheiten errichtet worden, ein Stein auf dem anderen, mit asketischer Einfachheit, große graue Steine. Die essenischen Mönche hatten dort bis zu den Tagen des „Jüdischen Kriegs" gelebt. Man fand die Spuren der Brände und der römischen Verwüstung.

Hinter dem Kloster erhebt sich ein Felsvorsprung; und man sieht da und dort die Eingänge zu den abschüssigen Höhlen, die die wirre Felswand durchlöchern und die heute jedermann die Höhlen von Qumran nennt.

Hätten nicht Archäologen der Gegenwart – mit großem und aufgeregtem Erstaunen – wenigstens zum Teil gefunden, was darin versteckt worden war: Wir wüßten überhaupt nichts über die Tage, an denen essenische Mönche und vertriebene Judenchristen miteinander im Tal des Toten Meeres lebten, während oben auf den Bergen die historische Belagerung Jerusalems stattfand und das Gebiet von Bewaffneten und Kriegsmaschinen wimmelte.

Die Essener sahen wohl voraus, daß Rom jede Erinnerung an die Rebellen aus Judäa auslöschen würden, und so bewahrten sie die Gegenstände, die Erinnerungen, die heiligen religiösen Texte auf und verschlossen sie in haltbaren Tonkrügen, die sie in den tiefen Spalten des Tales versenkten. Aber die Höhlen von Qumran dienten nicht nur für die biblischen Texte als Versteck.

Auf dem Krug steht: Rom

Auf einen versiegelten Krug wurde ein Vermerk geschrieben, vielleicht eine Adresse: „Rom". Er enthielt Papyrusrollen. Auf einem Fragment konnte ein Vers aus dem Markus-Evangelium entziffert werden. Demnach hatten die Judenchristen auf ihrer Flucht aus Jerusalem den unwegsamen, jedoch vertrauten Weg zum Toten Meer gewählt, sie hatten Hilfe und Zuflucht bei den essenischen Mönchen gefunden und hatten ihre Evangelientexte, „die wertvollen Dinge, die Bilder und die heiligen Gegenstände" in den Verstecken verborgen, die ihnen die essenischen Mönche genannt hatten.

In diesen ersten Jahren war die Trennung zwischen dem traditionellen Judentum und dem entstehenden Christentum noch nicht so scharf und intolerant, wie sie es nach Konstantin werden sollte. Vielleicht hat sogar eine geheime Beziehung, die während der grausamen Verfolgung unter Nero geknüpft worden sein könnte, Judenchristen und Essener mit den Gläubigen in Rom verbunden.

In der Wüste, mit einem Rabbiner, eine Übersetzung aus dem Aramäischen

Ungefähr 300 Jahre später lebte in der Wüste Chalkis in Syrien ein Einsiedler mit Namen Hieronymus. Er stammte aus Dalmatien und war ein hervorragender lateinischer Schriftsteller. Und er war überzeugt, daß er nichts von den christlichen Ursprüngen und vom Judentum, von dem es abstammte, würde verstehen können, wenn er nicht die Sprachbarriere des Griechischen und des Hebräischen überwand und zu den Quellen selbst zurückkehrte, die den lateinischen Übersetzungen zugrunde lagen.

Hieronymus wurde ein Meister der Wissenschaft der Exegese. 14 Jahre seines Lebens hat er sich der Aufgabe gewidmet, die Bibel ins Lateinische zu übersetzen, wobei er ein genaues Vergleichssystem entwickelte, das sich an der Hexapla des Origenes orientierte.

Jetzt lernte er in der Wüste zusammen mit einem befreundeten Rabbiner an den heiligen Büchern das Hebräische und verglich es mit den aramäischen Texten der ersten christlichen Schriften.

Als er nach zwei Jahren Studium in der Wüste nach Beroe (das heutige Aleppo) ging, traf er dort auf eine Gemeinschaft christlicher Nasiräer, die, wie sie sagten, von jenen Flüchtlingen abstammten, die während des Ersten Jüdischen Kriegs in die Dekapolis gezogen waren.

Sie bewahrten in einer wertvollen Handschrift in aramäischer Sprache eine frühe Version der Texte des Evangeliums auf, das sogenannte „Hebräer-Evangelium".

Sie gestatteten dem Hieronymus, darin nachzuschlagen: Es war tatsächlich sehr alt und von unermeßlicher dokumentarischer Bedeutung. Möglicherweise war es zur gleichen Zeit wie das Matthäus-Evangelium entstanden. Es war ein umfangreiches Werk mit 2000 Versen. Ein Großteil dieses Dokuments ist verlorengegangen.

Um so wertvoller ist das Zeugnis des Hieronymus.

Das Hebräer-Evangelium

Das „Hebräer-Evangelium" enthält den ersten schriftlichen Hinweis darauf, was mit dem Grabtuch nach seiner Entdeckung im leeren Grab geschehen war: Es wurde dem Apostel Petrus zur Aufbewahrung übergeben.

Lange Zeit waren diese berühmten Zeilen schlecht abgeschrieben oder schlecht übersetzt worden. Man las für das Wort, das auf die Person verwies, der das Grabtuch übergeben wurde, „puero" (dem Knaben, dem Sklaven) statt „Petro": Petrus, dem Apostel. Der Hinweis erschien folglich unangemessen, und niemand maß ihm Beweiskraft bei. Die philologische Überprüfung war das Verdienst eines englischen Gelehrten, C. H. Dodd, und sie erfogte im Jahr 1931. Obwohl dies nun schon so lange her ist, hat seine Entdeckung kaum Beachtung gefunden.

Shatnez

Aber das Grabtuch war ein Gegenstand, in dem sich widersprechende Symbolgehalte hart aufeinanderstießen; und diese machten seinen Besitz gefährlich.

Auf der einen Seite war es Träger der größten religiösen Unreinheit, „Shatnez", insofern es als Leichenteich verwendet worden war, denn es wurde mit Blut getränkt und war damit rituell unrein. Diese Unreinheit haftete an ihm und übertrug sich auf jeden, der es berührte. Sein bloßes Vorhandensein war untragbar in einer Situation, in der der „rechte Glaube" – wie in jenen Tagen in Judäa – unerbittlicher denn je war und die traditionelle Reinheit des Glaubens die politische Unduldsamkeit förderte.

Auf der anderen Seite war das Tuch mit diesem Blut die greifbare Erinnerung an ein grausames Urteil, und es war seitens Rom – in den Stunden, in denen der Aufstand loszubrechen drohte – als Banner der Auflehnung interpretierbar.

Wer das Risiko auf sich nahm, es zu verwahren – jemand, der in jenen Stunden sich dem Getöteten sehr nah verbunden gefühlt hat, wie es im Hebräer-Evangelium heißt –, tat es mit jeder nur möglichen Vorsicht. Wer in unserem Jahrhundert skeptisch ausführliche Dokumentationen über die ersten Jahre der Geschichte des Tuches verlangt, hat wohl nicht recht begriffen, in welcher Spannung die leben mußten, die es aufbewahrt haben.

Pella – eine kleine neutrale Schweiz

Als die Judenchristen bei den ersten Anzeichen eines Aufstands aus Jerusalem flohen, wußten sie – wie all die anderen Flüchtlinge in den folgenden Jahrhunderten – nicht, ob und wann sie zurückkehren würden. Wie die vollgefüllten und versiegelten Krüge in den Höhlen von Qumran bestätigen, wurden heilige Bücher und vieles andere, was mit dem Leben Christi verbunden war, sorgfältig versteckt, denn niemand wollte diese Schätze auf den vom Krieg verwüsteten Straßen mit sich führen. Jahre später, als Jerusalem zerstört und der grausame Krieg zu Ende war und die Juden ins Exil vertrieben waren, konnten einige wenige Überlebende zurückkehren, um sich das zu holen, was in den Höhlen von Qumran lagerte. Über die versprengten essenischen Mönche hat sich keine geschichtliche Überlieferung erhalten. Ihre Krüge und Schriftrollen blieben 1900 Jahre in Qumran liegen.

Die Judenchristen hingegen, die die Straße nach Pella gezogen waren, fanden dort eine so großherzige Zuflucht, daß sie sich in einer Gruppe zusammenschließen konnten, sie gewannen Anhänger unter der Bevölkerung, die seit den biblischen Zeiten Moabiter und Ammoniter genannt wurden, und sie konnten, während sie 40, 50 Jahre in vorsichtiger, ängstlicher und gut getarnter Stille zubrachten, die Erinnerung an das weitergeben, was vielleicht noch in den Höhlen am Toten Meer begraben war.

Das Kloster des Grabtuchs

Um das Jahr 530 – das heißt, weitere vier Jahrhunderte nach den geschilderten Ereignissen – brach ein christlicher Pilger namens Antoninus aus Piacenza auf und machte sich auf den Weg nach Jerusalem. Er konnte schreiben, er verfaßte über seine Reise einen Bericht, und die Niederschrift hat sich erhalten. Er berichtete, unter anderem das rauhe und furchterregende Tal des Toten Meeres besucht zu haben. Er sagte, daß man ihm ein Kloster gezeigt habe, das zwischen den Felsen lag. Es war zwischen diesen Steinen errichtet worden, weil dort das Grabtuch von Golgota Zuflucht gefunden hatte. Aber zu seiner Zeit war das Grabtuch nicht mehr dort. Und Antoninus sagt: „Ich konnte es nicht sehen."

Die genaue topographische Erinnerung des Reisenden aus Piacenza wirft, zusammen mit einer ungenauen und zum Teil vertraulichen historischen Erinnerung, Licht auf die folgenden ungewöhnlichen Ereignisse.

Der zweite Krieg und die Rache des Hadrian

Im Jahre 131 brach in Jerusalem der verzweifelte Aufstand des Bar Kochba aus, den wir aus den Geschichtsbüchern als den „Zweiten Jüdischen Krieg" kennen.

Der römische Kaiser Hadrian sah, wie in 50 Jahren Waffenstillstand Judentum und Christentum überlebt hatten, wie sie im Untergrund Gruppen gebildet, sich wieder in Jerusalem angesiedelt und dort den zweiten Aufstand angezettelt hatten. Nach der neuerlichen Eroberung Jerusalems faßte er einen Plan zur endgültigen Ausrottung, der die Gebäude und die Stadt einschloß. Er ließ die Stadt dem Erdboden gleichmachen und vernichtete alle jüdischen und christlichen Spuren in Jerusalem und ganz Judäa.

Die Aktion Hadrians veranlaßte die verängstigten judenchristlichen Gruppen – wie so viele Exilanten in den folgenden Jahrhunderten – in entferntere und sicherere Länder, möglichst weit weg von den nördlichen Grenzen des Imperiums, auszuweichen.

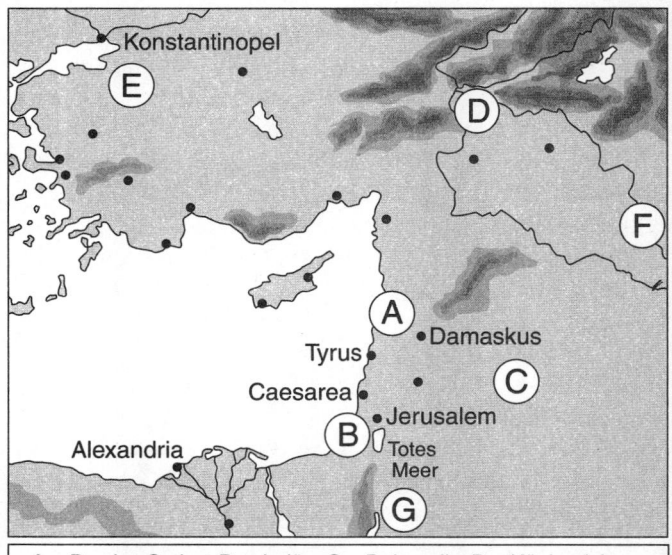

A – Provinz Syrien; B – Judäa; C – Dekapolis; D – Königreich Osrhoene; E – Oströmisches Reich; F – Persisches Reich; G – Arabische Halbinsel

32. Östliches Mittelmeer

Edessa – glückliches Exil, freies Paris

Das sowohl von der römischen Macht als auch vom persischen Reich unabhängige Gebiet, das Land, das heimlich zugänglich war für Menschen, die aus Judäa flohen, ein Land, zu dessen Erreichen nicht schroffe Wüsten oder weite Meere überquert werden mußten und das aufgrund seiner starken strategischen Position doch nur schwer angreifbar war, war – wie auf der Landkarte zu sehen – das Königreich Osrhoene.

Im Jahr 132 v. Chr. hatte sich Edessa – eine Stadt mit stark befestigter Zitadelle auf einem Hügel und einer mächtigen Umfassungsmauer, im westlichen Mesopotamien, zwischen dem Oberlauf der beiden gewaltigen Ströme Tigris und Euphrat und unterhalb des drohenden Gebirges des Kara-Dag gelegen – unter einem lokalen Herrschergeschlecht zu einem unabhängigen Königreich erklärt.

Das Reich hieß Osrhoene, sein Name leitete sich von dem Mann ab, der es aus dem zerfallenden Seleukidenreich herauslöste.

Mit seiner ausgezeichneten Lage beherrschte es den strategischen Durchgang zwischen dem römischen Westen und dem persischen Osten, und es grenzte an Kurdistan, durch das der historische Weg führte, der Anatolien und Persien durch die Täler des Haran verband; und es beherrschte folglich die tausendjährige Karawanenstraße, die die Küstenstädte Lydiens, Kariens und Ioniens mit den Megalopolen des Ostens verband und ihr den Namen „Straße des Persischen Reichs" verschaffte.

Das Reich, das sich sowohl gegenüber der römischen Macht wie gegenüber der Gewalt der Parther behaupten konnte, brachte eine Dynastie von 29 Herrschern hervor, die sehr häufig den Namen Abgar trugen.

Fast 300 Jahre lang haben sie mit kluger Gleichge-

wichtspolitik mehr oder weniger freundschaftliche Bezie-
hungen zu Rom unterhalten, die manchmal auf eine ver-
schleierte Untertänigkeit hinausliefen. Auf der strategisch
bedeutsamen Strecke über Edessa zogen die römischen
Feldherren Lucullus, Crassus und Pompeius in die blutigen
Partherkriege. Das alte Edessa ist heute eine unförmige
Siedlung mit dem Namen Urfa, wo auf dem Hügel und in
der Ebene verfallene Ruinen wieder ans Licht kommen.

In Edessa spricht man aramäisch

In Jerusalem – wo das klassische Hebräisch für die heiligen Texte, den Gottesdienst und für die Schrift verwendet
wurde – war die Verkehrssprache, die auch von den Apo-
steln gesprochen wurde, das Aramäische, das eine Art
Dialekt darstellt.

Der Historiker Eusebius, der für den Kaiser in Konstantinopel auf Griechisch schrieb, sagte mit Geringschät-
zung, daß „die ärmlichen und derben Menschen in Galiläa
nur ihren Dialekt kannten"; sie „hatten keine literarische
Kultur" und „sie drückten sich in der syrischen Sprache
aus, ... der Sprache der Barbaren". Diese sprachliche Situation stellte im Exil eine schwerwiegende Beschränkung
für die Eingliederung dar.

Da die Flucht oder das selbst auferlegte Exil der Judenchristen eine Flucht ins Ausland war, suchten sie wie alle
Emigranten und Flüchtlinge ein Land, das hinsichtlich
Sprache und Kultur nicht zu weit von ihrer Heimat entfernt war und die Emigranten, die sich dorthin flüchteten,
nicht an ihrem Exil verzweifeln ließ. Und sie suchten ein
Land, zu dem nach Möglichkeit schon Kontakte bestanden.

Tatsächlich hat die Archäologie in der Zitadelle von
Edessa eine Inschrift entdeckt, die einer Prinzessin mit

Namen Shalmat gewidmet war. Diese Inschrift war in syrischen Zeichen geschrieben. So wissen wir, daß man in Edessa in den Tagen der Zerstörung von Jerusalem aramäisch sprach und schrieb, in einer Form, die der in Jerusalem sehr ähnlich ist.

Edessa war unter seinen semitischen Dynastien also ein Widerstandspol gegen den überhandnehmenden Hellenismus und den nivellierenden Gebrauch der griechischen Sprache. Die Stadt war auch ein Zentrum jüdischer Studien, denn gebildete Rabbiner hatten dort Teile der Torah ins Syrische übersetzt. Noch heute findet diese Übersetzung im Gottesdienst der Kirchen in syrischer Sprache Verwendung. Sie wird „Peshitta" genannt, das heißt „die Einfache".

Was die Definition „Sprache der Barbaren" des Eusebius bedeutete, sollte sich jetzt zeigen. Das Aramäische – als ethnisches Element, das die gemeinsame Herkunft bezeugt – erstreckte sich vom äußersten Süden des Landes bis weit in den Norden, über Damaskus hinaus, nur hie und da fanden sich Inseln der minoritären, aber auch elitären griechisch-römischen Kultur.

Aber dann kamen die Heere von Titus und Hadrian, es kam die Herrschaft von Byzanz mit der griechischen Liturgie, es kam im Jahre 638 die islamische Eroberung, es kamen die Kalifen, die das Arabische als offizielle Sprache durchsetzten, es kamen die Kreuzfahrer mit der lateinischen Messe, und es kam die türkische Eroberung.

Und trotz alledem hat man neuerdings entdeckt, daß im Norden von Damaskus in einigen abgelegenen und armen Dörfern wie Maclula, Baxca und Gubb'adin die Einwohner – ohne Schulen, ohne Schrift und ohne amtliche Anerkennung – noch heute untereinander die alte volkstümliche hebräische und judenchristliche Sprache benutzen. Auf dem Tonband der Wissenschaftler Otto Jastrow und Werner Arnold von der Universität Erlangen kann man heute die lebenden Klänge der Sprache hören, in der die „Worte der Seligpreisungen" gesprochen wurden.

Acheiropoieton

Das Auftauchen des „Eikon Acheiropoietos" von Edessa, also des „nicht von Menschenhand geschaffenen Bildes" Christi, das im gesamten christlichen Orient so berühmt werden sollte, fällt geschichtlich mit der verheerenden Niederwerfung Jerusalems durch Hadrian und mit der Ankunft einer zweiten Gruppe emigrierter Judenchristen im Reich Osrhoene zusammen.

Der, der vor Jahren das Grabtuch in Qumran vergraben hatte – dort, wo später ein Kloster errichtet werden sollte –, hatte damals nur die Blutflecken auf dem Tuch gesehen.

Während der langen Zeit, die das Tuch versteckt war, konnte – wie die Untersuchungen von Pellicori und Volckringer gezeigt haben – die chemische Reaktion einsetzen, die den Abdruck auf dem Leinen sichtbar werden ließ. Es wurde genau an all den Stellen dunkel, an denen es den Körper berührt und seinen Schweiß aufgenommen hatte, und es hat genau und vollkommen seine Formen nachgezeichnet.

Dieses Hervortreten des Bildes – ohne ein Zeichen menschlichen Eingreifens, gleichsam aus dem Innern des Stoffes und aus der Erinnerung von Jahren, die immer weiter in die Vergangenheit versanken – muß bei denen, die zu der Höhle zurückgekehrt waren, den Krug geöffnet und das Abdruckbild als erste gesehen haben, unglaubliches Staunen und große Aufregung hervorgerufen haben.

Dies – eine eindrucksvolle chemische Reaktion, auf die Volckringer aufmerksam gemacht hat – war also der Ursprung für die vage, sich rasch verbreitende Legende, der Abdruck sei ein „Eikon acheiropoietos", ein „nicht von Menschenhänden gemachtes Bild", was ja technisch gesehen sogar stimmte.

Plötzlich war das Tuch nicht mehr „Shatnez", ein unreines Bestattungstuch, und es war nicht mehr das Beweisstück für ein schändliches Strafurteil. Und damit entfiel jeglicher Grund, es zu verstecken und es nur heimlich zu verehren.

Es war einfach ein Wunder. Seit jenem Augenblick entstehen die Berichte, die Zeugnisse, die Briefe, die phantasievollen Erdichtungen, die Legenden über Heilige Antlitze und vom Schweißtuch der Veronika: alles vom Empfinden des Unbegreiflichen gespeiste Versuche, das Auftauchen des Bildes zu deuten. Aber wir sollten diesen Versuchen gegenüber nachsichtig sein, wenn wir daran denken, welche seltsame Vorstellungen über den Ursprung des Abdruckbildes in unserem Jahrhundert entwickelt wurden.

Der erste Zeuge

Alle Berichte haben einen gemeinsamen Kern, in dem die außerordentliche Gemütsbewegung Ausdruck findet, die mit dem Vorkommnis verbunden war: Sie schildern den Augenblick, als derjenige Edessa betritt, der den Heiligen Gegenstand überbringt. Niemand kennt seinen wirklichen Namen. Die in den verschiedenen Ausgestaltungen des historischen Kerns erwähnten Namen lauten Judas, Sohn des Thaddhäus, Addai, Schüler des Apostels Thomas, Lebbäus usw. Im 6., 7. Jahrhundert hören wir dann von Historikern und Reisenden, sie hätten uralte Dokumente in syrisch-aramäischer Sprache in den später zerstörten königlichen Archiven eingesehen.

Die Erfahrung, die die Stadt bei der Ankunft dieses so außergewöhnlichen und unbeschreiblichen „Gegenstandes" offensichtlich gemacht hat, war für die Zukunft Edessas von größter Tragweite.

Während Jerusalem verwüstet und die jüdische Bevölkerung zerstreut war und Wellen von Judenchristen in die Berge flohen, wurde in Edessa die erste christliche Kirche erbaut, die vielleicht älteste frei errichtete Kirche der Welt. Und das Königreich Osrhoene nahm um 170, lange vor Konstantin und Theodosius, das Christentum als offizielle Religion an.

Eine Ikone aus dem 5. Jahrhundert gibt wieder, wie das Grabtuch, das Acheiropoieton, am Hof des Königs vorgestellt wird, sie zeigt den Moment, in dem den Flüchtigen die Tore von Edessa geöffnet werden. Abgar Manu breitet auf Knien das berühmte Linnen aus; es ist von beträchtlicher Länge und enthält, wie das Turiner Grabtuch, in der Mitte den Abdruck des Antlitzes.

Es gibt eine Miniatur, auf der der Moment dargestellt ist, wie acht Jahrhunderte später das nicht von Händen gemachte Tuch aus Edessa nach Konstantinopel kommt und – fast mit den gleichen Gesten – vom Kaiser Konstantin Porphyrogennetos in Empfang genommen wird.

Colonia Edessenorum und das verlorene Tuch

Im Jahre 212 besetzt Caracalla Edessa, stürzt die Dynastie der Agariden und gründet eine römische Militärbasis: „Colonia Edessenorum". Die Unabhängigkeit von Edessa war dahin, sie wurde unter Gordian kurz wiedergewonnen und ging dann endgültig verloren.

Unterdessen war das Christentum zu einem politischen Feind des Imperiums geworden, und die christliche Gemeinde des besetzten Edessa mußte – wie die Gemeinden anderer Städte auch – mehrmals in den Untergrund gehen, was aber die Lebendigkeit des Glaubens nicht minderte. Es sind auch Namen von Christen überliefert, die während der Verfolgung unter Kaiser Decius das Martyrium erlitten haben sollen: Scharbil und Barsamja.

* * *

Es gibt Dokumente, die berichten, daß in jenen Tagen ein Bischof, dessen Name nicht genannt wird, das „Acheiropoieton" an der unzugänglichsten und am besten zu verteidigenden Stelle der Stadt versteckt hat: in einer Nische im oberen Teil der berühmten Mauer, die dann sorgfältig zugemauert wurde. Wie immer bei solchen Aktionen, die von Angst und Eile bestimmt sind, gab es nur sehr wenige Zeugen. Die Archäologie ist voll von Schätzen, die nur entdeckt werden konnten, weil es damals niemanden gab, der hätte zurückkehren können, um sie zu holen.

Wir wissen nicht, wer das Geheimnis der zugemauerten Nische, vielleicht von einem unerwarteten Tod überrascht, als letzter mit ins Grab genommen hat. Jahrhundertelang war die „lokalisierte" Erinnerung an das „Leinen, das nicht von Menschenhand bemalt wurde", verloren.

Edessa lag an der Straße, auf der die Heere in die Schlachten zwischen den beiden Großmächten der Epoche zogen: dem persischen Reich im Osten und dem römischen Reich im Westen. Im Jahre 260 belagerte Shapur I. Edessa, Valerian versuchte ihn zurückzuwerfen, wurde jedoch geschlagen, und die Edessener sahen zum ersten Mal in der Geschichte einen römischen Kaiser, der als Gefangener den Steigbügel des Pferdes seines Bezwingers halten mußte.

Es folgten die Siege von Aurelianus bei Emesa, die Schlachten von Carus, der gegen die Perser starb, und Galerius, der sie bis zum Tigris verfolgte. Es kam die letzte Christenverfolgung unter Diokletian, die eine lange

Liste von Märtyrern füllte. Der Bischof Qona entging ihr nur durch einen Zufall.

* * *

Dann, nach der Legitimation durch Konstantin, tauchten die Christen wieder auf, und Qona, der Bischof, der überlebt hatte, baute eine Kirche in der Nähe der heiligen Quelle von Kallirhoe. Aber niemand wußte, wo sein Vorgänger das – im ganzen Orient berühmte – „Acheiropoieton" versteckt hatte.

Alte Texte in georgianischer Sprache – dieser so reichen kaukasischen Sprache, die sich von den indoeuropäischen Sprachen stark unterscheidet –, berichten davon, daß die geheimnisvolle Geschichte des Grabtuchs bis nach Georgien vorgedrungen war. Um das Jahr 325, unter König Miriani, berichtet ein alter Mönch und Historiker mit Namen Niaphoris, daß nach einer alten Tradition der frühen Kirche der Apostel Petrus das Tuch an sich genommen habe. Es sei dann aber an einem unbekannten Ort versteckt worden.

Die lange Reise der Äbtissin Egeria

Im Jahre 388 reiste eine Frau aus dem Westen, eine spanische Äbtissin mit Namen Egeria, in das Land, das man schon damals „Terra Santa", das Heilige Land, nannte. Und sie führte Tagebuch.

Die Archäologie hat die Genauigkeit ihrer Angaben bestätigt. „In Kafarnaum", schrieb Egeria beispielsweise, „gibt es ein Kirche, die über dem Haus des Apostels Petrus gebaut wurde." Eine stratigraphische Ausgrabung hat in Kafarnaum die Fundamente einer Kirche des 5. Jahrhunderts zu Tage gefördert, die über einem Gottesdienstraum des 3. Jahrhunderts erbaut wurde, der seinerzeit auf Resten von Häusern errichtet worden war, die zur Zeit Jesu bewohnt waren.

Egeria reiste ohne Furcht: Judäa, Galiläa, Samaria, Syrien, die innere Türkei, bis in das weit entfernte Reich von Edessa, wo das Acheiropoieton, verloren in einem unauffindbaren Versteck, für die Edessener nur noch eine schmerzliche Erinnerung bedeutete. Und Egeria hielt fest, daß ihr sogar das Tor in der Mauer gezeigt wurde, durch das das verschwundene Tuch in die Stadt gelangt war.

Im Jahre 412 widmete im fernen Thessaloniki der Präfekt Leontios dem verlorenen Tuch eine Basilika, die, verwüstet und niedergebrannt, in eine Moschee umgewandelt wurde, und, später restauriert, heute noch existiert.

Die Belagerung von Edessa

Die Macht Persiens war 531 neu erstarkt. Chosrau I. Anuschirwan „der Große" dehnte die südlichen Grenzen bis zum Jemen aus, dann wandte er sich nach Westen gegen den alten Feind, das römische Reich. Im Jahre 544 tauchte er vor den Mauern von Edessa auf und belagerte die Stadt.

Er umstellte sie mit Kriegsmaschinen, rannte gegen die Mauern an, entfachte unbezähmbare Brände, während die Edessener mühsam die Befestigungen verstärkten. Einem Traum des Bischofs Eulalios folgend

33. Münze mit der Darstellung von Chosrau I.

168

– war es Intuition, Hellseherei, eine Hellsichtigkeit in der Verzweiflung? – fand jemand auf dem höchsten Tor von Edessa einen sorgfältig zugemauerten Hohlraum, der dennoch unter der Spitzhacke hallte. Der Hohlraum wurde geöffnet – und man sah jetzt, wo einige Jahrhunderte zuvor ein anderer Bischof das Acheiropoieton, sorgfältig zusammengefaltet, versteckt hatte.

Seit jeher wußte die Stadt, daß sie eine wunderbare und außergewöhnliche Reliquie besessen hatte. Sie auf diese Art und Weise wiederzufinden, war in den Zeiten der Angst für die Belagerten ein wundervolles Gefühl: Eine Psalmen singende, weinende und jubelnde Prozession aus Einwohnern, Soldaten und Geistlichen ließ die Mauern der Stadt hinter sich und hielt das Leinen, das nicht von Menschenhand bemalt worden war, hoch gen Himmel.

War es der Wind, der über die Mauern wehte, der Wind der Ebene und der Berge, der damals die Pollen in die Fasern des Grabtuchs eindringen ließ, die der Schweizer Forscher Max Frei 1400 Jahre später aus dem Tuch herausholte und identifizierte?

34. Die Mauern von Edessa

Das Heer des Chosrau unten in der Ebene beobachtete mit abergläubischer Besorgnis die Vorgänge. Der Wind blies entschlossen und änderte auch seine Richtung, denn nach kurzer Zeit hatte das persische Lager Feuer gefangen und Chosrau, seiner Kriegsmaschinen und des Mutes seiner Männer ledig, hob die Belagerung auf.

Wir kennen diese Geschichte, weil sie von einem Zeitgenossen niedergeschrieben wurde. Er war um das Jahr 530 in Syrien geboren, wurde Anwalt, kaiserlicher Präfekt von Antiochien, er war aber auch ein Historiker von großer literarischer Bedeutung, der als Schriftsteller und Denker seiner Zeit voraus war. Sein Werk ist reich an historischen und gesellschaftlichen Notizen. Sein Name: Euagrios Scholastikos. Er nannte den Abdruck auf dem Tuch „theoteuktos eikon", von Gott gemachtes Bild.

Auch ein unbekannter religiöser Dichter schrieb ein preisendes Loblied, eine „Sughita", auf das Ereignis und die Kathedrale von Edessa. Er schrieb aber auf syrisch, und der Text wurde erst neulich übersetzt; und vielen Historikern ist entgangen, daß er etwas mit dem Grabtuch von Turin zu tun haben könnte.

Die „Große Kirche"

Im darauffolgenden Jahr unterzeichnete Justinian einen Waffenstillstand mit den Persern. In Edessa vollendete er die „Große Kirche" mit einer erhabenen Säulenvorhalle und einer riesigen Kuppel, und er nannte sie Hagia Sophia, die „Göttliche Weisheit", wie die Kirche in Konstantinopel. Rechts von der Apsis erhob sich eine prächtige Kapelle, in der das Acheiropoieton aufbewahrt wurde.

Die Art der Aufbewahrung war ähnlich der, die sich später Guarini für den Dom von Turin ausgedacht hat.

Aber das Tuch wurde, wie zur Zeit der Könige namens Abgar, in einfallsreicher Art und Weise zusammengefaltet ausgestellt, so daß der Abdruck des entkleideten und blutigen Leichnams verborgen und nur das Antlitz sichtbar war. Zum Schutz war zudem ein Goldrahmen mit Emailverzierungen, verschlungen zu einem Gittermotiv, der die königlichen Paramente zur Zeit der Abgar-Dynastie geschmückt hatte, angebracht worden.

Die genaue Übersetzung des Arztes Smera

Um das Jahr 950 bekam ein Arzt namens Smera, der seine Kunst in Edessa und danach vermutlich in Rom ausgeübt hatte, einen alten syrischen Text über das Acheiropoieton auf den Tisch.

In jenen Jahren war das Tuch nach Konstantinopel gelangt; und im Westen oder in Rom selbst suchte man nach Berichten über dieses Ereignis und über den Heiligen Gegenstand selbst. Vielleicht aus diesem Grund übersetzte Smera, ein Arzt – das heißt jemand, der für eine wissenschaftliche Sicht auf die Sache garantierte und dem Überschwang der volkstümlichen Legenden gegenüber zurückhaltend war –, den alten syrischen Text ins Lateinische.

Der Text war nach dem Auffinden des Tuchs im Jahre 544 geschrieben worden. Er besagte, daß Abgar ein „linteum", ein Leinen, vorgelegt worden war, auf dem nicht nur die heilige „faciei figuram sed totius corporis figuram cernere poteris" (auf dem nicht nur das heilige Antlitz, sondern die vollständige Gestalt des Körpers zu sehen war). Das Tuch war trotz seines hohen Alters und der langen Zeit im Versteck unversehrt geblieben. Und es war in einem Reliquiar mit Rahmen aufbewahrt worden, für die Menge nicht sichtbar, eine Gepflogenheit, die bis in unsere Zeit auch beharrlich beibehalten wurde.

Es wurde nur bei außergewöhnlichen Gelegenheiten und jedes Jahr zu Ostern ausgestellt. *(Und damit läßt sich das Dokument auf die Zeit vor 638 datieren, denn danach verhinderte die islamische Eroberung von Edessa öffentliche religiöse Kundgebungen der Christen.)* Die Ausstellung fand unter freiem Himmel im Sonnenlicht statt, und der Abdruck erschien von Stunde zu Stunde intensiver und deutlicher erkennbar, so daß er von der Unbestimmtheit eines undeutlichen Schattens in die dramatische Bedeutsamkeit des Leichnams überzugehen schien, die wir alle kennen.

Heute haben viele Wissenschaftler eine Art Lichtempfindlichkeit des Abdrucks festgestellt. 1981 entdeckte John Heller, daß die winzigen Fasern mit Körperberührung angegriffen und gealtert waren, weswegen das Licht mit einem anderen Einfallswinkel auf sie fiel als auf die nicht verschmutzten Fasern. Hierin liegt der Grund dafür, daß wir den Abdruck heute sehen können, aber wie er sichtbar ist, variiert stark mit den herrschenden Lichtverhältnissen. Dies gibt uns vielleicht einen Schlüssel, um das zu begreifen, was den Edessenern – „asserunt autem religiosi plerique viri, qui eum cernere meruerunt" (wie viele beteuern, die es sehen konnten) – als ein Verwandlungswunder des Bildes erschien. Nach dem Verlauf der Sonne im Laufe des Tages spielte das Licht auf verschiedene Arten auf dem Grabtuch und nuancierte oder erhöhte den Kontrast.

Neun Jahrhunderte, nachdem die lateinische Übersetzung des Arztes Smera Europa erreicht hat – Kopien davon liegen in der Vatikanischen Bibliothek und in der Königlichen Bibliothek in Leiden –, neunzig Jahre, nachdem Ernst von Dobschütz sie wiederentdeckt und veröffentlicht hat, nach Jahrzehnten heftiger Polemiken, die das Grabtuch von Turin als ein Erzeugnis fast der Renaissancezeit und als französisches „Fabrikat" bezeichnet haben, trägt nun der „Tractatus" des Arztes Smera, dank der Untersuchung von Gino Zaninotto, dazu bei, die Fäden der Geschichte des Grabtuchs wieder aufzunehmen.

Die silberne Vase

35. Das Antlitz vom Grabtuch
auf der Vase von Emesa
(I. Wilson)

Während der Jahre, als das Acheiropoieton aus den Mauern von Edessa wieder zum Vorschein kam, fertigte ein unbekannter Künstler, möglicherweise zu kultischen Zwekken, eine silberne Vase, die in Emesa in Syrien gefunden wurde und sich heute im Louvre befindet. Ian Wilson hat auf sie aufmerksam gemacht. In einer Art Medaillon ist das Antlitz des Acheiropoieton wiedergegeben.

Es scheint, daß der Künstler von Emesa das Tuch gesehen hat, denn auf diesem Silbergefäß ist möglicherweise das älteste Bild Christi vom Grabtuch mit ergriffener Sorgfalt eingraviert. Die Plastizität des Silbers gibt die Dreidimensionalität des Abdrucks besser wieder als ein gemaltes Bild. Es ist das Gesicht eines erwachsenen und ernsten Mannes mit langen Haaren, kurzem und leicht zweigeteiltem Bart, einer langen Nase, dem Bogen der Augenbrauen und den unregelmäßigen Jochbögen – wir wissen, daß es Schwellungen sind – sowie insbesondere den – im Tod – geschlossenen Augen.

Damals wurde – beinahe gleichzeitig in Mesopotamien, in Kappadokien, in Syrien und in Konstantinopel – in einer Zeitspanne von wenigen Jahrzehnten überall in der byzantinischen Welt und im Einflußbereich der Orthodoxie das Antlitz Christi nun nicht mehr, wie zu Zeiten Konstantins, im hellenistischen Stil eines jungen heidnischen Gottes dargestellt. Überall – als Gemälde, als Fresko, als Mosaik, auf Vasen und Münzen – erscheint jetzt dieses neue und wahre Antlitz. In ihm verbinden sich unlösbar tiefe Menschlichkeit und faszinierende Transzendenz.

Bei dem neuen Archetyp (der allen bekannt sein mußte und nach dem sich alle richteten) waren die Haare lang und in der Mitte gescheitelt, die Ohren, der Hals und die Schultern waren kaum zu sehen. Der Kopf war wie vom Körper „abgetrennt", beinahe körperlos, so wie die tiefe Neigung des Hauptes und die Spannung des Lakens ihn auf dem Abdruck des Grabtuchs erscheinen ließen. Die Nase war gerade und die Nasenlöcher geweitet, so wie sie auf dem Grabtuch gebläht und geweitet waren. Man sah eine leichte Asymmetrie der Augenbrauen und der Augen, so wie sie sich auf dem Grabtuch infolge der Hämatome abzeichnete. Und in die Stirn hing eine kurze, gewellte Haarsträhne, die auf dem Grabtuch jedoch, wie wir festgestellt haben, sich als Spur eines kurzen und heftigen Austritts von Blut erwiesen hat.

Die Kriege des Herakleios

Der Frieden dauerte nicht so lange, wie Justinian gehofft hatte.

Der Krieg mit den Persern flammte unter Chosrau II. Parvaz wieder auf, als Justinian und auch seine weniger würdigen Erben gestorben waren. Der neue Kaiser in Konstantinopel war ein junger Mann von 26 Jahren, Herakleios von Kappadokien, der mit persönlichem Mut einen ungleichen und sehr langen Krieg austrug. Aber als er Chosrau geschlagen und bis Ktesiphon verfolgt und das persische Reich sich in Nichts aufgelöst hatte, erschienen im Süden neue, ganz anders geartete Feinde: Die „Sarqis" – in der Schreibweise der byzantinischen Historiker; bei uns heißen sie Sarazenen – machten ihren ersten Einfall in Syrien.

636, vier Jahre nach dem Tod des Propheten Muhammad, richteten sie unter den Truppen des Herakleios in den Schluchten des Jarmuk ein Blutbad an. Der Einfall der arabischen Kavallerie trieb ganze Wellen von erschreckten Flüchtlingen vor sich

*36. Münze des Herakleios
(610–641)*

her. Nach der Eroberung Jerusalems 638 wandten sich die Araber nach Norden und griffen die inneren Provinzen des byzantinischen Reichs an. Edessa lag auf ihrem Weg. Die starken Befestigungen der Stadt schienen den leichten Waffen der Invasoren standhalten zu können, die keine Kriegsmaschinen besaßen und Belagerungsstrategien nicht kannten. Aber in jenen Tagen war das byzantinische Reich auf ein Gebiet zusammengeschrumpft, das einem Fleckenteppich glich, ohne verteidigbare Grenzen. Herakleios dachte in seiner Verzweiflung daran, die Hauptstadt nach Karthago (das Sitz eines Exarchen war) zu verlegen.

Edessa handelte mit den arabischen Invasoren die Kapitulation aus. Gemäß islamischem Gesetz rettete der Vertrag über die Vasallenschaft die Stadt vor der Plünderung und erlaubte ihr, in relativer Glaubens- und Han-

delsfreiheit zu leben. Das Grabtuch – niemand wußte in
dieser Katastrophe, wie und wohin es gerettet werden
könnte – blieb in der „Großen Kirche", der Hagia Sophia,
wo Justinian es untergebracht hatte. Und die Große Kirche überstand den Krieg zusammen mit ihrer Reliquie
unbeschadet.

37. Der arabische Angriff auf Edessa

Dhimma

Der einzige Zeuge dieser Ereignisse ist der arabische Historiker Baladhuri.

Von den Berichten von edessenischer Seite ist fast
nichts erhalten: verloren die „Geschichte von Edessa" des
Bischofs Jakobus, die Ende jenes Jahrhunderts geschrieben
worden war, verloren die Schriften des Theophilos, der
785 starb. Während Edessa durch den Verlust der strategischen Bedeutung langsam verfiel, änderte sich die ganze
Kultur. Unmerklich verdrängte die arabische Sprache nach
1500 Jahren das alte Aramäisch.

Im Jahre 678 wurde die wunderbare „Große Kirche"
des Grabtuchs durch ein Erdbeben beschädigt. Aber wegen des Heiligen Gegenstandes, den sie einschloß, mußte
sie ein hohes und geheimnisvolles Ansehen bewahrt ha-

ben, denn der Kalif Muawiya ließ sie restaurieren – was auf islamischem Boden nur sehr selten geschah.

Aber wie in Jerusalem und jedem anderen eroberten Land unterlag der Glaube zwingenden Beschränkungen. Er konnte „frei" praktiziert werden, jedoch ohne äußere Zeremonien, ohne Prozessionen, ohne sichtbare Kreuze

auf den Kuppeln, ohne Glockenläuten und vor allem ohne die Ausstellung von Menschenabbildern, was als entweihend und blasphemisch galt. Überall in den besetzten Ländern versanken die jüdischen und christlichen Gemeinschaften des frühen Mittelalters in die demütigende Situation einer Subkultur. Das – wenn auch beschränkte – Überleben war allerdings vom Glück oder Zufall abhängig. Wenn fanatische Herrscher oder Statthalter an die Macht kamen, wurde die Wiederherstellung von Kultgebäuden verboten oder gar ihr Abbruch angeordnet, die Bilder wurden zerstört und die „dhimmi" – Christen und Juden als „Schutzbefohlene" – zum Tragen von Erkennungsbändern oder -abzeichen gezwungen.

Unter solchen unabsehbaren Gefahren mußten der Kult um das Grabtuch und seine Darbietung notwendigerweise mit größter Zurückhaltung gepflegt werden, und so ging die „lebendige sichtbare Erinnerung" daran, wie das Grabtuch in seiner ganzen prächtigen und dramatischen Größe aussah, nahezu verloren.

Mandil

Zu jener Zeit taucht in der Beschreibung des Grabtuchs der arabische Begriff „Mandil" (Tuch) auf. „Mandil" wurde, ins Griechische übertragen, zu „Mandylion". Der Begriff ging in den allgemeinen Sprachgebrauch ein, er wurde ein Wort der arabisch-griechisch-venezianisch-sizilianisch-kalabrisch-neopolitanisch-genuesisch-katalanischen Sprache, in der die Völker rund um das Mittelmeer miteinander kommunizierten und einander verstanden: Genuesisch „mandillo", abruzzisch „mandìle", kastilianisch „mantel". Das Wort bedeutete erweitert großes Taschentuch, Handtuch, Tischtuch, Bettuch. Und im Laufe der Jahrhunderte sollten sich die Vorstellungen hinsichtlich der Merkmale und Maße des Gegenstands, den es bezeichnete, vermischen.

Der Grabtuch-Krieg

Nachdem das byzantinische Reich das Beben des Bildersturms überstanden hatte, erstarkten seine Kaiser wieder gegen den Islam, der seinerseits durch die Kämpfe zwischen Bagdad und Kairo geschwächt wurde.

Im Jahre 942, während des langen und immer wieder neu aufflammenden Krieges gegen den Kalifen von Bagdad, hatte der tüchtigste General, der in jenen Tagen das Reichsheer von Konstantinopel befehligte – ein Armenier namens Johannes Gurgen, den die byzantinischen Historiker in Kurkuas umbenannten –, die Stadt Nisibis erobert. Sie lag, mit den Bergen im Rücken, an der Stelle, wo die wilden Wasser des Mygdonios durch eine sehr enge Schlucht zu Tal stürzen. Der Fall von Nisibis, der stärksten und nahezu uneinnehmbaren befestigten Grenzstadt, die es bereits seit den Zeiten der Assyrer gab, war für die islamischen Heere alarmierend, denn er ebnete den Weg nach Bagdad und brachte den Norden Syriens in Gefahr. General Kurkuas nützte den Elan des Sieges und griff Edessa an – und der Kalif machte Friedensvorschläge. Der 40jährige Kaiser Konstantin VII. Porphyrogennetos in Konstantinopel erklärte seine Bereitschaft zu Verhandlungen, wenn ihm das „Acheiropoieton" „zurückgegeben" würde, das seit den Zeiten Justinians in der „Großen Kirche" von Edessa aufbewahrt wurde. Er behauptete, es stünde dem byzantinischen Reich von Konstantinopel zu, da dieses als Erbe des christlichen Königreichs Abgars zu gelten habe.

Zwischen den siegreichen Byzantinern und den bedrängten Arabern entwickelten sich sonderbare Verhandlungen. Byzanz schrieb jenem Heiligen Gegenstand einen spirituellen und emotionalen Wert zu, der politische und strategische Überlegungen bei weitem überwog. Die Besiegten befanden sich in der Position, den Preis jenseits jeglicher Hoffnung hochtreiben zu können, und forderten riesige konkrete Entschädigungen für einen Gegenstand, der in ihren Augen nur ein zweideutiges Mysterium darstellte.

Ein Tuch, „auf dem das Gesicht Christi aufgedrückt war", schrieb der Araber Al Masudi. Araber, Edessener und Byzantiner waren sich also durchaus bewußt, daß sie nicht über ein bemaltes Tuch sprachen. Die Araber verlangten den Rückzug der byzantinischen Truppen aus dem gesamten Gebiet, die Zusage, Edessa in Zukunft nicht mehr anzugreifen, die Freilassung von 300 jungen adligen Gefangenen ohne Lösegeldzahlung sowie 12000 Silberdenare. Und sie bekamen alles: ein Wert, den niemand in jener Zeit für ein Gemälde bezahlt hätte. Und dennoch beschlich sie ein eigenartiges Gefühl beim Tausch, denn um ihn zum Abschluß zu bringen, mußten sie die Genehmigung des Kalifen einholen.

Die Zustimmung wurde erteilt. Obwohl die Sache politisch und wirtschaftlich nur schwer zu verkraften war, zahlte Konstantinopel den Preis gerne, und auch für die Araber stellte sich die Situation nun viel besser dar, als sie hatten erwarten können.

Aber zwischen den beiden Parteien, die die Verhandlungen führten, stand eine dritte Gruppe, nach deren Meinung niemand fragte – die Christen von Edessa, die das Acheiropoieton als *ihr* Eigentum betrachteten und überhaupt nicht daran dachten, darauf zu verzichten.

Die Geschichte erzählt, daß sie versuchten, Araber und Byzantiner zu täuschen, indem sie eine Kopie des Tuchs anfertigen ließen und sie als das Original präsentierten. Aber es gelang ihnen nicht, auch nicht bei einem zweiten Versuch.

Schließlich zwang der General Kurkuas – der Sieger über die Araber, der allerdings noch im selben Jahr vom alten Kaiser Romanos mit grobem Undank belohnt werden sollte – die Einwohner von Edessa „zur großen Freude seiner christlichen Landsleute", ihm das Grabtuch auszuhändigen.

Die stolze von Justinian erbaute Kathedale hatte ihren Schatz für immer verloren. Im Jahre 985 schrieb Al Mokaddasi, daß er sie besucht habe: Sie enthielt ein Meer von Säulen, alle Gewölbe waren mit glänzenden Mosaiken verkleidet, sie galt als eines der Weltwunder.

978 schrieb Ibn Haukal, daß man in der Stadt noch dreihundert Kirchen, Klöster und Kapellen zählte.

Ein Jahrhundert später, im Jahre 1098, wurde Edessa von den Kreuzfahrern zurückerobert.

Wegen ihrer großen strategischen Bedeutung schickte Gottfried von Bouillon seinen Bruder Balduin hin. Aber 1144 eroberten die Araber des Imad-ad-Din Sengi, des Herrschers von Mosul, sie erneut. Ihre Mauern, die hohen

Türme, die Zitadelle: sie schützten sie nicht. Im schrecklichen Gemetzel starb auch ein Mönch, der eine „Geschichte von Edessa" verfaßt hatte, die zum Großteil verlorengegangen ist. Der Patriarch Narsetes beklagte die Zerstörung der Schätze und der Kirchen; das alte Heiligtum des Acheiropoieton diente zur Unterbringung von Pferden. 1146 kam es zu einem Aufstand.

Nur-ad-Din, der Sohn von Sengi, schlug ihn nieder und ließ Kirchen und Türme niederreißen; und zwischen den Trümmern ging die Geschichte von Edessa zu Ende.

1340 schrieb Moustaufi, daß er die riesige Kuppel des Acheiropoieton mit ihren sehr fein bearbeiteten Steinen, ihren Mosaiken, die allerdings schon abbröckelten, in einem großen Ruinenfeld noch habe stehen sehen.

Dann stürzte auch die Kuppel ein, und unter türkischer Herrschaft wurde auf ihren Fundamenten die Hauptmoschee der Stadt errichtet, die jetzt Urfa genannt wurde.

Eine zweite, nach Abraham benannte Moschee wurde an der Stelle erbaut, an der zu Zeiten Abgars und Tatians die älteste „anerkannte und freie" Kirche der christlichen Welt gestanden hatte, in der Nähe der heiligen Quelle (die die Griechen „Quellen von Kallirhoe" genannt hatten). Ihre Ruinen sind unter dem Schlamm unzähliger Überschwemmungen in unseren Tagen wiederentdeckt worden.

Ein Fresko in Shatli, im Tal von Göreme

Wir wüßten von dieser Kathedrale so gut wie nichts, wäre da nicht die kleine Höhlenkirche von Shatli in der Region Göreme in Kappadokien, die durch die Fotos des australischen Archäologen Rex Morgan ins Bewußtsein gerückt wurde. Es gibt nur einen einzigen Zugang, auf einem abenteuerlichen Weg mit Stufen, die in den Felsvorsprung eingehauen worden sind.

In dem dunklen Raum erkennt man in groben Zügen ein Fresko aus dem 9. Jahrhundert, das sicherlich von einem Mönch stammt, so wie es für die byzantinische religiöse Malerei vorgeschrieben war.

Rund um die gesamte Freskenmalerei zieht sich eine dekorative, sehr archaisch wirkende Zeichnung in ungewöhnlicher Form. Man sieht eine Reihe von Linien, die sich netzwerkartig überschneiden: das Symbol der Abgar-Dynastie von Edessa, der Herrscher der Osrhoene.

Dann sieht man das Grabtuch Christi, in seiner mehrfachen Faltung, die nur das Antlitz sehen läßt. Links davon erhebt sich ein großer Turm, der daran erinnert, daß das Tuch in ihm eingemauert worden war, vergessen wurde und während der Belagerung im Jahre 545 wieder aufgefunden worden ist. Auf der rechten Seite ist, geschmückt durch ein säulenartiges Giebelfeld, das Bild der „wunderbaren Großen Kirche" zu sehen, die von Justinian errichtet worden war. Und dieses abgekratzte, fast verschwindende Bild ist alles, was davon übrig ist.

8. *Kapitel*
Die kaiserliche Stadt

Die Muttergottes in den Blachernen

St. Maria in den Blachernen im byzantinischen Konstantinopel war eine eindrucksvolle Gebäudegruppe, die zwei
miteinander verbundene Kirchen umfaßte: die „Große
Kirche", im Jahr 451 von der Kaiserin Pulcheria erbaut,
und die „Maphorion"-Basilika, einen quadratischen Bau,
über dem sich eine riesige Kuppel aus Ziegelsteinen erhob,
die im persischen Stil mit Mosaiken verkleidet waren. Der
weitläufige, düstere Komplex umschloß auch ein „Ha-
giasma", eine heilige Quelle.

Das Wasser sprudelte aus den weißen Händen einer
Statue, der Muttergottes in den Blachernen, die vor einer
Wand mit einer Wasserader stand, und füllte ein heiliges
Becken aus Marmor und Mosaiken in der Form der alten
Taufbecken, in denen die Täuflinge untergetaucht wurden.
Einmal im Jahr, am 15. August, dem Fest des Heimgangs
Marias, zog der Kaiser in einem prächtigen Zug zum Bek-
ken, legte dort am Rand seine kaiserlichen Gewänder ab,
stieg, mit einem weißen Leinengewand bekleidet, in das
Wasser und tauchte dreimal in das heilige Wasser des Ha-
giasma unter.

Am 15. August des Jahres 944 hatte sich auch Kaiser
Konstantin VII. Porphyrogennetos diesem Ritus unterzogen. Er legte dann wieder seinen Purpurmantel an und
empfing am Beckenrand den General Johannes Gurgen
und den Archidiakon Gregorios, die in den Hafen der
langen, schmalen Bucht des Goldenen Horns zurückgekehrt waren und nun in einem goldenen Reliquienbehälter
dem Kaiser das lang erwartete heilige Tuch aus Edessa, das
Acheiropoieton, übergaben. Die geweihten Stätten im

Blachernenviertel waren damit der Ort, an dem der kostbare Heilige Gegenstand in Konstantinopel zuerst aufbewahrt wurde.

Die Blachernen lagen am inneren Teil der Bucht des Goldenen Horns, am Zusammenfluß von zwei Flüssen, die Kydaris und Barbizes hießen. An eben dieser Stelle sollte 1000 Jahre später Max Frei die gleichen Pollen sammeln, die sich auch auf dem Turiner Grabtuch fanden.

38. Konstantin im Blachernenviertel

Im Jahr 944 waren die Blachernen die Stelle in der Stadt, wo die Befestigungsmauern zum Goldenen Horn hin mit den mächtigen Befestigungen der von Theodosios errichteten und von Herakleios erweiterten „Landmauer" aufeinander stießen. Die Landschaft mit Wäldern, Gärten und Brunnen war so lieblich, daß die Sultane einige Jahrhunderte später sie „Die süßen Wasser Europas" nannten und dort ihre Sommerresidenz errichten ließen.

In der ersten Nacht ruhte das Heilige Tuch, das noch niemand hatte sehen dürfen, zwischen Kerzen und Weihrauch.

Am nächsten Morgen, dem 16. August (an dem dann im byzantinischen Kalender „das Fest des Grabtuchs" gefeiert werden sollte), trat ein feierlicher Zug aus dem Blachernentor und zog, angeführt von Konstantin und seinen beiden Mitkaisern, in einer langen Prozession außerhalb der Stadtmauern zur Porta Aurea, dem „Großen Goldenen Tor", durch das seit jeher alle kaiserlichen Triumphzüge in die Stadt eingezogen waren.

Das riesige Bauwerk mit Befestigungsmauern und Türmen zur Verteidigung Konstantinopels – mit einer Länge von fast 20 Kilometern, drei hintereinander liegenden zinnenbewehrten Mauern, einem äußeren und zwei weiteren Gräben, 24 Türmen und rund 50 Toren – war vom Meer umgeben, das in den Außengraben geführt wurde und durch ein System von Deichen, „Diataphrismata" genannt, reguliert wurde.

Der Weg des Festzuges verlief auf der „Marmorstraße", wie sie die byzantinischen Historiker nannten, führte dann über eine Brücke über den Wassergraben zur ersten äußeren Mauer, dem „mikron Teichos", und durch das Vortor, die „Antiporta". Auf einer weiteren, zweibogigen Brücke gelangte man über den ersten Innengraben, den „Peribolos" oder das „Protochisma", zur zweiten Mauer, dem „Exoteichos", und dem „Kleinen Tor". Dieses bestand aus einem großen Bogen, der von grünen Marmorsäulen gestützt war, es war mit einem prächtigen Flachrelief aus hellenistischer Zeit geschmückt und von einer Gruppe von Elefanten gekrönt, die beide verlorengegangen sind. Über eine zweite innere Brücke gelangte man zum Ehrenhof, über dem sich das mächtige Bauwerk der dritten Mauer erhob, der „Esoteichos" oder „mega Teichos", in der sich der Triumphbogen des Theodosios öffnete, das „Große Goldene Tor" in die Stadt, von dem die byzantinischen Historiker sprechen.

Auf diesem Weg wurde an jenem Morgen das Grabtuch, wie uns Zeugen berichteten, in einem wahren Begeisterungstaumel der Menge in die Stadt getragen. Der Zug wurde vom Patriarchen von Konstantinopel Theophylakt empfangen, der die Tore der Hagia Sophia, der von Justinian errichteten Basilika, öffnete.

39. Die Landmauern von Konstantinopel

Der Zeuge

Aus einer verstaubten alten Handschrift in der Vatikanischen Bibliothek tritt der Name des Gregorios – Archidiakon und Referendar (hoher Beamter) an der Hagia Sophia – in die Geschichte.

Er hatte an der kaiserlichen Delegation teilgenommen, die in Edessa das Heilige Tuch, das Acheiropoieton, in

Empfang nehmen sollte. Er war mit einem klaren Auftrag dorthin gekommen. Er sollte die Reliquie nicht nur ehren und in Empfang nehmen, sondern sie auch auf ihre Echtheit prüfen. Und wie er berichtete, hat er in Edessa zu diesem Thema alte syrische Texte entdeckt, die er übersetzen lassen und dann zu Rate gezogen habe.

40. Hagia Sophia, Rekonstruktion des Innenraums
vor der Umwandlung in eine Moschee

Auf der langen Heimreise nach Konstantinopel – die aufgebrachte Bevölkerung von Edessa hatte den Zug bis zum Ufer des Euphrat verfolgt und dabei Verwünschungen ausgestoßen, das aufgepeitschte Meer möge die Byzantiner daran hindern, ihnen den kostbaren Gegenstand davonzutragen – hatte Gregor in einem alten Kloster Zwischenstation gemacht. Dort hatte er Zeit, den Heiligen Gegenstand, den er nun sicher in seinen Händen hielt, in Ruhe zu untersuchen, also den eigenartigen, alten Goldrahmen mit den Emailarbeiten zu öffnen und vielleicht auch zu entfernen.

Seine Überraschung war unvorstellbar groß. Die Be-
richte über das Tuch hatten immer von einem „Wunder"
gesprochen, das bewirkt habe, daß das Antlitz Christi sich
auf dem Tuch abgedruckt hat. Wenn in Edessa – nach drei
Jahrhunderten islamischer Herrschaft – überhaupt noch
jemand gewußt hat, auf welche Weise das Tuch so sorgfäl-
tig zusammengefaltet und eingerahmt war, so hat er wäh-
rend der harten Verhandlungen um seine Herausgabe,
während der sogar versucht worden war, den Heiligen
Gegenstand durch eine schlechtgemachte Fälschung zu
ersetzen, kein Wort darüber verloren.

Zu seiner Überraschung hatte nun Gregor im Halb-
dunkel einer Zelle in einem anatolischen Kloster ein Tuch
vor sich, das beim Auseinanderfalten so unglaublich lang
wurde, daß er nicht wußte, wo er es auflegen könnte. Um
es betrachten zu können, mußte er auf die Knie gehen. Der
„Gegenstand" war etwas ganz anderes und viel Bedeut-
sameres, als die bekannten legendären Beschreibungen
vermuten ließen: Auf dem Tuch befand sich nicht nur der
Abdruck eines Gesichtes, sondern eines ganzen Körpers.
Mit seinem nüchternen Verstand hat Gregor das gesehen,
was man auf dem Tuch tatsächlich sah und was wir auch
heute sehen. Es war kein „wundersames Bildnis", sondern
ein Abdruck voller Dramatik, der in einem schrecklichen
Augenblick entstanden war.

Über seine Entdeckung bewahrte er Stillschweigen. Er
wickelte das Tuch wieder ein, schloß es in den Reliquien-
behälter und setzte seine Reise fort.

Welchen schwierigen und bewegenden Prozeß muß er
in seinem Inneren durchgemacht haben, bis er jene Predigt
niederschrieb, die er am 16. August des Jahres 944 in der
Hagia Sophia vor dem Kaiser, dem Patriarchen Theophylakt, dem kaiserlichen Hof und einer zahllosen Menge
gehalten hat, die ihm schweigend zuhörten.

Er sagte, die Reliquie sei bis jetzt ein Gegenstand der *Paradosis*, der Überlieferung, gewesen, aber nun trete sie in die *Historie,* die Geschichte ein (und das hieß nach der alten Bedeutung des Begriffs: in die Zeitgeschichte).

Was man auf dem Tuch sieht, sei nicht, wie die Legende berichtete, eine wundersame Strahlung: Es seien Todesschweiß, Blut und – dies sagte Gregor mit einer geradezu gerichtsmedizinischen Genauigkeit – das mit Wasser gemischte Blut aus einer Wunde auf dem Brustkorb des Leichnams, die von einer Lanze geöffnet worden war.

Zur Beschreibung des Grabtuchs gebrauchte er, bei aller byzantinischen Zurückhaltung, dieselben erstaunlichen Ausdrücke, die auch alle Menschen der westlichen Welt verwendet haben, die im Lauf der Jahrhunderte das Tuch aus der Nähe gesehen haben.

In einer unglaublich modernen Art erkannte Gregor die beiden unterschiedlichen Eigenschaften des Bildes auf dem Grabtuch: den Abdruck des Gesichts und des Körpers sowie die Blutflecken des Martyriums. Es handelt sich um zwei verschiedene Arten von Spuren, und er hatte intuitiv erfaßt, wie sie entstanden waren.

Durch die Beschreibung Gregors können wir uns gut im Halbdunkel des goldenen Lichtes der Hagia Sophia das Grabtuch und den erschütternden Abdruck auf ihm vorstellen, hervorgerufen vom Schweiß und Blut des Antlitzes sowie der Lanzenwunde auf der Seite, zwei Merkmalen, mit denen sich der Leichnam für immer in das Tuch eingezeichnet hat. Unter den atemlos lauschenden Zuhörern befand sich auch der junge sensible Kaiser Konstantin Porphyrogennetos, der unbedingt gewollt (und erreicht) hatte, daß dieser Heilige Gegenstand nach Konstantinopel kam.

Gregor war sicher der erste „Wissenschaftler" des Grabtuchs und der erste, der das so schwer erkennbare Bild auf ihm so präzis beschrieben hat.

Da das Ablesen des Abdrucks ein sehr langsamer Prozeß ist, bei dem das lange Tuch Zentimeter um Zentimeter entziffert wird, indem sich durch die verwirrenden und ungewohnten Bilder, die das Auge aufnimmt, und die Feststellungen, die das Gehirn dazu liefert, neue Assoziationen einstellen, entsteht ein neues Verhältnis Auge – Gehirn. Nach und nach gewöhnt man sich an etwas, was man davor noch nicht gesehen hat und was das Auge und das Gehirn noch nicht kannten. Ein Bild ohne klare Abgrenzungen, das sich ins Nichts verliert; das, je näher man kommt, um so mehr verblaßt und verschwindet, und je weiter man sich entfernt, wieder zum Vorschein kommt; in einer undefinierbaren, kaum wahrnehmbaren, blassen Farbe, die schwer auf einer Farbskala zu finden ist; zwei lange Abdrücke eines nackten Körpers, von vorn und von hinten, die so eigenartig und unlogisch angeordnet sind; eine große Anzahl von offensichtlichen Blutspuren auf der Haut eines toten Körpers.

Eine Flut von visuellen Informationen, die völlig neu sind und die man mit nichts Bekanntem vergleichen kann.

Wenn man dieses Bild bereits entziffert hat, bemerkt man bei einem anderen, der es zum ersten Mal sieht, die gleiche Überraschung, Orientierungslosigkeit, Faszination und Rührung, die man beim ersten Mal selbst gespürt hat. Und instinktiv, so als nähme man ihn auf einem schwierigen Wegstück an die Hand, zeigt man dem verwirrten Betrachter die Stellen, auf die er seinen Blick heften kann, um ihn dann nach der ersten Orientierungslosigkeit schweifen zu lassen, und zu denen er zurückkehren kann, wenn er sich dann ohne Worte auf die lange Betrachtung des Grabtuchs einläßt. Jedem, der das Tuch zum ersten Mal sieht, ergeht es so. Die erste Begegnung mit dem Grabtuch vollzieht sich in einem langen, schweigenden Betrachten.

Farbtafeln

1: Oktober 1978 – Turin: Das Grabtuch auf dem schwenkbaren Untersuchungstisch des STURP (Vernon Miller)

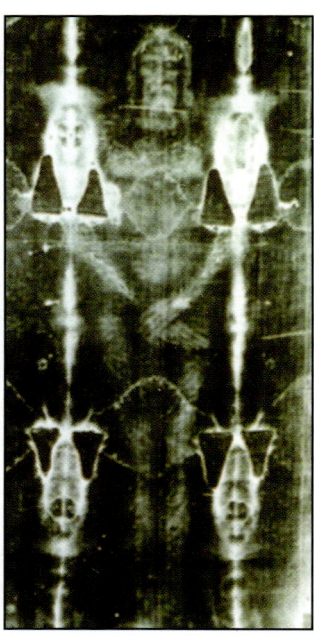

2: Gesamtansicht
der Antlitzseite als
Fotonegativ
(Vernon Miller)

3: Abbildung des Antlitzes
auf dem Tuch
(Vernon Miller)

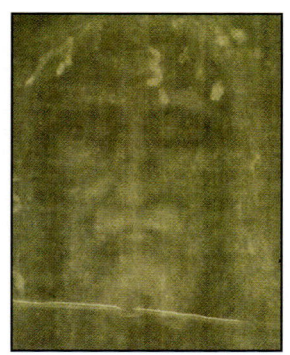

4: Fotonegativ
des Antlitzabbildes
(Vernon Miller)

5: Abbild des Rückens
bei gewöhnlichem Licht und unter UV-Licht
(Vernon Miller)

6: Nagelwunde am
Handgelenk
(Vernon Miller)

7: Wunde durch
Dornenkranz auf der Stirn
und am Nacken
(Vernon Miller)

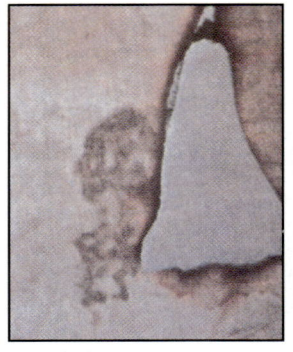

8: Wunde vom Lanzenstich
(Vernon Miller)

9: Nagelwunde am Fuß
(Vernon Miller)

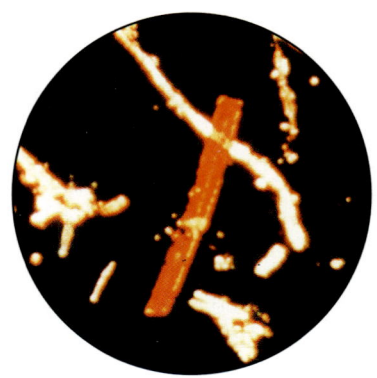

10: Fäserchen des Leinens mit Blutspur
(John Heller)

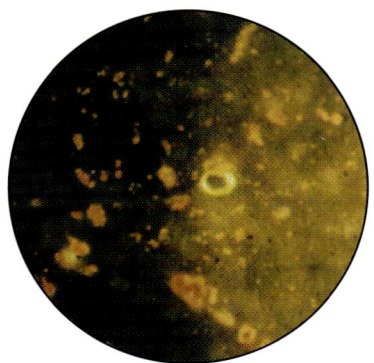

11: Rote Blutkörperchen eines Blutstropfens
(John Heller)

12: Brandspuren in 18facher Vergrößerung
(Sam Pellicori)

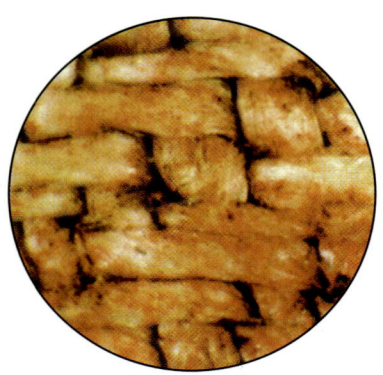

13: Blutspuren auf dem Leinen in 18facher Vergrößerung
(Sam Pellicori)

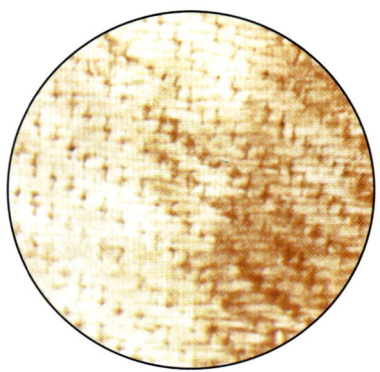

14: Ausgetretenes Blut in 3,6facher Vergrößerung
(Sam Pellicori)

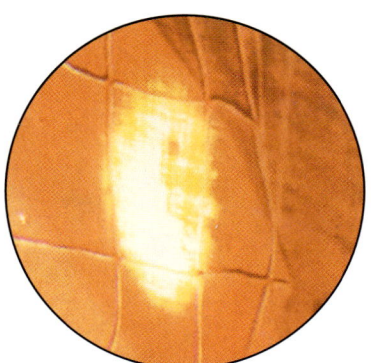

15: Nagelwunde am Handgelenk
(Giovanni Riggi)

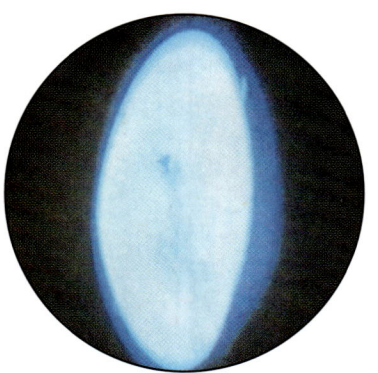

16: Nagelwunde am Fuß
(Giovanni Riggi)

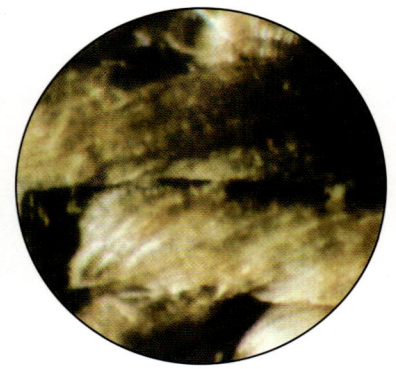

17: Teil der Ferse mit Blut
und Bodenkrume
in 36facher Vergrößerung
(Sam Pellicori)

18: Detail des Antlitzes
in 18facher Vergrößerung
(Sam Pellicori)

19: Getrocknetes Blatt im Herbarium
und Abdruck des getrockneten Blattes
(Bernard Ribay)

Dann formte sich der kaiserliche Zug erneut und nahm
den Weg auf, der am Hippodrom mit dem Obelisken des
Theodosios vorbei zum „kaiserlichen Bezirk" führt, mit
den von Konstantin I. erbauten Palästen, die Justinian um
den zum Meer hin gelegenen prunkvollen Bukoleon-Palast
erweitert hat, und schließlich erreichte die Prozession den
Thronsaal.

41. Elfenbeinarbeit des 6.Jh. - Im Hintergrund der Bukoleon-Palast

Konstantin nahm den Umhang in kaiserlichem Purpur,
dem von Rom geerbten Symbol der höchsten Macht, von
seinen Schultern, und das Grabtuch wurde auf den Purpurmantel gelegt. Dann hob der Kaiser beides mit seinen
Händen hoch und legte es über seinen Thron. Wir besit-
zen eine Abbildung dieses Augenblicks. Es ist eine Miniatur in einem griechischen Codex, der in der Nationalbibliothek Madrid aufbewahrt wird. Der dokumentarische
Wert dieser Miniatur ist unermeßlich.

Der Verfasser des Codex heißt Johannes Skylitzes. Er
wurde im Thema Thrakien, Kleinasien, (Thema war die
Bezeichnung für einen Verwaltungsbezirk der kaiserlichen

Provinzen) geboren, und er hatte in den kaiserlichen Palästen erfolgreich Karriere gemacht: Er war Protovestiarius,
Kommandant der Leibwache sowie Palastmarschall, alles
Aufgaben mit einer großen Machtfülle, die, in einer Umgebung, die von Verschwörungen geprägt war, eine abso-
lute Vertrauensstellung waren. Er war ein Zeitgenosse des
großen Schriftstellers Michael Psellos und setzte mit Eleganz die Chronik des Theophanos, die Geschichte der
Kaiser von Konstantinopel ab dem Jahr 812, fort. Er war
ein genauer und unparteiischer Historiker, der sich seiner
Verantwortung gegenüber den Zeitgenossen und der Zukunft wohl bewußt war – ein aufmerksamer und kritischer
Berichterstatter der Ereignisse.

42. Der Referendar Gregor überreicht
Konstantin Porphyrogennetos das Grabtuch

Auf der Miniatur liest man: „to agion mandylion", das
heilige Mandylion. Der Archidiakon Gregorios, der das
Grabtuch von Edessa nach Konstantinopel gebracht hat,
legt es nach erfüllter Mission nun in einer symbolträchti-
gen Zeremonie in die Hände des Kaisers. Er breitet das

heilige Tuch in seiner ganzen Länge auseinandergefaltet auf den langen purpurfarbenen kaiserlichen Umhang mit der Schleppe, der in Falten auf seiner Schulter aufliegt.

Wegen des bedeutenden Augenblicks und der Länge des Tuchs überreicht er es dem Kaiser fast mit einer gewissen Unbeholfenheit. Er wagt nicht, es mit den Händen direkt zu berühren, sondern das Tuch liegt, entsprechend dem kaiserlichen Zeremoniell, auf seinen ausgestreckten, verhüllten Händen nur auf.

Auf die gleiche Weise, mit ausgestreckten, verhüllten Händen das Tuch nur auf der Unterseite anfassend, nimmt der Kaiser es entgegen.

Der Miniaturenmaler hat versucht, das auf das Tuch aufgedruckte Antlitz darzustellen, da aber die byzantinische Kunst die Perspektive nicht kannte, hat er das Problem, ein Gesicht auf einer ebenen Fläche darzustellen, das der Betrachter zwar ahnt, aber nicht sehen kann, auf ungewöhnliche Weise gelöst: Das Gesicht mit dem Bart und den langen Haaren erhebt sich direkt aus der Fläche des Tuches. Die Umstehenden schauen bewegt zu, wie der Kaiser in einer Geste liebevoller Verehrung sein Gesicht an den kostbaren Abdruck legt.

Das Tuch wurde dann zusammen mit dem Purpurumhang, auf dem es lag, auf den Thron gelegt. Diese einzigartige Anordnung war nur wegen seiner enormen Länge möglich, die wir von dem Turiner Grabtuch her kennen, so daß man es zusammen mit dem kaiserlichen Umhang über den ganzen Thron, die hohe Rückenlehne, das Podest und die Stufen, die zu ihm führten, ausbreiten konnte.

Die purpurne Farbe des Umhangs ist kein Zufall. Purpur war dem Kaiser vorbehalten, von den Schuhen bis zur Tinte, mit der er schrieb. Der „rote Stein", der Porphyr, durfte nur in der kaiserlichen Bildhauerkunst und für die kaiserlichen Residenzen verwendet werden. Auch der Raum, in dem die Kaiserinnen die kaiserlichen Erben zur

Welt brachten, war, als Zeichen der legitimen, nicht usurpierten Macht mit Porphyr und Purpur ausgestattet.

So war es auch bei Konstantin gewesen, der daher mit dem für uns eigenartig klingenden Beinamen „Porphyrogennetos" (der im kaiserlichen Purpur Geborene), in die Geschichte eingegangen ist.

Fast fünf Jahrhunderte später, am Abend des 29. Mai 1453, sollte der türkische Eroberer von Konstantinopel unter Bergen von Leichen den Leichnam des letzten byzantinischen Kaisers, auch dieser ein Konstantin, an der purpurnen Farbe seiner Schuhe mit den goldgestickten kaiserlichen Adlern erkennen.

Allen, die das Grabtuch auf dem kaiserlichen Thron betrachteten, erschien es als ein Rätsel. Ein Würdenträger des Hofes berichtete, daß viele, darunter auch die beiden jungen Mitkaiser Konstantins, so gut wie nichts sehen konnten.

Aber andere, unter ihnen auch Konstantin, deren Geist beweglicher war – mehr als bei einigen Kunstexperten unserer Tage –, erfaßten die Bedeutung des Abdrucks: daß das Tuch mit etwas in Berührung gekommen worden war. Sie erklärten, daß der Abdruck durch „eine feuchte Sekretion und ohne jeden malerischen Auftrag oder ein anderes künstliches Mittel" entstanden sei.

Die Geschichte dieser Begebenheit wurde in jenen Tagen aufgeschrieben, der Bericht wurde wiederentdeckt und in der „Patrologia Graeca" von Migne veröffentlicht. Aber niemandem kam es in den Sinn, eine Verbindung mit dem Turiner Grabtuch herzustellen.

Die Zeremonie, die Konstantin VII. Porphyrogennetos zur Verehrung des Heiligen Tuchs durchführte, wurde von seinen Nachfolgern fortgeführt. Alfred Rambaud berichtet in seinen 1912 veröffentlichten „Etudes sur l'Histoire bi-

zantine" – damals waren die mittelalterliche Geschichte und die Identität des Grabtuchs noch sehr unklar –, daß sich in dem Thronsaal, in dem der Basileus mit großem Prunk, wie die Zeugen berichten, die Gesandten empfing, neben seinem hohen, goldglänzenden Thron ein zweiter, leerer Thron befand: der Thron des „obersten und unsichtbaren Herrschers". Um dies zu unterstreichen, wurde manchmal das Evangelium oder das Acheiropoieton aus Edessa auf diesen Thron gelegt. Dieses war aus Ehrfurcht und Ehrerbietung als „tetradyplon" zusammengefaltet und mit einem kostbaren Rahmen umschlossen.

Dann wurde das Acheiropoieton in großer Feierlichkeit in die Nea Ekklesia, die „Neue Kirche", getragen, die der große Kaiser Basileios I. 60 Jahre zuvor innerhalb der Mauern der kaiserlichen Paläste hatte bauen lassen. Dieser auch „Theotokos" genannte Bau sollte für alle späteren Fürstenhöfe Europas zum Prototypen einer Palastkapelle werden. Seit jenem Tag aber heißt sie St. Maria am „Pharos".

Der griechische Begriff Pharos kommt von der gleichnamigen Halbinsel vor Alexandrien in Ägypten, auf der Ptolemaios II. Philadelphos einen 135 m hohen Turm errichtet hatte, dessen weithin sichtbares Licht den Schiffen den Weg wies. Nach diesem Turm heißen alle Leuchttürme auf der Welt auf italienisch „fari", und das hatte für die Geschichte, die wir hier untersuchen, eine gewisse Verwirrung zur Folge. Denn Pharos hatte, wie Charles Strinweiss herausgefunden hat, noch eine zweite Bedeutung, nämlich „großes Tuch, Laken". Im mittelalterlichen Griechisch bezeichnete er auch das Segel eines Schiffsmastes. Bei Homer ist Pharos sogar ein Begräbnistuch.

Konstantin, der im Purpur geborene Kaiser, bringt das Grabtuch nach Europa

Konstantins Vater Leon VI., der zweite in der makedonischen Dynastie, wurde „der Philosoph" genannt. Aber das Volk fürchtete ihn, denn es hieß, er wäre in Astrologie und Geheimwissenschaften eingeweiht.

Nach einem bewegten Familienleben – er war viermal verheiratet und geschieden – hinterließ er bei seinem Tod seine letzte Frau, die schöne Zoe, und den siebenjährigen kleinen Konstantin. Der Hof, an dem der Junge heranwuchs, galt zwar als der eleganteste der damaligen Zeit, aber auch als der intrigenreichste.

Ein erstes Komplott hatte seine Mutter Zoe aufgedeckt, Konstantin war damals neun Jahre alt. Dann betrat Admiral Romanos die Bühne. Er riß das Kommando über die Wachen an sich, gab seine Tochter Helena, die als bezauberndes Mädchen geschildert wird, dem noch sehr jungen Konstantin zur Frau, und einen Monat später verbannte er Kaiserin Zoe in ein Kloster.

In nur einem Jahr hatte er die Macht über das Kaiserreich errungen.

Konstantin, der leicht zu begeistern war, tolerant in seinem Urteil und stets liebenswürdig, fiel es leichter, alles geschehen zu lassen, als Widerstand zu leisten. Er suchte keinen Ruhm und schon gar keine militärischen Ehren, und viele Jahre lang hatte er die Staatsgeschäfte seinem ungebildeten und gewalttätigen Schwiegervater und der übrigen intrigierenden Verwandtschaft überlassen. Doch vier Monate nach der Ankunft des Grabtuchs in Konstantinopel wurden die Usurpatoren nach einem Aufstand davongejagt.

Der siegreiche Konstantin tötete niemanden.

Die Verwandten gingen ins Exil, Admiral Romanos wurde auf einem Schiff auf die Insel Prote im Marmara-

Meer gebracht, wo er in ein altes, düsteres Kloster eingeschlossen wurde, so wie er vor vielen Jahren, um an die
Herrschaft zu kommen, die junge Kaiserin Zoe in ein Kloster gesperrt hatte, die dort auf geheimnisvolle Weise gestorben war.

Konstantin Porphyrogennetos hatte nun 15 Jahre vor
sich, in denen er so leben konnte, wie es seinen Neigungen
entsprach.

Die bulgarischen und russischen Grenzen waren nach
langen Jahren endlich befriedet, der Kalif von Bagdad
hatte Armenien verloren und war hinter den Van-See zu-
rückgedrängt worden, er verlor immer mehr an Macht, die
er an gewisse türkische Offiziere abtreten mußte (und
niemand konnte voraussehen, in welch mächtige Lawine
von Gewalt sich diese asiatischen Stämme im Verlauf von
wenigen Jahrzehnten verwandeln würden).

43. Ruinen des Palastes des Konstantin Porphyrogennetos
in den Blachernen

Der Frieden erlaubte es Konstantin, große kulturelle
Projekte zu verwirklichen. Er erneuerte die Universität,
die unter der Herrschaft des ungebildeten Romanos ver-
kommen war. Er versammelte die besten Gelehrten um
sich und entlohnte sie um vieles besser, als es auf diesem
Gebiet sonst üblich ist. Man liest, wie er sie um seine Tafel
versammelte, ihnen je nach Verdienst „Arbeitsplätze" zu-

teilte, wie er Forschungszentren und Sammlungen gründete. Nonnos schrieb über Pathologie und Pharmakologie, andere über Landwirtschaft und Geschichte, Symeon Metaphrastes schrieb seine umfangreiche Sammlung über das Leben der Heiligen.

Doch der gebildetste Mensch jener Zeit, der mehr oder weniger bewußt zum Geschichtsschreiber seines eigenen Kaiserreichs wurde, war wohl Konstantin selbst – seine schönsten Stunden waren die, die er mit seinen Büchern verbringen konnte.

Für das Leben am byzantinischen Hof schuf er ein eindrucksvolles hieratisches Zeremoniell, das er in dem Werk „De Cerimoniis Aulae Byzantinae" selbst beschrieben hat. Er verfaßte ein Verwaltungswerk „De administrando Imperio", beschrieb die „Themen", d. h. die Provinzen des Kaiserreichs, und verfaßte eine Lebensbeschreibung des Kaisers Basileios I., der für ihn der Inbegriff eines guten Herrschers war. Viele Einzelheiten seiner Zeit würden wir heute nicht kennen, wenn er nicht eine so große Liebe zur Geschichtsschreibung gehabt hätte, nicht als naiver Fabulierer, sondern als zuverlässiger Kritiker und Herausgeber.

So war es auch allein sein Verdienst, daß die alten Schriften aus Edessa über das Grabtuch aus dem Syrischen herangezogen und übersetzt wurden.

Ebenso wurde die Geschichte des Apostels Thaddäus – die „Acta Thaddei", die die ältesten Erinnerungen an das Grabtuch enthalten – übersetzt, und es wurde die „Chronik von Edessa" verfaßt.

Das Volk liebte Konstantin, auch wenn er Entscheidungen oft seinen Ministern überließ und der Hof ganz von der kaiserlichen Schönheit seiner Gemahlin Helena beherrscht wurde. Wenn er, so wenig offiziell wie möglich, in der Öffentlichkeit auftrat, umjubelte ihn das Volk. In der Geschichte des byzantinischen Kaiserreichs war diese Epoche eine kurze goldene Zeit.

Sicher ist, daß wir ohne seine großen kulturellen Projekte und vor allem ohne seinen zähen Willen, das Acheiropoieton, das sich damals im Besitz des Kalifats von Bagdad befand, nach Konstantinopel zu holen, heute kaum etwas davon wüßten, wann und wie das Grabtuch nach Europa kam. Wahrscheinlich hätte sich die Spur des Tuches überhaupt verloren.

Musik und Ritual. Das Fest des Heiligen Grabtuchs

Unter Konstantin erreichte die byzantinische Liturgie einen glänzenden Höhepunkt: Dichte Weihrauchwolken, die Skansion kunstvoller literarischer Texte, die goldenen Reflexe der Mosaiken und Ikonen, die Schwingungen der menschlichen Stimme bei einer Deklamation oder im feierlichen Gesang schaffen eine weihevolle Aura.

Die Kirchen, die nach dem Bildersturm im 8. und 9. Jahrhundert im sogenannten „Zweiten Goldenen Zeitalter" entstanden, wurden in der Form eines „freien Kreuzes" gebaut, mit einer nach Osten gerichteten Apsis. Über den Bögen wölbten sich zahlreiche Kuppeln und Halbkuppeln, die faszinierende akustische Wirkungen erzeugten und die Schönheit der byzantinischen Vokalkunst verstärkten – die menschliche Stimme als Ausdruck einer tiefen Spiritualität.

Die geistliche Dichtung war vor mehr als sechs Jahrhunderten in Edessa entstanden. Der Gnostiker Bardesanes und sein Sohn Harmonios hatten die Kirchentore der hebräisch-syrischen Vokalkunst geöffnet, die sich nun mit den Nachklängen der hellenistischen Musik vermischte. Der bedeutendste Dichter im 4. Jahrhundert war Ephräm der Syrer, der in Nisibis geboren wurde und lange in Edessa lebte, wo er religiöse Texte in syrischer Sprache

verfaßte. Dieses kulturelle Erbe kam bis nach Konstanti-
nopel und entwickelte sich zur großen byzantinischen me-
lischen Dichtung. Gregor von Nazianz in Kappadokien,
dem Land der großartigen Felskirchen, schuf in griechi-
scher Sprache eine neue literarische Form, die sich für die
neu entstehende Musik eignete: Verse mit vierzehn oder
sechzehn Silben, die in variierbare Halbverse unterteilt
waren. Hier gibt es keine klassischen metrischen Gesetze
mehr, es ist sogar schwer, einen Rhythmus festzuhalten.
Sicher lehnt sich diese Art der Dichtung mit ihren Akrosti-
chen und Assonanzen an die hebräische Dichtung und vor
allem an die Psalmen an. Mit den Hymnen des Patriarchen
Germanos findet sie Eingang in die christliche Literatur
des byzantinischen Kaiserreichs.

Die Verfasser dieser Dichtkunst, die so neue Wege geht,
nennen sich selbst „Meloden", und „Hymnographen"
schreiben Tausende wundervoller poetischer Texte. Diese
Kunst – Ausdruck einer tiefen Spiritualität – hat die by-
zantinischen Riten geprägt: das Modulieren frommer Texte
allein von tiefen Männerstimmen.

In dieser großen Tradition entstanden die Texte und
Kompositionen für das prächtige Ritual des „Festes des
Heiligen Grabtuchs", das die byzantinische Kirche auf
den 16. August gelegt hat, den Tag, an dem die Reliquie in
die Hagia Sophia gebracht worden war.

In den Tagen Konstantins fand eine weitere Gattung
liturgischer Bücher ihre künstlerische Vollendung, das
Synaxar, eine Kompendium, das das kirchliche Gedächtnis
aller Heiligen enthielt, mit historischen Notizen (Synaxarion) und dem Verzeichnis der Hymnen und Lesungen,
die für das Fest vorgeschrieben waren. Die Texte waren
von großen Dichtern in jambischem Versmaß verfaßt und
wurden gesungen, ein zweiter Teil wurde zur Unterwei-
sung der Gläubigen in klassischer Prosa deklamiert.

Diese Synaxare sind zusammen mit den „Menologien" (Monatsbüchern) und dem „Typikon", das den Ablauf des liturgischen Jahres regelte, für uns ein überzeugendes und eindrucksvolles Zeugnis für die Geschichte des Grabtuchs.

Symeon Metaphrastes, Theologe und Dichter

Aus den Jahren um 950 herum ist uns der Name Symeon Metaphrastes bekannt, auch Symeon Logothetes genannt. Er war Mönch, Geschichtsschreiber und Theologe, und er hat für die Zeremonie am 16. August das „Synaxarion" in Prosa für das Grabtuch verfaßt.

Diese Schrift ruhte unentdeckt jahrhundertelang in den uralten Handschriften der Ostkirche. Erst im Jahr 1978 wurde sie vom Archimandrit Georges Gharib für uns übersetzt.

Symeon beschreibt die alte Geschichte Edessas: eine „Kleinstadt", in der man sicher und in Frieden lebte und die durch ihr Oberhaupt, König Abgar, den geflüchteten Christen aus Jerusalem, die den „Heiligen Gegenstand" mit sich führten, Schutz gewährte. Er erzählt, wie die Reliquie versteckt wurde, in Vergessenheit geriet und während der Belagerung durch die Perser wiedergefunden wurde, schließlich, wie die Stadt gerettet wurde, auch, wieviel es später kostete, das Grabtuch von den Arabern wieder zurückzuerhalten; er nennt die Geldsumme, das Friedensversprechen und wieviele Gefangene freigelassen werden mußten.

Er erzählt auch, wie am 15. August des Jahres 6452 „nach der Erschaffung der Welt", also im Jahr 944 unserer Zeitrechnung, das Grabtuch, das Acheiropoieton, auf einem Schiff die asiatische Küste hinter sich ließ, den Bosporus überquerte und in Konstantinopel an Land gebracht wurde.

Er schildert den Zustand, in dem sich das Tuch befand, als es dem Archidiakon Gregorios ausgehändigt wurde.

Es war in einer eigenartigen Weise gefaltet, viermal in sich selbst, eine kleine Tafel gab ihm Halt. Und es war mit einem Goldrahmen im „persischen" Stil eingefaßt, der aus der Zeit der Abgariden stammte.

„Tetradyplon" nennt Symeon die Art des Faltens, also viermal in sich selbst gefaltet.

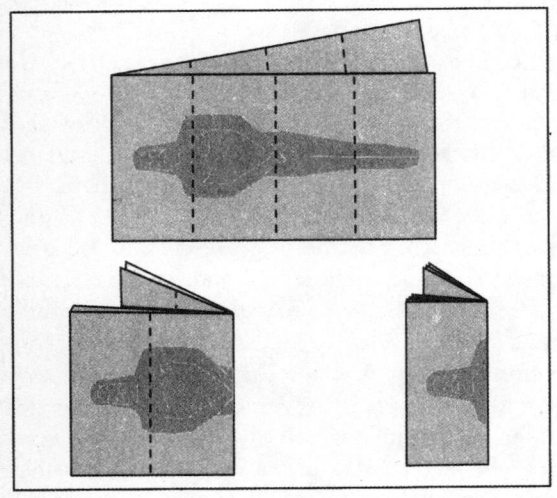

44. Tetradyplon. Die Faltung des Grabtuchs

„Tetradyplon". Ein äußerst seltenes Wort, das in der griechischen Literatur – wie G. W. Lampe, Professor am Divinity-College in Cambridge festgestellt hat – nur im Zusammenhang mit dem Grabtuch auftaucht. Und doch ist es kein wissenschaftlicher Begriff, es ist aus zwei ganz gebräuchlichen Wörtern zusammengesetzt: *tetra* (vier) und *dyplon* (verdoppelt), also „vier-gedoppelt".

Es scheint ein Neologismus zu sein, spontan, aus der Überraschung, geprägt. Ein zusammengefaltetes Tuch, man faltet es einmal auseinander, dann noch einmal und wieder, bis es eine unerwartete Länge aufweist, und nun entdeckt man eine bislang verborgen gebliebene Abbildung. Wenn man diesen Eindruck in Worte faßt, entsteht dieses zusammengesetzte Wort, das dann zu einem Begriff wurde.

Die Faltungen der früheren Jahrhunderte haben auf dem Grabtuch von Turin Knickspuren hinterlassen, die John Jackson entziffern konnte.

Wenn wir ein gleichgroßes Tuch in gleicher Weise falten, sehen wir, daß oberhalb und unterhalb des Gesichtes Knicke entstehen und das Gesicht vom Körper isoliert wird. So erscheint auf dem Tuch nur das Bild eines Antlitzes, den Körper selbst sehen wir nicht mehr.

Wenn in Edessa und in Konstantinopel das Tuch ganz auseinandergefaltet wurde, hat man den Abdruck sicher schweigend und auch mit einer gewissen Indignation betrachtet. Auf jeden Fall war es nur wenigen gestattet, ihn zu sehen, denn die byzantinische Kunst vermied es, den Körper zu zeigen. Das Heilige erforderte Verbergung, Unerreichbarkeit und dadurch Überhöhung. Jahrhundertelang wurden die Kaiser und Kaiserinnen so dargestellt, daß man vom Körper nur das Gesicht mit der Edelsteinkrone, die feingliedrigen Hände und die purpurfarbenen Schuhspitzen sah. Welch ein Unterschied zu der ausgeprägten Nacktheit eines Kaisers Maximinus, der sich als Herkules darstellen ließ, oder zu den unbefangenen hellenistischen Darstellungen des Hadrian oder Septimius Severus.

Was auf dem Abdruck zu sehen war, erfuhren die Menschen nur durch die Beschreibung in den festgelegten Gebeten. Der Patriarch Germanos verfaßte einen Kanon für das Morgengebet: „Als der König von Edessa auf dem

Tuch dein Antlitz erblickte, rief er aus: Mein Herr! Im Augenblick deines Leidens warst du gedemütigt und wurdest unkenntlich. Und doch hast du das Universum erleuchtet, denn die Form deines Körpers schimmert durch: Sein Abdruck auf dem Stoff wird uns wie ein Schatz geschenkt."

In einer zweiten Fassung des „Synaxarion" in Versform lesen wir: „Du hast dem Grabtuch, das deinen toten Körper einhüllte, deine Züge aufgedrückt ..."

Um das Jahr 1050 dichtet der Mönch Christophoros von Mitylene einen Hymnus in eleganten Jamben: „Du hast deine Züge auf ein Grabtuch gedrückt, du, der du als Toter in das Grabtuch als dein letztes Kleid gehüllt wurdest." Das Tuch, schrieb Christophoros, das aus Edessa gekommen war, war keine Ikone. Es war ein Grabtuch, das so groß war, daß man den nackten Toten gänzlich einhüllen konnte, und er habe den Abdruck seines Gesichts und Körpers dann auf dem Tuch hinterlassen. Und alle Zeugen, die den Gegenstand gesehen haben, verwenden zu seiner Bezeichnung genau das Wort, das auch in den Evangelien zu finden ist: *Sindon* – Grabtuch.

Die Namen des Heiligen Gegenstands

Der Heilige Gegenstand, der nun in Konstantinopel angekommen war, hatte in den vergangenen tausend Jahren viele Namen erhalten: Acheiropoieton, Tetradyplon, Mandylion.

Leider haben alle diese rein beschreibenden Begriffe, die nur „qualifizierende Adjektive", also unterschiedliche Lesarten eines einzigen Gegenstands sind, in der Vergangenheit viel Verwirrung gestiftet und verhindert, daß erkannt wurde, daß es sich jeweils um ein und denselben Gegenstand handelt. Die Historiker, die unkritisch die einzelnen Namen lasen, verstanden sie als Bezeichnung von jeweils verschiedenen Gegenständen.

Erst viele Jahrhunderte später begriff man, daß jedesmal, wenn die alten Dokumente auf aramäisch, frühsyrisch, arabisch und in mittelalterlichem Griechisch vom nicht von Händen gemachten Antlitz, vom vier-doppelt gefalteteten Tuch, vom Abdruck aus Edessa, vom gottgewirkten Bildnis, vom Sisne, Sydoine, Sindon sprechen, sie alle einen einzigen Gegenstand meinen, den wir heute als das Turiner Grabtuch kennen.

* * *

Etwa zwei Jahrhunderte später, im Jahr 1150, erweiterte Kaiser Manuel II. Komnenos die alten Stadtmauern nach Westen und Norden, um im Bereich der Blachernen Platz zu gewinnen. Neben den beiden alten Kirchen entstand eine neue kaiserliche Stadt. Der Palast, in den sich Konstantin Porphyrogennetos so gern zum Schreiben zurückgezogen hatte, ihm zur Seite als Schreiberin, Vorleserin und Kopistin seine schöne Tochter Agatha, wurde miteinbezogen. Die überquellende kaiserliche Bibliothek, in der Photios sein „Myriobiblon" (die sog. „Bibliothek") geschrieben hatte, wurde erweitert. Die frühchristliche Kirche zur hl. Thekla und die von den Awaren zerstörten Kirchen der hl. Nikolaus und Priskos wurden mit eingeschlossen, ebenso die Festung, in der der letzte Emir von Kreta, Abd el Aziz, von den Byzantinern Anemas genannt, als Gefangener gestorben war. Die Kirchen in den Blachernen und ihre heilige Quelle wurden durch Säulengänge und Gärten mit den neuen Palästen verbunden und erhielten den Rang einer Hofkirche, sie wurden prächtig restauriert, und es wurde eine neue Aufbewahrung für das „Heilige Tuch" geschaffen.

Die Blachernen wurden so der siebente Hügel Konstantinopels, und die alten Vorhersagen besagten, daß sich die Stadt – wie Rom – erst über alle ihre sieben Hügel erstrecken müsse, ehe das Kaiserreich unterginge. Heute heißt das Viertel Tekfur Saray.

Im Blachernen-Palast und der kaiserlichen Kapelle erreicht die byzantinische Innenarchitektur ihren Höhepunkt.

45. Der Krönungspalast in den Blachernen

Alle Säle sind mit farbigen Glasmosaiken und Marmortafeln verkleidet, riesigen Steinplatten, bei denen sich die Marmorierung spiegelverkehrt auf einer zweiten Platte wiederholt. Die Farben gehen lebhaft ins Grün, Blau, Gold oder Weiß und Purpur. Die Fußböden bestehen aus gelbem, ockerfarbenem oder sienarotem Marmor, aus belebenden Einfassungen aus rotem oder grünem Marmor mit Einlegearbeiten aus Glasmosaik, die ihnen Glanz verleihen. Die Säulen kommen aus den heidnischen Tempeln und von den kaiserlichen Bauwerken aus Asien und Griechenland und sind aus grauem oder grünem Stein und aus kaiserlichem Porphyr. Die Türen bestehen aus Bronze oder Kupfer, sie sind mit Basreliefs und silbernen Einlegearbeiten versehen und haben überaus komplizierte Schlösser. Es ist eine polychrome Kunst, die das Licht einfängt und weder verblaßt noch altert.

Für solche Räume sind die in Rom so beliebten Marmorstatuen und die Freskenmalerei zu schlicht und zu kühl. (In ganz Europa gibt es in den Museen nur ein paar Säle mit byzantinischen Marmorskulpturen.) Wir finden dagegen auf Goldgrund gemalte Ikonen, Silberleuchten, Diptychen, Schreine, kunstvoll geschnitzte Elfenbeinreliquiare, Vasen aus Edelsteinen, kostbarem Glas oder Bergkristall, Goldteller mit perlen- und edelsteinbesetzten Rändern, Cloisonné-Emailarbeiten, schwere Geschmeide aus Edelsteinen, die die Byzantiner immer ungeschnitten einfassen, weil eine Facettierung die tiefe Farbe des Steins wegnimmt. Die luftigen Vorhänge vor den Fenstern, die zarten Stoffbahnen des Kaiserthrons, die Kissen mit den Fransen, der Vorhang der Hagia Sophia, die Gewänder der Würdenträger und Fürsten, alles ist aus Seide. Denn die Byzantiner haben den Chinesen das Geheimnis der Seidenherstellung entrissen, sie verspinnen Seidenkokons, färben sie und weben daraus faszinierend gemusterte Stoffe, die sie dann besticken und mit Perlen und Edelsteinen besetzen.

Von all dieser Herrlichkeit der kaiserlichen Bauten im Blachernenviertel, wo das Grabtuch seine letzten Jahre im Orient aufbewahrt wurde, sind heute nur noch dürftige Reste zu sehen.

Man kann die Überreste einiger Mauern besteigen, das halbzerstörte Tor des Konstantin Porphyrogennetos und den Turm des Isaak Angelos finden, der im Laufe der Zeit zum zweiten Geschoß eines türkischen Hauses wurde. Von der riesigen kaiserlichen Bibliothek gibt es keine Spuren, sie wurde durch einen Brand halb vernichtet und fiel dann mit ihren Tausenden von Handschriften und Papyrosrollen den Kreuzfahrern und später Mehmet II. in die Hände.

In der „Pentapirghion" genannten Burg befinden sich die Überreste eines türkischen Friedhofs. In den Befestigungsmauern sieht man einen zugemauerten Durchgang. Das war das alte „Gyrolymne-Tor", das Silbersee-Tor, das auf die Bucht des Goldenen Horns blickte, die ruhig und leuchtend wie ein Spiegel dalag. An dieses Tor kamen im Jahr 1204 die Abgesandten der Kreuzritter, um Verhandlungen zu führen, es war auch Robert de Clary dabei, der das Privileg hatte, der letzte Abendländer zu sein, der das Grabtuch in Konstantinopel sah.

Bei der Belagerung durch Mehmet II. im Jahr 1453 wurden die Paläste und Kirchen in den Blachernen, die nahe der Stelle lagen, wo die Angriffe stattfanden, so gründlich verwüstet, geplündert und abgetragen, daß man keine Spuren mehr finden kann. Erst 1949 erklärte ein Archäologe, er habe bei den Fundamenten einer türkischen Moschee die Überreste der Kirche gefunden, in der das Grabtuch aufbewahrt worden war.

Der ungarische König, der französische König und der König von Jerusalem

Während Manuel Komnenos mit den gewaltigen Bauarbeiten in den Blachernen beschäftigt war, empfing er in Konstantinopel zahlreiche Gäste: Gelehrte, bedeutende Pilger, hohe kirchliche und weltliche Würdenträger. Seine Gastfreundschaft war eine gekonnte Mischung aus schwindelerregender Prachtentfaltung und einer anheimelnden familiären Atmosphäre, die alle beeindruckt hat, wie wir in ihren Berichten lesen können.

Väterlich zeigte er dem kaum zwanzigjährigen Ludwig VII. von Frankreich, der sich auf einem der vielen erfolglosen Kreuzzüge befand, das Grabtuch. Er zeigte es hohen kirchlichen Würdenträgern, wie dem Lombarden Ordericus Vitalis und dem Engländer Gervasius von Tilbury, der berichtete, er habe ein Leinentuch – „tam amplum et extensum" – gesehen, auf dem ein vom Kreuz abgenommener Körper seinen Abdruck, zusammen mit allen Malen der Kreuzigung, hinterlassen habe.

46. Die Krone, die Manuel an den ungarischen König schickte

Manuels Kunst der zwischenmenschlichen Beziehungen ließ ihn auch mit Prunk eine Gruppe von ungarischen Diplomaten empfangen, die im Jahr 1150 nach Konstantinopel gekommen war, um Verhandlungen über eine geplante Hochzeit zwischen dem Sohn des Königs von Ungarn und der Tochter Manuels zu führen. Auch ihnen wurde die Gunst gewährt, das Grabtuch ausführlich aus der Nähe betrachten zu dürfen.

So geschah es, daß in dem in Budapest aufbewahrten, bereits erwähnten Codex Pray ein unbekannter, aber sehr aufmerksamer Beobachter diese eigenartigen vier Löcher wiedergegeben hat, die aus einem alten Brand stammten und so seltsam in Form eines großen L angeordnet waren, daß sie später die Aufmerksamkeit von Ray Rogers aus Los Alamos auf sich zogen, der daraus wiederum sachlich und genau den Schluß zog, daß das „Sindon", das Grabtuch aus Byzanz, identisch ist mit dem Grabtuch von Turin.

Im Jahr 1151 zeigte Manuel das Grabtuch verdientermaßen einem Mann, der von den äußersten Grenzen der damals bekannten Welt, aus Thingeyrar im Norden Islands, gekommen war. Er fuhr, hin und zurück, mehr als 6500 Meilen über das Meer, mit einem dieser Schiffe, die nur ein Segel und hohe, breite Bordwände hatten und die auch die normannischen Piraten benutzten.

Es war der Benediktinerabt Nicholas Soemundarson. Er hatte genug Zeit, das Tuch in Ruhe zu betrachten und sich Notizen zu machen. Er sah ein aus Leinen gewebtes Tuch, die Webart war einfach, es wies keine Verzierungen oder Stickereien auf, trug den vollständigen Abdruck eines Körpers von vorn und von hinten und war etwa vier Meter lang. Man konnte zwei Arten von Spuren unterscheiden: einen Abdruck, der durch den Kontakt mit der Haut entstanden war, sowie Blutflecken und Wunden.

Die Beschreibung Soemundarsons, die jetzt, nach mehr als 800 Jahren, wieder bekannt geworden ist, führt die hervorstechenden Merkmale auf und verwendet dabei genau die Begriffe, die auch ein heutiger Betrachter des Turiner Grabtuchs verwenden würde.

Im Jahr 1171 empfing der große Manuel mit ganz besonderen Ehren Amalrich I., den König von Jerusalem, dem „erhabensten Königreich der Welt".

Am 7. März hatte Amalrich mit zehn Galeeren vom Hafen von Akkon abgelegt, das damals zum lateinischen Kreuzritterreich gehörte. In seinem Gefolge befanden sich fränkische Adelige, darunter der Erzbischof Wilhelm von Tyrus. Dieser war Großkanzler des Königreichs von Jerusalem und ein hervorragender Historiker. Er hat in einer für damalige Zeiten monumentalen „Geschichte des heiligen Krieges von Jerusalem", also der Kreuzzüge, auf Latein einen Bericht dieser Reise hinterlassen.

Die Reise war keine Vergnügungsfahrt. Das unsichere Kreuzritterreich wurde von allen Seiten von der starken islamischen Macht bedrängt. Salah-ed-Din, den das christliche Mittelalter zu Saladin machte, war dabei, alle Kräfte für den gnadenlosen Dschihad, den heiligen Krieg, zu sammeln. Amalrich hegte die Hoffnung, daß er die byzantinische Macht für einen Krieg gegen den neuen jungen Sultan gewinnen könnte.

47. Münze Amalrichs I., des lateinischen Königs von Jerusalem

Dort, wo an der Landspitze des hl. Demetrios die Befestigungen Konstantinopels auf das Marmarameer treffen, begann der Abschnitt der Befestigungen, den die Historiker „die Seemauern" genannt haben. Sie schützten die alten Kaiserbauten der Hagia Sophia und der Kirche zur hl. Maria am Pharos und folgten der wunderschönen, geschwungenen Küste bis zum Kloster des hl. Diomedes, an dem die schnellen Wasser des Bosporus vorbeiflossen. In den Buchten waren zu byzantinischer Zeit sechs Häfen angelegt, darunter auch der kaiserliche Hafen.

Als im Jahre 1871 die Eisenbahnlinie gelegt wurde, wurden die Stadtmauern und Häfen zerstört, die Bahn wurde mitten durch die byzantinischen Bauwerke geführt, und nicht einer der europäischen Ingenieure machte von dem, was nun verschwinden würde, vorher einen Plan, eine Abbildung oder eine Zeichnung.

Amalrich legte mit günstigem Wind im kaiserlichen Hafen an. In dem Reisebericht, den im 16. Jahrhundert Giuseppe Horologgi aus dem Lateinischen übersetzte, lesen wir hierüber: „Die kaiserlichen Bauten erheben sich in Konstantinopel nach Osten hin am Ufer des Meeres, sie werden die konstantinischen genannt. Sie öffnen sich mit einer wundervollen und prächtigen Galerie zum Meer, Marmorstufen führen bis ins Wasser, kunstvoll sind einige Säulen und Löwen aus Marmor angeordnet..." Hier, an einer Anlegestelle, die dem normalen Volk verboten war, ging Amalrich, der eine byzantinische Prinzessin geheiratet hatte, an Land und schritt einen überdeckten Gang entlang zu den höher gelegenen Palästen der Hagia Sophia, einer Art verbotenen Stadt, die auch später die Sultane, nach umfassenden Umbauten, benutzten. Nachdem sie durch unzählige Säulengänge, Gärten, Lauben, Pavillons und Säle gegangen waren, darunter auch das vor sechs Jahrhunderten von Justinian II. gebaute „Chrysotriclinium", den goldenen Saal des Großen Palastes, kamen Amalrich und sein Gefolge schließlich zum Thronsaal, in dem einst Konstantin Porphyrogennetos das Grabtuch in Empfang genommen hatte.

Bei ihrem Eintritt erblickten sie den versammelten Hof, und an einer erhöhten Stelle, zu der breite Stufen emporführten, konnten sie nur undeutlich den Kaiser sehen. Undeutlich, weil vom hohen Gewölbe hauchdünne Stoffbahnen „aus kostbarstem Material" herabhingen. „Aus dem Vorhang traten die Mitglieder des Kronrates heraus, um den König willkommen zu heißen und ihn zum Kaiser zu geleiten." Manuel Komnenos umarmte den König von Jerusalem hinter dem Vorhang: „Wenn er ihn vor dem versammelten Hof umarmt hätte, hätte dies der geziemende Würde für die kaiserliche Majestät nicht entsprochen." Danach wurden die Vorhänge geöffnet, und nun sah Erzbischof Wilhelm, der Geschichtsschreiber, der mit dem übrigen Gefolge draußen geblieben war, den Kaiser auf dem Thron sitzen und etwas niedriger den König von Jerusalem.

Manuel ließ nun für Amalrich und den Geschichtsschreiber Wilhelm, „um sie noch mehr zu ehren", die sieben heiligen Tore öffnen, „und alle für das gewöhnliche Volk nicht zugänglichen Orte öffnen ... die Kirchen, die Schätze ...", lesen wir beim Übersetzer. Und Wilhelm schreibt: „Non est arcanum, non est mysticum a temporibus beatorum augustorum Costantini, Theodosii, Justiniani ... quod non reveletur familiariter."

Sie wurden auch in den sonst nicht zugänglichen Raum geführt, in dem jetzt das Heilige Tuch aufbewahrt wurde, weil die Arbeiten an der Kirche zur hl. Maria in den Blachernen noch nicht abgeschlossen waren. Während die italienische Übersetzung schlicht von einem „lenzuolo" (Laken) spricht, hatte Wilhelm in seinem präzisen Latein „Sindonem" (Grabtuch) geschrieben. In einer alten französischen Übersetzung des berühmten Buches lesen wir „Sisne". (Dies mag zeigen, wie im Laufe der Jahrhunderte durch Unachtsamkeit die unterschiedlichsten Bezeichnungen für das Tuch entstanden sind.) Der Text läßt eindrucksvoll die faszinierende Atmosphäre dieser verlorengegangenen Orte spüren: „Chapeles enciennes et voutes sacrées, pleines de pierres precieuses, de riches dras, de reliques et de corseinz. Toutes fourent ouvertes et moutrées au roi; et l'emempereres li moutra le drap que l'en apele Sisne, où il fu envelopez."

48. Kreuzritter und Sarazenen

A - LANDMAUER

A1 - Landspitze der Blachernen
A2 - Blachernen-Hafen
A3 - Hl. Maria in den Blachernen
A4 - Neue Kaiserpaläste
A5 - Palast des Konstantin
     Porphyrogennetos
A6 - Marmorstraße
A7 - Großes Goldenes Tor
A8 - Prozessionsweg
     zur Hagia Sophia

B - MAUER ZUM MARMARA-MEER

B1 - Landspitze zum
     hl. Diomedes
B2 - Bukoleon-Hafen
B3 - Bukoleon-Palast
B4 - Paläste Konstantins I. und
     Theodosios
B5 - Hl. Maria am Pharos
B6 - Hagia Sophia
B7 - Landspitze zum
     hl. Demetrios

C - MAUER ZUM GOLDENEN HORN

C1 - Goldenes Horn
C2 - Turm des hl. Demetrios
C3 - Zweites kaiserliches Tor
C4 - Feld der Kreuzritter
C5 - Angriffsgebiet der Kreuzritter
C6 - Drittes kaiserliches Tor
C7 - Zu den „süßen Wassern
     Europas"

M.G. Siliato – Skizze: Mamboury

*49. Plan des byzantinischen
Konstantinopel mit Bezug auf die
Geschichte des Grabtuchs*

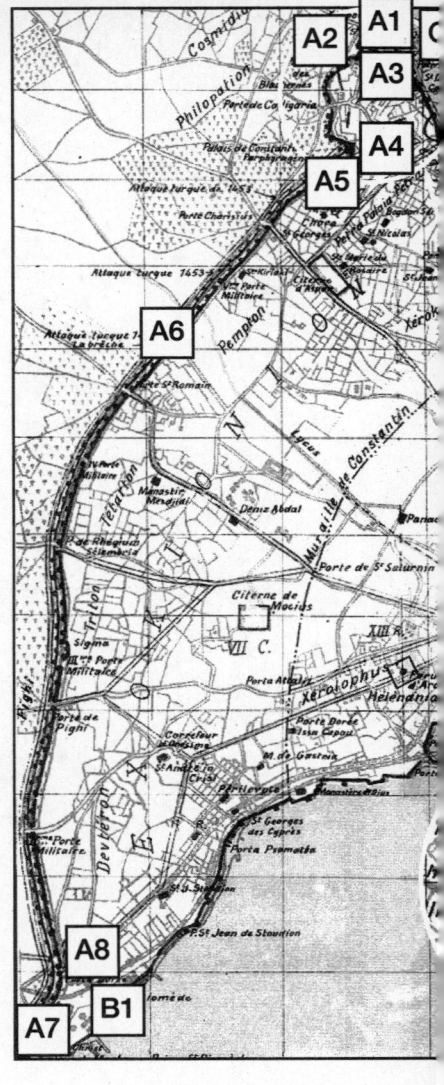

Amalrich und sein Gefolge wurden nun als Gäste in dem riesigen Komplex der Blachernen untergebracht, wohin Manuel gerade seine Privatgemächer verlegt hatte und wo auch das Grabtuch aufbewahrt werden sollte. Aber in militärischer Hinsicht brachte diese Reise nach Konstantinopel mit den märchenhaften Geschenken für alle Teilnehmenden – selbst für die Stallknechte hatte es goldbestickte Seidengewänder gegeben – nicht das gewünschte Ergebnis. Manuel wußte, daß die Streitkräfte des byzantinischen Kaiserreichs höchstens für ihre eigenen Aufgaben ausreichten; wie lange noch, das wußte man nicht. Das christliche und lateinische Königreich von Jerusalem sollte es nur noch 16 Jahre geben.

Niemand konnte voraussehen, daß Konstantinopel selbst 33 Jahre später Opfer eines blutigen Angriffs und einer gnadenlosen Plünderung werden sollte. Dabei wurde auch das Grabtuch von einem Unbekannten aus der wundervollen Kirche in den Blachernen geraubt.

Doch durch die Schilderung der Prachtentfaltung und Liebenswürdigkeit des Manuel Komnenos sind uns mindestens ein Dutzend von aufsehenerregenden Zeugnissen über das Grabtuch überliefert worden.

Es ist wirklich erstaunlich, daß in all den Jahrzehnten, als in Europa die Polemik über das Grabtuch, „das im mittelalterlichen Frankreich hergestellt wurde", entbrannt war, sich niemand für diese Zeugnisse interessierte.

9. *Kapitel*
Europa

Die verhängnisvolle Einladung
in den Blachernenpalast

Ende des 12. Jahrhunderts fiel in Konstantinopel die Macht in die Hände einer gefährlichen und skrupellosen Clique. Die makedonische Komnenen-Dynastie war im Niedergang. Die seldschukischen Türken im Süden und die Bulgaren im Norden bedrohten die Reichsgrenzen. An den Westgrenzen, die zum größten Teil vom Meer gebildet wurden, waren neue, unheilvolle Kreuzzüge zu erwarten.

Im Jahr 1185 hatte ein Fürst Thron und Reich erlangt, der aufgrund verwickelter verwandtschaftlicher Verhältnisse den Namen Isaak Angelos Komnenos trug. Er regierte zehn Jahre lang, vollendete den Bau des Blachernenpalastes und wurde im Jahr 1195 von seinem Bruder abgesetzt. Gemäß dem grausamen byzantinischen Brauch wurde er über einem Becken mit glühenden Kohlen geblendet und in ein Kloster verbannt.

Der neue Herrscher nannte sich Alexios III. Angelos Komnenos, nach jenem Kaiser, in dessen Regierungszeit die Kreuzzüge Gottfrieds von Bouillon fielen, doch schon bald erhielt er den Beinamen „der Usurpator".

In Rom hatte mittlerweile Lothar von Segni den Papstthron bestiegen, der den Namen Innozenz III. annahm. Er führte einen erbitterten Kampf gegen die orthodoxen Hä-

50. Münze Alexios' des Usurpators

retiker in Konstantinopel auf der einen und gegen die mächtigen staufischen Kaiser auf der anderen Seite.

Dem Aufruf des Papstes folgend, rüsteten Venezianer und fränkische Adelige zum Vierten Kreuzzug. Während der blinde Isaak, von Haß und Rachedurst erfüllt und im Kloster gefangen, seinen Sohn großzog, der ebenfalls den Namen Alexios trug, regierte „der Usurpator" in Konstantinopel, ohne davon etwas zu ahnen. Im Jahr 1202 versuchte ein Verwandter, ein gewisser Johannes Komnenos, den Usurpator abzusetzen. Von diesem mißlungenen Umsturzversuch, halb Revolte und halb Verschwörung, gibt es ein für unseren Zusammenhang bedeutsames Zeugnis.

Der Usurpator hatte die Verteidigung des kaiserlichen Palastes dem Würdenträger und Gelehrten Nikolaos Mesarites anvertraut. Nikolaos, der ein hochgebildeter Mann war, verfaßte eine Proklamation, in der er das Volk dazu aufrief, mit ihm die historischen und religiösen Schätze zu verteidigen, die in der Palastkapelle St. Maria am Pharos aufbewahrt wurden, an erster Stelle das Grabtuch: „Entafioi sindones Christou ..." heißt es in der Proklamation. Dieses Grabtuch wird als schlichtes Gewebe beschrieben, als Leinen, „wie man es damals üblicherweise benutzte"; es trüge, heißt es weiter, noch den Geruch der Aromastoffe für das Begräbnis, und es habe die Jahrhunderte unbeschadet überstanden, „weil es den erhabenen, nackten Leichnam nach der Passion umhüllt" habe. Mit byzantinischer Zurückhaltung ist das ganze Leid des gequälten und gedemütigten Leichnams in diesem einzigen Wort ausgedrückt.

Durch seinen Aufruf und wohl nicht zuletzt durch die Stärke der Waffen gelang es Nikolaos Mesarites, Palast und Schätze zu verteidigen, doch der Angriff machte deutlich, wie verwundbar die altertümliche Anhöhe der Hagia Sophia letztlich war. Der Usurpator verlagerte seine

Residenz daher in aller Eile in das von Mauern umgebene Blachernenviertel.

Doch während der Revolte, die gefährlicher war als ein militärischer Angriff, floh der junge und, wie sich zeigen sollte, auch unbesonnene Alexios nach Europa, jener Alexios, den der blinde Isaak, hinter den düsteren Klostermauern jahrelang an den Handgelenken gefesselt, als seinen Rächer großgezogen hatte. Wie Besiegte und Flüchtlinge zu allen Zeiten suchte auch Alexios die Hilfe fremder Truppen gegen sein eigenes Land, um die Macht zu erlangen.

Das bittere Schicksal Konstantinopels wollte es, daß diese Truppen schon bereitstanden. In Zara beratschlagten die venezianische Flotte und das fränkische Heer die Strategie des Kreuzzugs. Jerusalem wie auch Ägypten lagen jenseits riesiger Meere entfernt, die Franken hatten kein Geld, die Venezianer sahen ihre Kredite gefährdet, und das ganze Unternehmen erschien äußerst zweifelhaft. Der junge Alexios fand daher begeisterten Anklang, lieferte er doch mit seiner unbedachten Bitte für ein verlockendes, jedoch schamlos kühnes Unternehmen die Rechtfertigung. Statt auf das von Papst Innozenz angezielte, jedoch in weiter Ferne liegende ärmliche Jerusalem würde man das Kreuzfahrerheer auf das näher gelegene Konstantinopel umlenken, das phantastische Reichtümer besaß und zudem auch noch häretisch war.

Es war der 1. Januar 1203. Pro forma forderten die venezianischen Diplomaten und die fränkischen Prälaten Alexios auf, die alten theologischen Streitfragen über Bord zu werfen und sich der römischen Kirche zu unterwerfen.

Unter Führung des venezianischen Dogen Enrico Dandolo, eines 84jährigen, fast erblindeten Mannes, von Zeitgenossen der Odysseus der Adria genannt, lichtete die venezianische Flotte die Anker und führte das Heer der Franken mit ihrer Kriegsmaschinerie, ihren Waffen aus

51. Münze mit dem Bild des Dogen Enrico Dandolo

Eisen und ihren Pferden vor die Tore Konstantinopels. In Skutari am asiatischen Ufer gingen sie an Land. Es war der 27. Juni. Der von Konstantin gegründeten Stadt blieben nur wenige Monate, aber niemand konnte sich vorstellen, wie sich dieser Untergang vollziehen würde.

52. Kreuzritter

Am 2. Juli ließ der Usurpator den Kreuzfahrern Geschenke überreichen, in der Hoffnung, daß sie abzögen: ein fatales Eingeständnis seiner Schwäche. Die Kreuzfahrer drangen denn auch bis zum Goldenen Horn vor und gingen an den Ufern der „Süßen Wasser Europas" an Land, wo der Meeresgrund sehr seicht ist, beim heutigen Eyüp, unweit der neuen und starken Mauern des Blachernenpalastes und der Blachernenkirche.

Die Kreuzfahrer blickten hinauf zu den Loggien und Fenstern, gingen im Geist von Zimmer zu Zimmer und erzählten sich von den Schätzen, die Reisende über die Jahrhunderte hin gesehen und beschrieben hatten. Sie waren ungeduldig, auch wenn der greise Dandolo sie zu bremsen suchte. Am 17. Juli gingen sie zum Angriff über – und wurden überraschend zurückgeschlagen. Doch blieb dies der einzige Sieg des Usurpators. In der Nacht bestieg er heimlich ein Schiff im kaiserlichen Hafen, in dem 32 Jahre zuvor Amalrich von Jerusalem und der Erzbischof Wilhelm an Land gegangen waren. Im Rücken der Venezianer hißte er die Segel in Richtung Schwarzes Meer.

Zur Enttäuschung vieler waren damit offenbar die Gründe für eine Fortsetzung des Krieges hinfällig geworden. Unter dem wütenden Schweigen der Griechen und dem tosenden Beifall der Kreuzfahrer wurde der junge Alexios am 5. August mit allem Prunk des byzantinischen Zeremoniells zum Kaiser Alexios IV. gekrönt. Am 25. August unterwarf er sich zum großen Ärger des griechischen Klerus und der griechischen Bevölkerung der römischen Kirche. Der geblendete Isaak wurde aus dem Kloster freigelassen und kehrte in den kaiserlichen Palast zurück. Fränkische Barone und venezianische Patrizier forderten von Alexios Entschädigung für die geleistete Hilfe. Aber die kaiserlichen Kassen waren, wie es nach einem Bürgerkrieg stets der Fall ist, leer.

Doch dann nahmen die Ereignisse ihren Lauf, und es kam zum Vorspiel des Kriegs zwischen den in ihren Stadtmauern eingeschlossenen, empörten Griechen und den enttäuschten, bei ihren Schiffen lagernden Lateinern.

An einem Samstag überfielen flämische Soldaten die Juden in der Synagoge und plünderten die einzige Moschee Konstantinopels, die den muslimischen Kaufleuten und Bewohnern der Stadt schon vor Zeiten zugestanden worden war. Die Griechen rebellierten gegen diese Ausschreitungen, hatten sie doch mit den Juden und den Muslimen bisher friedlich zusammengelebt. Es kam zu gewalttätigen Auseinandersetzungen, und ein Brand verwüstete das Stadtviertel.

Der junge, verängstigte Alexios baute auf die lateinischen „Kreuzfahrer", was den Haß seines Volkes auf ihn noch steigerte. Der blinde Isaak, dessen Hände noch die Narben seiner Ketten trugen, schloß sich mit Mönchen und Astrologen in seinen Palast ein. Doch sein Neffe und einstiger Gefängniswärter und Peiniger, ein Sproß der Familie Dukas, der wegen seiner buschigen, über der Nasenwurzel zusammengewachsenen Augenbrauen (nach damaligem Aberglauben ein Zeichen des Unglücks) auf Griechisch allgemein Murtzuphlos genannt wurde, spielte jetzt mit dem jungen Alexios als dessen treuloser Botschafter bei den Kreuzfahrern ein durchtriebenes Spiel.

Wohl um sein Ansehen zu steigern, beging der junge Alexios den verhängnisvollen Fehler, im prunkvollen Blachernenpalast eine Delegation fränkischer und venezianischer Abgesandter zu empfangen.

* * *

Zu der unheilvollen Abordnung gehörte auch der Ritter Robert de Clary. Er war ein aufmerksamer Beobachter, und er schrieb gerne. Deshalb wissen wir heute, daß er der letzte war, der in der Stadt Konstantinopel jenen Heiligen Gegenstand zu sehen bekam, der als Grabtuch bezeichnet wird. „Sydoine" schreibt Robert in seinem Altfranzösisch. „En eut un autre des moustiers, que on apeloit Medame Sainte Marie de Blakerne, ou il Sydoine, la ou nostre Sire fut envelopes, i estoit, que cascun devenres se drechoit tous droit, si que on i pooit bien veir le figure Notre Seigneur ..." (es gab dort eine andere Kirche, St. Maria in den Blachernen, wo die *sydoine* aufbewahrt war, in die unser Herr eingehüllt war ...); in jenen so gefahrvollen Tagen, geht der Text weiter, wurde dieses Grabtuch jeden Freitag in seiner ganzen Länge entfaltet und zur Schau gestellt, so daß man deutlich den Abdruck der „Figur" des Leichnams Christi von vorne und von hinten, als ob er aufrecht vor einem stünde, betrachten konnte.

Doch die fränkischen und venezianischen Kreuzfahrer zeigten sich in keiner Weise beeindruckt und führten bedrohlich grobe Reden. In den vergangenen 800 Jahren hatte man an dem durch ein strenges Protokoll und Zeremoniell geprägten Hof von Byzanz eine derart taktlose Ausdrucksweise nicht gehört, und die Höflinge forderten die sofortige Bestrafung der Abgesandten. Als diese dann endlich den Palast verließen, waren die Griechen von dem Gedanken besessen, die Demütigung zu rächen, und die lateinischen Kreuzfahrer, Konstantinopel zu erobern und sich dessen sagenhafte Schätze anzueignen.

Murtzuphlos spielte unterdessen weiter seine zwielichtige und finstere Rolle zwischen Kaiser, Hof, Volk und den außerhalb der Stadt lagernden lateinischen Kreuzrittern. Er hegte die Hoffnung, aus der allgemeinen Zwietracht zu profitieren und zu persönlicher Macht zu gelangen. Doch die durch Haß und Gefahr angestachelte Volksmasse umstellte den Blachernenpalast. Unter dem Vorwand, Kaiser Alexios in Sicherheit zu bringen, versteckte Murtzuphlos ihn in einem abgelegenen Zimmer und tötete ihn ohne Zeugen mit eigenen Händen. Auch der blinde Isaak starb, wie die Historiker sagen, „vor Schrecken", wahrscheinlicher ist aber, daß auch er ermordet wurde. Ein Mensch wie Dukas Murtzuphlos wurde so in den letzten Stunden Konstantinopels zum Herrn über die Stadt.

* * *

Im Lager der Kreuzfahrer entflammte ein fanatischer Haß, der zu der verheerenden Verwüstung dieser „von Häretikern bevölkerten und gelenkten Stadt" führte, „die die Autorität des Papstes von Rom ablehnte". Die Vorstellungen von den Reichtümern Konstantinopels steigerten sich ins Sagenhafte: Diese Stadt bewahrte unversehrt all jene Schätze, die seit den Tagen Konstantins angehäuft worden waren, während das Reich im Westen vor 800 Jahren zerfallen war, immer wieder von Barbaren geplündert wurde und in zahllose Staaten und Fürstentümer zersplittert war.

So betrachteten die Kreuzfahrer von der gegenüber dem Goldenen Horn gelegenen Galata-Seite aus die Türme des Theodosius und die Kuppeln des Justinian und teilten unter sich das Reich auf, das noch gar nicht erobert war. Es waren die ersten Tage im März 1204. Der neue Kaiser, der aus den lateinischen Fürsten gewählt werden sollte, würde ein Viertel der Eroberungen, den Bukoleon- und den Blachernen-Palast in Besitz nehmen, die übrigen Besitztümer sollten unter Franken und Venezianern aufgeteilt werden.

Der erste Angriff auf Konstantinopel erfolgte im Morgengrauen des 8. April. Von den Mauern des Palastes aus sah der Mörder Murtzuphlos die heranrückenden Menschenmassen: Soldaten, Pilger, Ordensleute mit Kreuzen in den Händen, Ritter in eisernen Rüstungen. Aber der Angriff wurde zurückgeschlagen, und die Griechen dankten in den Kirchen Gott für diesen Sieg.

Von all diesen Kriegern, die vom Binnenland ihrer weit entfernten Heimat gekommen waren, hatten einzig die Venezianer Erfahrungen zu Wasser – in Friedens- und in Kriegszeiten. Ihr besonnener und kluger Anführer Enrico Dandolo wurde für die Geschichte von Konstantinopel das, was Odysseus für das mythische Troja war. Konstantinopel, so seine Überlegung, war dreifach befestigt: einmal durch die Landmauern, die von den Blachernen bis zur Spitze von St. Demetrios reichten und so dick waren, daß jeder, der sie anzugreifen wagte, unweigerlich in sein eigenes Verderben rannte; dann durch die unüberwindbare Seemauer, zu deren Füßen die rasche Strömung des Bosporus eine tödliche Falle darstellte; und schließlich die Befestigungsanlage an der märchenhaften Binnenbucht des Goldenen Horns, die sehr nah ans Ufer gebaut und daher schwach war und seit Jahrhunderten beinahe als überflüssig betrachtet wurde. Deshalb schlug Dandolo vor, den Angriff von hier aus zu führen, wo niemand es vermutete. Darauf zielten seine technischen Vorbereitungen.

Der Tagesanbruch des 12. April

Am 12. April begann der zweite Angriff. In der Nacht waren die venezianischen Schiffe paarweise miteinander verbunden worden, um die Wucht des Angriffs zu steigern und die Schiffe mit mehr Soldaten zu beladen. Sie hatten merkwürdige, von venezianischen Zimmerleuten erbaute Holzbrücken an Bord, die die Soldaten im Scherz „große Pferde" nannten und die bis zur Höhe der Mauern reichten. Dort sollten diese Brücken sich wie Harpunen festhaken, so daß die Angreifer über sie direkt auf die Türme der Mauer gelangen konnten (vgl. den Stadtplan von Konstantinopel, S. 216–217).

Eine verhängnisvolle Windböe trieb die Schiffe in Richtung Stadt. Als erste erreichten zwei Schiffe, deren Namen überliefert sind, die Mauern, und die Besatzungen setzten ihre Brücken an. Es waren „Der Pilger" und „Das Paradies", von dem aus der Bischof von Soissons die Angreifer segnete und zum Kampf anstachelte. Kurz darauf sah das Kreuzfahrerheer, wie zwei lateinische Soldaten ihre Waffen und Standarten in die Höhe streckten. Sie waren, nach 800 Jahren, die ersten Lateiner auf den Mauern von Konstantinopel. Es waren der Franzose Pierre d'Arboise und der Venezianer Pietro Alberti. Die Angreifer waren im Eroberungstaumel. Hunderte von Leitern wurden gegen die Mauern gestellt, was die Byzantiner, von den Holzgerüsten abgelenkt, nicht einmal wahrgenommen hatten; Mauerbrecher wurden gegen die Tore gerammt, auf ihren Pferden verließen die Kreuzfahrer die Schiffsrampen und stürmten ans Ufer. Die Stadtmauern brachen ein.

Viele Stunden lang tobte ein erbitterter Kampf, der mit Einbruch der Nacht unterbrochen und am Morgen darauf wiederaufgenommen wurde. Die Lateiner überfluteten die Stadt. Bonifaz, Markgraf von Montferrat, preschte in Richtung des alten Bukoleon-Palastes davon, der Flame Henri d'Hainault und der Burgunder Othon de la Roche, Sire von Ray, bemächtigten sich des Blachernenviertels mit seinen neuen nutzlosen Mauern und den neuen, frisch bezogenen kaiserlichen Palästen, mit der Kirche der Gottesmutter in den Blachernen, (im Westen St. Maria in den Blachernen genannt), hinter deren Bronze- und Silbertüren das Grabtuch Christi aufbewahrt wurde.

Die Eroberung Konstantinopels überstieg in ihrer Grausamkeit jede Vorstellungskraft. Es gab kein Erbarmen, kein Maß, keine Rettung. Nachdem die Lateiner monatelang immer wieder gehört hatten, daß die Stadt voller Gold sei, war jetzt kein Halten mehr. Sie plünderten die Hagia Sophia, zerrissen die Seiden- und Goldtücher, die den Altar der Muttergottes schmückten, brachen die Kaisergräber auf. Der Leichnam Justinians war nach fast 700 Jahren noch unversehrt, doch selbst das hielt sie nicht ab, denn er war über und über mit Gold bedeckt. Sie stürzten die Statuen um, schmolzen Bronze- und Silbergegenstände, Reliquiare und Kelche ein, um Geldmünzen daraus zu machen. Um das Ausmaß der Verwüstung zu begreifen, braucht man nur die verzweifelten Äußerungen des Griechen Niketas Choniates zu lesen, der entsetzt und

angewidert Zeuge der Vernichtung wurde. Konstantinopel,
das die prächtigsten Kunstschätze der Welt beherbergte,
war für immer zerstört.

Während sich dies in den Palästen und auf den Straßen
abspielte, machten sich, wie die Historiker berichten, die
Kleriker vor allem auf die Suche nach den altehrwürdigen
Reliquien, die, wie sie wußten, den Glanz der Hauptstadt
des östlichen Reiches ausmachten (deren Jurisdiktion seit
den Tagen Konstantins – mit Jerusalem beginnend – die
heiligsten Orte der Christenheit unterstellt waren). Getrieben wurden sie dabei von der Angst, diese Schätze
könnten bei der maßlosen allgemeinen Plünderung verlo-
rengehen.

53. Kelch des 10. Jh., Beutegut in Venedig (Schatz von S. Marco)

Überliefert ist die beispielhafte Beschreibung eines empörten deutschen Mönches namens Gunther: Auf der Suche, besser auf der Jagd nach Reliquien drang ein gewisser
Martin Linz aus Basel in eine bereits geplünderte Kirche
ein und durchsuchte die Mönchszellen. Dabei stieß er auf
einen alten Mönch, der sich vor den unsäglichen Ausschreitungen hierhergeflüchtet hatte und betete. Martin

Linz drängte ihn, ihm sofort die Reliquien zu übergeben, die doch mit Sicherheit hier versteckt wären, und drohte, ihn umzubringen. Voll Angst und Entsetzen führte ihn der Alte zu dem Versteck. Es enthielt vor allem Knochen von Heiligen. Linz eilte mit seiner Beute aufs Schiff und versteckte sie dort.

Geoffroy de Villehardouin und der Graf von Champagne, die Chronisten dieser schrecklichen Tage, berichten von einem Erlaß, demzufolge sakrale Gegenstände und Reliquien nicht in die Hände von Privatpersonen fallen dürften, sondern der obersten Führung übergeben werden müßten. Doch trotz dieser Anordnung behielten die meisten Große wie Kleine, ihre Beute – die Talisman, Glaubensgegenstand, aber eben auch ein Objekt von großem materiellen Wert sein konnte – für sich. Auch Linz folgte, wie wir gehört haben, den Anweisungen nicht. Insgeheim entfernte er sich vom Heer, schiffte sich nach Europa ein und gab erst nach seiner Ankunft in Basel die erbeuteten Reliquien zur allgemeinen religiösen Verehrung frei.

Die Anführer der Kreuzfahrer sahen, daß die Plünderungen ihrer Kontrolle entglitten waren. Sie ordneten an, daß Reliquien, Kelche und Bilder in drei Kirchen der Stadt zusammengetragen werden sollten. Ohne Erfolg. Es wurde die Exkommunikation angedroht, verbunden mit der Todesstrafe für die Plünderer. Aber nicht einmal die öffentliche Erhängung eines Ritters, der sich dieses Vergehens schuldig gemacht hatte, wirkte abschreckend. Ein Ritter aus der Pikardie, der zufällig oder gewaltsam an weitere Reliquien gekommen war, entfernte sich vom Heer, schiffte sich nach Europa ein und brachte seine heilige Beute in die Kathedrale von Amiens.

Clary und andere suchen vergeblich das Grabtuch

In einer Handschrift, die sich heute in der Königlichen Bibliothek von Kopenhagen befindet, schrieb Robert de Clary, der das Grabtuch gesehen hatte, daß man nach der verheerenden Plünderung „on ne seut on onques, nie Grieu ni Franchois, que chis Sydoines devint, quand la ville fu prise": Keiner, weder Grieche noch Franzose, wußte, was mit dem Grabtuch geschehen war, als die Stadt eingenommen wurde.

Aus dieser Formulierung geht hervor, daß man offenbar nach dem Grabtuch gesucht und gefahndet hat, mit Sicherheit um so intensiver und entschlossener, je mehr man begriff, daß damit der erlesenste „Heilige Gegenstand" der gesamten Eroberung und Plünderung verschwunden war.

Die Einzigartigkeit und der überragende Wert dieses „Gegenstandes" verliehen denen, die ihn in Besitz genommen hatten, den Mut, ein enormes Risiko einzugehen. Der Verlauf der Belagerung und des Falls von Konstantinopel, die strengen Gesetze und die tödliche Gefahr, die Gewalt und insbesondere die Androhung der Exkommunikation – all dies zusammen mögen die Gründe dafür sein, daß dieser außerordentliche „Gegenstand" mit einemmal wie vom Erdboden verschwunden war.

Dann wählten Franken und Venezianer den ersten lateinischen und katholischen Kaiser von Konstantinopel: Balduin, den Grafen von Flandern. In jenen Tagen des Blutrausches – es war die Osterzeit –, schien es unvorstellbar, daß sein Reich nur von kurzer Dauer sein sollte, und welch rätselhaftes und bitteres Ende ihm bestimmt war.

Zwölf venezianische Patrizier und zwölf fränkische Adelige teilten sodann die territoriale Beute des byzantinischen Reiches auf. Bithynien, Thrakien, die Stadt Thes-

saloniki, die größten Inseln des Archipels und – was vor allem für unsere Geschichte von Bedeutung ist –das griechische Festland von den Thermopylen bis Kap Sunion einschließlich Athen wurden zum Herrschaftsgebiet der Franken erklärt. Eine Reihe von Inseln, Häfen und strategischen Enklaven wurden Venedig zugesprochen und bildeten die logistische Trasse ihrer stolzen See- und Wirtschaftsmacht.

Bonifaz von Montferrat verkaufte die Insel Kreta, auf die er nie seinen Fuß gesetzt hatte, überhastet an die Venezianer – im Austausch für günstigere und wegsamere Besitzungen auf dem Festland. Der gewitzte Dandolo drängte allerdings auf einen Tausch gegen das „Reich Thessaloniki", das heutige Saloniki, das noch gar nicht erobert war. Und so fiel Bonifaz in Griechenland ein.

* * *

Auch den Papst in Rom hatte inzwischen die Nachricht von den Plünderungen und Entweihungen der Kirchen erreicht, die zwar ostkirchlich-schismatische, aber dennoch christliche Kirchen waren, zudem erbaut von Kaisern wie Konstantin, Theodosius und Justinian. Innozenz III. war empört. Um ihn zu beschwichtigen, schrieb ihm der neugekrönte Kaiser Balduin einen eiligen und plumpen Brief, in dem er erklärte, er habe eine Stadt den Gesetzen der Kirche unterstellt, in der man nicht einmal den Namen des Nachfolgers Petri habe aussprechen dürfen und mit deren Eroberung man „Gott gewiß einen größeren Dienst erwiesen" habe „als mit der Rückeroberung Jerusalems".

Dies entsprach jedoch keineswegs der Sicht der Christen in Palästina, die in Ptolemais und einigen weiteren Küstenstädten eingeschlossen waren und fieberhaft auf die Hilfe der „Kreuzfahrer" gegen die sie belagernden arabisch-türkischen Truppen warteten. Als sie von den Ereignissen in Konstantinopel erfuhren, fühlten sie sich nicht nur im Stich gelassen, sondern auch um einen großen Sieg und noch größere Reichtümer betrogen. Umgehend brachen zwei starke und berühmte Militäreinheiten, die Hospitaliter vom heiligen Johannes und die Tempelritter, per Schiff nach Griechenland auf. Der König von Jerusalem, der die Stadt bereits 18 Jahre zuvor verloren hatte, blieb nahezu allein in Ptolemais zurück.

54. Tempelritter in Athen

Bonifaz von Montferrat teilte unterdessen Griechenland unter den Seinen auf. So wurden Franken zu Herren über Argos und Korinth, zum „Grand Sir" von Theben und zum Fürsten von Achaia. Athen wurde geplündert; und sogar die Kathedrale der Panhagia auf der Akropolis, die im Mittelalter innerhalb des Parthenon errichtet worden war, fiel grausamen Verwüstungen zum Opfer.

Es war Anfang des Jahres 1205. Bonifaz übergab die Stadt Athen an seinen treuen Gefolgsmann Othon de la Roche, der als erster den Blachernenpalast und die Blachernenkirche erstürmt und seine Soldaten am Eingang als Wachposten aufgestellt hatte.

Othon de la Roche nannte sich nun Herzog von Athen.

Die Taktik der bulgarischen Reiter

Doch die Reste des byzantinischen Heeres und des Adels, die den Schock der verheerenden Niederlage verwunden hatten, bemühten sich um den Wiederaufbau eines eigenen Territoriums. Verzweifelt ersuchten sie um Hilfe bei einem Reich, das an ihr Territorium angrenzte: dem bedrohlichen und wilden Bulgarenreich. Diese Macht, mit der sie feindselige, aber auch freundschaftliche Beziehungen gepflegt hatten, stand zu Zeiten unter dem Einfluß Roms, zu Zeiten aber auch unter orthodoxem Einfluß.

Der Bulgaren-Zar Kalojan erklärte sich sofort zum Eingreifen bereit, sei es aus Haß gegen die Invasoren aus dem Westen, sei es, um sich einen Weg zu den reicheren und sonnigeren Provinzen des Reiches zu eröffnen. Seinen Truppen schlossen sich Verbände von Kumanen an, die große Reiter und grausame Räuber waren.

So setzte sich ein Heer in Marsch, das Balduin, den stolzen fränkischen Adeligen und ersten lateinischen Kaiser von Konstantinopel, in eine tödliche Falle lockte. Kalojan wandte dabei die Hinterhaltstaktik der bulgarischen Kavallerie an: Auf einen Angriff mit leichten Waffen erfolgte der Rückzug der Truppen, die den vom sicheren Bewußtsein des Sieges verblendeten Feind in eine Falle lockten.

Nach Zeugnissen von Überlebenden waren die Franken mit ihrem überstürzten Manöver selbst schuld an ihrem Untergang. Im Vertrauen auf die überwältigende Macht seiner schweren Kavallerie, deren Reiter eiserne Rüstungen trugen, warf sich ein Kreuzfahrer, der Graf von Blois, auf die Bulgaren mit ihrem flinken Wendemanöver und geriet in den Hinterhalt. Mit dem gleichen Ungestüm und dem gleichen Leichtsinn versuchten seine Begleiter, ihn zu befreien. Und mit derselben ritterlichen Blindheit eilte schließlich der „Kaiser" Balduin selbst herbei und stürzte sich in den Kampf. Die schwere fränkische Reiterei war in den Hinterhalt eines Sumpfgebietes getappt und wurde von den Tataren, die sie auf einer Anhöhe schon erwarteten, besiegt.

Wenige Monate nach seiner blutigen Krönung fiel auf diese Weise der erste lateinische Kaiser von Konstantinopel bulgarischen Reitertrupps zum Opfer. In jenem von „la douce France" so weit entfernten Territorium fanden zahlreiche Ritter den Tod, die vergeblich versucht hatten, Balduin zu helfen: unter anderem Robert de Ronçai, Rainald von Montmirail und Stefan de la Perche. Balduin wurde gefangengenommen. Tataren und Bulgaren legten ihn unter Hohngelächter in Ketten und schleppten ihn fort. Es waren die letzten Tage im April.

Dann verlieren sich Balduins Spuren. Es heißt, er sei in Gefangenschaft gestorben oder über die Berge geflohen, Kalojan habe ihn getötet und aus seinem Schädel einen vergoldeten Kelch anfertigen lassen. Als auch der Papst an den bulgarischen König schrieb und sich nach Balduin erkundigte, erhielt er zur Antwort, er sei gestorben, so wie jeder Mensch sterben müsse.

Der in Palermo wiedergefundene Brief

Im Jahr 1910 wurde in der Nationalbibliothek von Palermo ein Codex ausgestellt, ein „Chartularium", das Dokumente des „Konstantinianisch-Angelischen" Ritterordens enthielt. Dieser Orden war von dem Despoten und Fürsten von Epiros Nikephoros I. aus der kaiserlichen Familie des Angelos Komnenos gegründet worden, der Konstantinopel regiert hatte.

Kaum jemand schenkte einem Dokument Beachtung, das als „FOLIUM CXXVI" archiviert war. Es war die Abschrift eines Gesuchs, das Theodoros Angelos Komnenos, ein Verwandter des letzten rechtmäßigen byzantinischen

Kaisers, am 1. August 1205 an Papst Innozenz III. übergeben hatte.

Theodoros Angelos hatte Mut gefaßt und war nach Rom aufgebrochen, hatte sich doch in der Zwischenzeit die Nachricht von der Niederlage und der Gefangennahme Balduins durch die Bulgaren verbreitet. In dem Gesuch hieß es:

„... anno proximo mense aprilis falsa liberatione Terrae Sanctae discessus exercitus cruciatus ad vastandam Constantini urbem venit ... Thesauros ex auro, ex argento, ex ebore coeperunt, in partitione, Veneti, reliquias Sanctorum et sacerrimum inter illas Linteum quo post mortem et ante Resurrectionem noster Dominus Jesus Christus involutus est, Galli. Scimus res sacras Venexiae, in Gallia et caeteris locis praedatorum servari, Sacrum Linteum in Athenis ... Praedatoris sint aurum et argentum, redeat nobis quod sacrum est qua re in interventu tuo auctoritario maximam fidem posuit frater et Dominus meus ... Romae, Kalendis Augusti A.D. MCCV". (Unter dem falschen Vorwand, das Heilige Land zu befreien, verwüstete im Monat April des vergangenen Jahres das Heer der Kreuzritter die Stadt Konstantins ... Beim Aufteilen der Beute erhielten die Venezianer die Gold-, Silber- und Elfenbeinschätze, die Gallier – Franken – die Heiligenreliquien, deren allerheiligste das Tuch ist, in das unser Herr Jesus Christus nach seinem Tod und vor seiner Auferstehung gewickelt wurde ... Wir wissen, daß diese heiligen Gegenstände in Venedig, in Gallien und an anderen Orten der Plünderer aufbewahrt werden, das heilige Tuch aber wird in Athen verwahrt ... Sollen die Plünderer doch das Gold und das Silber behalten, das, was uns heilig ist, aber an uns zurückgeben. Größte Hoffnung in deine Vermittlung setzt mein Bruder und Herr ...)

Wir wissen nicht, welchen Weg dieser Brief nahm. Im Jahr 1214 war Theodoros Angelos Komnenos im Bemühen, die verbliebenen Teile des Reiches zusammenzufügen, der Herrscher von Trapezunt geworden. Der Kodex, der eine Abschrift des Bittgesuches enthält, war am Ende nach Sizilien gelangt, wo byzantinische Adelsfamilien lebten, die im 15. Jahrhundert vor den Truppen des türkischen Eroberers Mehmet II. geflüchtet waren. Dieser Kodex war bei der Bombardierung Palermos im Jahr 1943

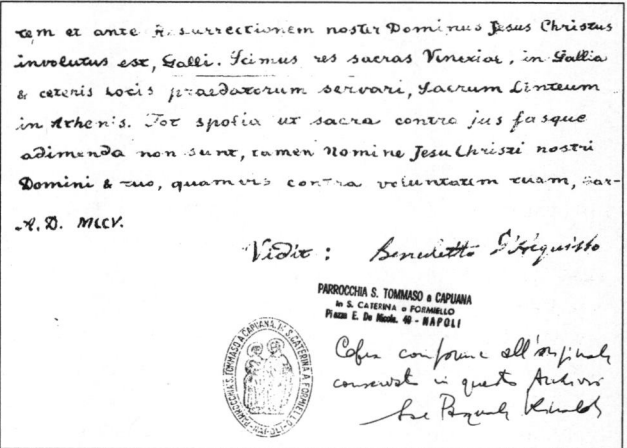

55. Auszug aus dem Chartularium Culisanense

vernichtet worden. Glücklicherweise hatte der akribische Gelehrte Mons. Benedetto d'Acquisto, Erzbischof von Monreale, Ende des 19. Jahrhunderts handschriftlich beglaubigte Kopien dieses Kodex angefertigt. Giovanni Chiavarello, ein Nachkomme jener byzantinischen Flüchtlinge, zeigte mir die Abschrift. Doch die historischen Nachforschungen des Grabtuchs standen erst am Anfang, und daher schenkte so gut wie niemand diesem Bittgesuch besondere Aufmerksamkeit.

Das Geheimnis des Othon de la Roche
und des Kardinals von S. Susanna

Als der Mann, den Balduin zum Bewacher der Schätze des Bukoleon-Palastes in Konstantinopel bestimmt hatte, von der vernichtenden Niederlage erfuhr, raffte er zusammen, wessen er habhaft werden konnte, und verschwand.

Die restlichen Truppenteile flohen in ungeordneten Haufen quer durch das Marmarameer. Beim Rückzug starb auch der greise Dandolo, der einzige helle Kopf des ganzen Unternehmens. Der Mythos von der Unbesiegbarkeit der Lateiner war zerstört. Die Byzantiner schöpften neue Kraft und Hoffnung und wählten die Stadt Nikaia zu ihrer provisorischen Hauptstadt; die gequälte und ausgeplünderte Bevölkerung zettelte sogar vor den Mauern von Konstantinopel Aufstände an; in Epiros erstarkte ein Fürstentum unter Michael Komnenos, dem Bruder jenes Mannes, der sich nach Rom aufgemacht hatte.

In jener Zeit war Athen die Stadt der Tempelritter, die aus Palästina herbeigeeilt waren, und die Stadt Othons de la Roche, des Mannes vom Blachernenviertel. Othon baute die Akropolis zu einer Festung um und ließ vor den marmornen Propyläen einen Turm errichten, der 650 Jahre Bestand haben sollte.

Doch nach ihrer unerwarteten Niederlage – und als es immer schwieriger wurde, das Geheimnis der erbeuteten Güter für sich zu behalten, und immer riskanter, dieses Beutegut mit sich zu führen – begannen zahlreiche Kreuzfahrer, das Heer zu verlassen, sich in aller Stille einzuschiffen und in die Heimat zurückzukehren.

Wenn Theodoros Angelos Komnenos im Frühjahr 1205 wußte, daß sich das Grabtuch in Athen befand, heißt das nichts anderes, als daß es heimlich und unter dem Siegel der Verschwiegenheit jemandem gezeigt worden war. Und leicht läßt sich denken, daß absolutes Stillschweigen über ein so schwindelerregendes Besitztum praktisch nicht zu garantieren war.

In jener Zeit besuchten zwei ranghohe abendländische Kirchenmänner die Stadt Athen: Der eine war der päpstliche Legat Benedikt von S. Susanna, Bischof der alten Diözese von Porto, einem der sieben Stadtbistümer Roms; der andere Nikolaus von Otranto, Abt des süditalienischen Klosters Casole. Sie waren in Konstantinopel und in den wichtigsten Städten des verwüsteten byzantinischen Reiches gewesen, um hochrangige Vertreter des orthodoxen Klerus zu treffen, mit denen sie lebhaft, aber ohne Ergebnis über dogmatische und hierarchische Fragen diskutiert hatten.

Athen war die letzte Station ihrer Reise vor der Rückkehr nach Rom, wo sie dem Papst über alle Ereignisse zu berichten hatten. Und Nikolaus, der genaue Aufzeichnungen über die Begegnungen führte, schrieb, zahlreiche Reliquien seien bei verschiedenen Gelegenheiten verschwunden; die Kreuzfahrer seien „wie Diebe" in die geheimen Räume, die Schatzkammern und Kapellen der kaiserlichen Paläste eingedrungen. Und dies, obwohl ein Prokurator bestellt worden war, dessen Aufgabe es war, die Reliquien einzusammeln, zu bewachen und, mit Brief und Siegel beglaubigt, an die verschiedenen Kirchen Europas zu verteilen.

Dieser Prokurator war Garnier de Trainel, Bischof von Troyes. In der Tat, Kirchen und Klöster in Europa sind voll von Objekten, die angeblich aus Konstantinopel stammen. Doch es existiert kein einziges offizielles Dokument von Garnier, das eine legale Überführung bestätigt. Durch Fanatismus, Kleingeisterei und Bestechlichkeit wurden so tausend Jahre alte Zeugnisse sowie die Futterale, Rahmen

und Reliquiare, die sie enthielten, blind verschleudert –
und dabei gelangten notgedrungen auch zahlreiche Fäl-
schungen auf den Markt.

* * *

Aber das Grabtuch ist keine Fälschung. Während Robert
de Clary, der gängigen Meinung folgend, behauptete, es
sei verschollen, hielt Nikolaus von Otranto schriftlich fest,
daß er zusammen mit dem päpstlichen Legaten, dem Kardinal von S. Susanna, dieses Tuch insgeheim in Athen gesehen hatte.

Mittlerweile wußten bereits zu viele Personen, wo –
trotz Androhung der Exkommunikation – das Grabtuch
Christi versteckt war. Allzu anstoßerregend war dessen
Besitz, und groß war die Begehrlichkeit, die sich darauf
richtete. Für Othon de la Roche wurde es von Tag zu Tag
schwieriger, einen solchen Gegenstand in Athen in seinem
Besitz zu halten, den er sich unrechtmäßig angeeignet
hatte.

Es war wohl in dieser Situation, daß sich Othon dem
Templerorden anvertraute, der mit seiner geheimnisvollen
Macht in der Lage war, selbst dem Druck Roms zu wider-
stehen. Er entledigte sich seiner gotteslästerlichen Beute
und verkaufte sie zu einem hohen Preis; oder er vertraute
sie strengen Bewachern an, den Templern, die sie nach
Frankreich brachten und die niemand anzugreifen wagte.

Es lassen sich die Spuren dieser seltsamen Reise nachzeichnen, die über St. Johannes von Akkon, der Festung
der Tempelritter, und die Insel Zypern, die sich ein paar
Jahre lang im Besitz der Templer befand, nach Marseille
führte. Vielleicht wollte Othon, daß das Grabtuch in
Frankreich seiner Familie, genauer, seinem Vater, ausgehändigt wurde; vielleicht übergab man ein bemaltes Tuch,
ähnlich dem, das später als das Schweißtuch von Besançon
bekannt wurde, und bewahrte dafür das echte Grabtuch

heimlich beim Templerorden auf. Etwas ähnliches hatten ja schon die Christen von Edessa – wenn auch ohne Erfolg – gegenüber dem Kaiser Konstantin Porphyrogennetos versucht.

56. Tempelritter

Über Othon de la Roche und seine mächtige und historisch einflußreiche Familie wissen wir, daß sie des Herzogtums Athen schon bald überdrüssig wurden. Othon vertraute es Guy, einem Sohn seines Bruders, an und kehrte nach Frankreich zurück.

Bis zu seinem Tod im Jahr 1224 lebte er mit seiner Frau Isabelle de Ray in dem gewaltigen gleichnamigen, mit 14 Türmen bewehrten Schloß.

Viele Jahre, bis zum Prozeß im Jahr 1307, der ihr Ende besiegelte, wahrten die Tempelritter das Geheimnis der Verehrung eines geheimnisvollen bärtigen „Antlitzes", das Mitglieder nur nach einer langen Initiation und auch dann nur für wenige Augenblicke betrachten durften.

Die Schrecknisse Balduins II.,
des Kaisers von Konstantinopel

Im Jahr 1241 machte Balduin II. von Courtenay, der fünfte lateinische Kaiser von Konstantinopel, dem französischen König Ludwig IX. ein außergewöhnliches und großartiges Geschenk in Form von Sakralgegenständen und Reliquien, die Ludwig in der Sainte-Chapelle in Paris aufstellen ließ. Aber Balduins Geschenke forderten eine Gegenleistung.

57. König Ludwig IX., der „Heilige", von Frankreich

Vier Jahre zuvor war sein Mitstreiter auf dem Kaiserthron, der mächtige Johann von Brienne, gestorben, der Konstantinopel gegen die Bulgaren und die Griechen des Abenteurers Vatatzes verteidigt hatte. Balduin befand sich in einer fast aussichtslosen Lage: Tataren und Bulgaren standen an den Grenzen, in Nikaia reorganisierte der griechische Kaiser seine Herrschaft, aus Asien rückten die wilden Türken heran, und es gab keine Hoffnung auf Bei-

stand. Die Geschenke von hohem geistlichen Wert, die er an König Ludwig von Frankreich geschickt hatte, waren nichts weiter als Hilferufe und bezeugten vielleicht auch den Entschluß, diese Objekte vor den Orthodoxen oder, schlimmer noch, den Muslimen in Sicherheit zu bringen. In diesem Licht muß Balduins Geste gesehen werden, will man die historische Authentizität dieser nach Paris gesandten heiligen Gegenstände richtig beurteilen. Wahrscheinlich besteht eine enge Verbindung zum Kreuzzug Ludwigs von Frankreich wenige Jahre später, der kläglich scheiterte, denn unter diesen Gegenständen befand sich ein eigenartiges Bildnis mit einem eigenartigen Rahmen und ein eigenartiges Stück Stoff, das aussah wie ein Skapulier.

Jedenfalls gelang es Ludwig nicht, Balduin zu helfen. Am 15. August 1261 drang die griechische Streitmacht unter Führung von Michael Palaiologos durch das Blachernentor nach Konstantinopel ein. Balduin war bereits geflohen; er starb wohl in der Verbannung in Foggia und hinterließ seinem Sohn Philipp den historischen Titel des Kaisers von Konstantinopel. Michael Palaiologos sprach in der nach orthodoxem Ritus wiedereingeweihten Blachernenkirche Dankgebete dafür, daß er an dem gleichen Tag nach Konstantinopel zurückgekehrt war, an dem 300 Jahre zuvor das verschollene Grabtuch in die Stadt gekommen war.

Ein Mönch inventarisiert die Geschenke Balduins II.

Es war der Benediktinermönch Gerard von St. Quentin de l'Isle in Paris, der akribisch genau die nutzlosen und verzweifelten Geschenke Balduins inventarisierte. Von ihm stammt jene denkwürdige Bemerkung, die oberflächliche Leser verwirren sollte: „une table sur laquelle reposa la Face du Seigneur quand il fut deposé de la Croix", eine

Tafel, auf der das Antlitz des Herrn nach der Kreuzabnahme ruhte.

Nun war das aus Edessa stammende „Tetradyplon", auf dem nur das Antlitz zu sehen war, auf der Rückseite mit einer Tafel unterlegt, die eine Art Rahmen darstellte, auf den dann der kostbare und berühmte Gitterrahmen der Abgariden aufgesetzt worden war. Als das Grabtuch entfaltet und damit sozusagen wiederentdeckt wurde, wurde die Tafel mit dem wertvollen Rahmen, die durch den langen Kontakt mit dem Bild und eine lange Geschichte der Wunder selbst zu einem heiligen Gegenstand geworden war, wahrscheinlich als kostbares Dokument aufbewahrt. Und auf diese Tafel malte man vielleicht in byzantinischer Zeit das erste der zahlreichen „Heiligen Antlitze".

Im Jahr 1157 hatte der dänische Abt Nicolas Bergthorson, einer der zahlreichen Gäste von Manuel Komnenos, in der kaiserlichen Kapelle zwei Objekte gesehen, die mit der Grablegung Christi zu tun hatten: ein Grabtuch und ein „Porträt".

All dies wirft vielleicht ein Licht auf die Beschreibung, die der Mönch Gerard von dem Geschenk Balduins an Ludwig gegeben hat.

In Paris sucht man nach einem alten Rahmen

Im Jahr 1534 wurden die alten Regalien zum zweiten Mal inventarisiert. Das Verzeichnis des Mönchs Gerard bezog sich auf Objekt Nummer 8: „La sainte trelle inserée à la table". Die „trelle", der Rahmen mit Gitterwerk, wurde als „heilig" und zur Tafel gehörig bezeichnet. Aber die Begutachter fanden diese Tafel nicht sofort, auch konnte sich niemand an ihr Aussehen erinnern. Schließlich stöberte man sie auf. Sie befand sich in einem großen Reliquiar aus vergoldetem Silber: „Il y a apparence d'une effigie", es

sieht aus wie ein Bildnis, und der sehr abgenutzte Gitter-
rahmen befand sich „autour, environ et dans la dite effi-
gie". Aus dieser verworrenen Beschreibung spricht mögli-
cherweise das Bemühen, zum letzten Mal den
komplizierten, in orientalischem Stil gefertigten Bildträger
zu beschreiben, der, wie man glaubte und glauben wollte,
aus dem königlichen Palast von Edessa stammte.

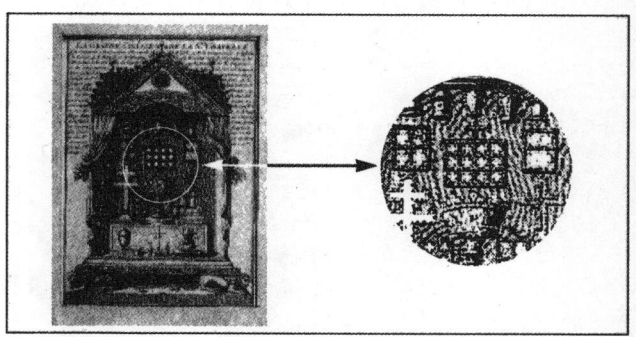

58. Abbildung des verlorenen Reliquiars aus der „Sainte Chapelle"
Rahmen und Gitterwerk im edessenischen Stil

Der „Sainte Trelle" genannte Rahmen sieht tatsächlich
aus wie ein quergestelltes Rechteck. Dieser Rahmen, in den
das zusammengefaltete „Tetradyplon" des Grabtuchs gut
passen würde, wies offenbar dekorative Elemente der Ab-
gariden auf – das gleiche Muster wie auf dem Fresko in der
Shakli-Kirche in Kappadokien oberhalb der Darstellung
der „Großen Kirche" und des „Mandylions" von Edessa.
Dieser Rest des Objekts aus Edessa – die Tafel, der
Rahmen, das Bild zur Erinnerung daran, daß hierauf nach
der Kreuzabnahme das Antlitz des Herrn geruht habe,
beflügelte die Phantasie der Plünderer von 1205 wohl
nicht besonders, war es doch letztlich nur ein Gemälde.
Die lateinischen Kreuzfahrer kannten die komplizierte

Geschichte des Objekts aus Edessa nicht; das Bild weckte nicht ihre Besitzgier.

Doch nachdem die lateinischen Kaiser den Blachernen-palast in Besitz genommen und sich vergeblich bemüht hatten, das Grabtuch zu finden, erfuhren sie, was es mit dem merkwürdigen Bildträger, dem prunkvollen Gitter-rahmen und dem verblichenen Gemälde auf sich hatte. Dieser Gegenstand, den Balduin im Jahr 1241 nach Frank-reich schickte, stellte die eindringlichste Erinnerung an jenes „Sydoine" dar, das für Konstantinopel für immer verloren war.

* * *

Doch das Inventar ver-zeichnete ein weiteres überraschendes Objekt: „Ein Fragment des Grab-tuchs, das den Leichnam Christi im Grab umhüll-te". In einem anderen In-ventar aus dem Jahr 1740 heißt es, dieser „Teil" des Grabtuchs sei annähernd quadratisch, mit einer Seitenlänge von circa 30 Zentimeter.

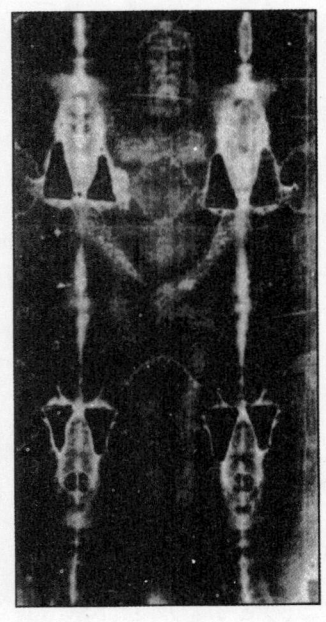

Diese im Laufe mehre-rer Jahrhunderte in Paris zusammengefügten Infor-mationen erhellen eines der kompliziertesten Pro-bleme des Turiner Grab-tuchs: die deutlichen Schnitte, die schon sehr früh gemacht worden sein

59. Sichtbare Schnitte im unteren Teil des Abdrucks

müssen, insbesondere im Bereich der Füße auf dem Abdruck der Antlitzseite; da, wo diese Schnitte gemacht wurden, ist der Abdruck beinahe verstümmelt.

Eines dieser Teile, das zu einem unbekannten Zeitpunkt
(mit Sicherheit vor der Plünderung durch die Kreuzfahrer
im Jahr 1204) abgetrennt wurde und das die letzten byzantinischen Kaiser als ihren persönlichen Besitz aufbewahrten, fiel den Kreuzfahrern in die Hände, als sie die
Stadt eroberten und den kaiserlichen Palast in Besitz nahmen.

Seine Größe läßt vermuten, daß es als schützendes Skapulier verwendet wurde, das in der Schlacht auf der Brust
getragen wurde. Möglicherweise wurde es zur Zeit des
abergläubischen Isaak Angelos herausgeschnitten. Balduin
schickte es dann aus dem gefährdeten Konstantinopel an
den König im fernen Frankreich, gewissermaßen als symbolische Einladung, gegen Türken, Araber und Orthodoxe
in den Krieg zu ziehen.

Wir wissen heute, daß dieses Teilstück – sei es als Skapulier oder als Talisman – über fünf Jahrhunderte in der
Sainte Chapelle in Paris aufbewahrt wurde. Es wurde mit
dem tausendjährigen Rahmen und vielen anderen Gegenständen während der Französischen Revolution blindlings
zerstört.

Die Schrecken des Templers Raoul de Gizy

Zwischen 1307 und 1314 fand der von Philipp dem Schönen betriebene berühmte und grausame Prozeß gegen den
Templerorden statt. Zusammen mit mehreren Mitbrüdern
war auch der Tempelherr Raoul de Gizy angeklagt, geheime Riten zu praktizieren, darunter die Anbetung eines
geheimnisvollen „Antlitzes". Unter der Folter des Inqui-
sitors legte er ein Geständnis ab. Er gab zu, ein bärtiges

Haupt angebetet zu haben, das ihm Angst eingeflößt habe. Handelte es sich hierbei um den Abdruck des Turiner Grabtuchs, mit seinen rätselhaften Schatten, einsam und ehrfurchtgebietend auf dem weißen Leinentuch, mit geschlossenen Lidern? Oder kam die Angst, die er verspürte, eher vom Wissen darum, daß das „Haupt" durch einen gotteslästerlichen Diebstahl erworben worden war, der mit Exkommunikation und Todesstrafe geahndet wurde?

60. Siegel von Philipp dem „Schönen"

Es ist gut möglich, daß die Templer, als die Verfolgung über sie hereinbrach, versuchten, jenen Heiligen Gegenstand zu retten und zu verstecken, den sie 100 Jahre zuvor aus Athen geschmuggelt hatten.

Hätte man diesen Gegenstand damals gefunden, wäre dies ein unwiderlegbarer Beweis der Anklage gewesen, denn es hätte einerseits die Existenz eines geheimen Kults bestätigt und andererseits gezeigt, daß der Gegenstand von jemandem erworben worden war, der ihn damals in Konstantinopel trotz drohender Exkommunikation und Todessstrafe geraubt hatte; diese Strafen mußte nun notwendig auch alle Komplizen treffen. So schwiegen sie alle, selbst unter der Folter, in der Hoffnung, zu überleben. Sie schwiegen auch noch, als sie den Scheiterhaufen bestiegen.

Wenn dem nun so war, dann konnte der bewußte Gegenstand aber nur bei jemandem versteckt werden, der bereits Kenntnis von dem Geheimnis hatte und vielleicht sogar Mittäter gewesen war.

61. Tempelherr im Ordensgewand

Das englische Bild hinter der Täfelung

Der Historiker Ian Wilson hat einige archäologische Entdeckungen zur Geschichte der Templer beigetragen. Um 1950 wurde in England in einem alten Gebäude, das früher den Templern gehört hatte, hinter einer Täfelung ein trotz jahrhundertelanger Vernachlässigung gut erhaltenes gemaltes „Antlitz" entdeckt. Ian Wilson meinte, darin eine genaue Kopie des Gesichtes auf dem Grabtuch wiederzuerkennen.

Drei Familien in geheimnisvoller Verbindung: Charny, Vergy und La Roche

35 Jahre nach dem gewaltsamen Ende der Templer, als der Hundertjährige Krieg in aller Heftigkeit entbrannt war (1346 hatte Edward III von England die Franzosen in der

Schlacht von Crécy geschlagen), tat sich ein französischer Adliger mit Namen Geoffroy de Charny hervor, Herr von Chavoisy und Lirey. 1348 hatte er versucht, sich der Stadt Calais zu bemächtigen, war in englische Gefangenschaft geraten, und der französische Dauphin hatte ohne zu zögern 1000 Scudi in Gold bezahlt, um ihn freizubekommen.

Dieser Adlige stammte aus einer berühmten Familie: Ein anderer Geoffroy de Charnay (bzw. de Charny), Tempelritter, Präzeptor für die Normandie, hatte gemeinsam mit dem Großmeister des Templerordens Jacques de Molay den Scheiterhaufen bestiegen.

Ebenso bedeutend war die Familie seiner Frau, Jeanne de Vergy: Sie stammte in direkter Linie in der vierten Generation von Othon de la Roche ab, dem Plünderer von Blachernenpalast und -kirche.

Wie üblich hatte der Krieg die Finanzen erschöpft, und Geoffroy bat 1349 Papst Clemens VI. um Ablässe und Privilegien für die auf seinem Land befindliche Kirche von Lirey. Dabei kündigte er an, „zelo devotionis accensus" (von frommem Eifer entflammt) dort „quondam figuram sive representationem Sudarii Domini Nostri Jesu Christi" (die Gestalt oder vielmehr ihre Abbildung auf dem Schweißtuch unseres Herrn Jesus Christus) auszustellen.

Die plötzliche Ausstellung eines solchen Gegenstandes rief damals – wie es sicher zu allen Zeiten der Fall gewesen wäre – einen geradezu sintflutartigen Pilgerstrom herbei.

Geoffroy ließ für die Pilger, die zum wundersamen Heiligen Gegenstand in der Stiftskirche von Lirey zogen, eine Gedenkplakette prägen, ein „Pilgerbild". Wir wüßten nichts davon, wäre eine solche Plakette nicht am Ende des 19. Jahrhunderts unter dem Pont du Change aus der Seine gefischt worden.

Zu Beginn wußte man sie nicht recht zu deuten. In der Mitte der Plakette war eine ausgestreckte männliche Gestalt zu erkennen, ohne Kleider, mit überkreuzten Armen und langen Haaren. Der vordere und der hintere Abdruck des Körpers waren Kopf an Kopf nebeneinander abgebildet. Umgeben war das Ganze von einem feinen Fischgrätmuster. Schließlich waren noch vier kleine Brandflekken nachgebildet.

Unter der geheimnisvollen Figur waren zwei Wappen zu sehen, die von Heraldikern sofort zugeordnet werden konnten: eines gehörte Geoffroy de Charny, das andere seiner Frau Jeanne de Vergy.

Erst Jahre später erkannte die Forschung, daß es sich bei diesem Medaillon um eine sehr genaue Nachbildung des Turiner Grabtuchs handelte, angebracht über jenen Wappen, in denen sich symbolisch die beiden Hauptelemente seiner geheimnisvollen Vergangenheit verbanden.

Angesichts des spektakulären Zustroms zum Kirchlein von Lirey verlangte der Bischof von Troyes, Henri de Poitiers, von Geoffroy genauere Informationen. Vielleicht in Anbetracht der Gefahr, welche der Besitz eines solchen Gegenstandes immer noch bedeutete, ist die zweideutige Antwort an den Bischof nur beiläufig in den Satz eingeschoben: „liberaliter sibi oblatam": Der Gegenstand war ihm großzügig geschenkt worden; aber er nannte keinen Namen.

Der Bischof holte den Rat „multorum prudentium" – vieler kluger Personen – ein, welche allesamt erklärten, das Leinentuch könne nicht echt sein, da es in den Evangelien so nicht erwähnt sei. Philologisch abstruse Interpretationen dieser Art sollten das Grabtuch auf seinem Weg durch die Geschichte bis auf den heutigen Tag begleiten.

Der Bischof setzte eine Untersuchung über dieses „pannum" – dieses Tuch, diesen „Lappen" – an, auf dem „subtili modo depicta erat duplex effigies unius hominis, videlicet tam a parte anteriore quam posteriori". Der Dekan der Kanoniker von Lirey behauptete mit Nachdruck, dies sei „proprium sudarium quo Salvator noster in sepulchro fuerat involutus et in quo effigies tota ipsius Salvatoris, cum vulneribus que pertulit, rimanserat sic impressa". In aufgeregtem Vulgärlatein heißt es hier also, jenes Tuch weise das sorgsam gemalte doppelte Bild eines Mannes auf, von hinten und von vorn. Oder aber: dies sei das authentische Grabtuch, in welches unser Erlöser im Grab eingehüllt worden und auf welchem das vollständige Abbild ebendieses Erlösers samt den Wunden zurückgeblieben sei.

Während die Polemik an Schärfe zunahm, erhob der Bischof die Anklage, daß „pannus ille artificialiter depictus fuerat" (dieses Tuch künstlich bemalt worden sei). Geoffroy hatte nichtsdestoweniger weitere Privilegien von Papst Clemens VI. und seinem Nachfolger Innozenz VI. erhalten, von jenem Etienne Aubert, der sicherlich nicht zufällig 1354 das „Reliquienfest" einführte.

Aber 1356 fiel Geoffroy, der wegen seiner Tapferkeit königlicher Bannerträger geworden war, in der Schlacht von Poitiers, als er mit seinem Körper eine Lanze abfing, die dem König zugedacht gewesen war. Sein Tod zu Füßen des Königs half jedoch niemandem. König Johann „der Gute" wurde gefangengenommen und nach England gebracht.

Jeanne de Vergy blieb – mit solchen Namen in ihrer Familie, mit dieser Geschichte und diesem „Heiligen Gegenstand" – als Witwe in ihrem Schloß zurück, in einem von Banden und Plünderern durchzogenen Land, mit einem kleinen Kind, das den Namen des in Poitiers getöteten Vaters und somit auch den Namen des auf dem Scheiterhaufen verbrannten Vorfahren trug: Geoffroy II. Sie ließ das Grabtuch aus der Kirche von Lirey holen und zog sich in eine Festung ihrer Familie zurück, nach Monfort en Auxois.

33 Jahre später – es waren fast ebensoviele Jahre vergangen wie zwischen der Vernichtung der Templer und

dem ersten Wiederauftauchen des Grabtuchs – richtete im März 1389 Geoffroy II. ein Ersuchen an Papst Clemens VII. Er wollte das Grabtuch in die Kirche seines Vaters in Lirey zurückbringen, wo es seinerzeit ausgestellt war, dann aber wegen der Angriffe des Bischofs und wegen des Kriegs, der das Land verheert hatte, den Blicken der Öffentlichkeit entzogen werden mußte.

Um die Zustimmung des Papstes zu erhalten, wandte er sich an den Apostolischen Legaten in Frankreich. Nun war aber gerade dieser Legat, an welchen sich der junge Geoffroy wandte, der Kardinal Petrus von S. Susanna, Bischof von Porto, das heißt – was damals vielen nicht auffiel und auch in Zukunft von vielen nicht bemerkt werden sollte –, der Nachfolger jenes anderen Kardinals und Bischofs Benedikt von S. Susanna, der 1205 nach Athen gereist war und dort gemeinsam mit Nikolaus von Otranto insgeheim das Grabtuch im Besitz des Othon de la Roche gesehen hatte.

Es ist sicher nicht zu kühn, sich vorzustellen, daß in irgendeinem Geheimarchiv dieses spektakuläre und geheime Ereignis festgehalten worden war. Fest steht, daß der Kardinal von S. Susanna nicht zögerte, zur Ausstellung des Grabtuchs in der Kirche von Lirey seine Zustimmung zu geben, auch „ohne" die Genehmigung des Ortsbischofs, das heißt des Bischofs von Troyes. Ein solcher Eklat innerhalb der Hierarchie ist ohne ernsthaften Grund kaum zu rechtfertigen, und ebensowenig ohne eine ebenso geheime wie eindeutige Beweisführung.

Tatsächlich leistete der Bischof, inzwischen war es Pierre d'Arcis, Widerstand und schickte dem Papst die Akten der alten Geschichte zu, in der das Grabtuch ausdrücklich als Gemälde bezeichnet wurde.

Aber Papst Clemens hatte für die Urteilsfindung sicher noch andere Dokumente zur Hand. Noch im selben Jahr, innerhalb ungewöhnlich kurzer Zeit also, wurde eine päpstliche Bulle abgesandt, welche die Genehmigung des Kardinals von S. Susanna bestätigte: Das Grabtuch durfte offen in Lirey ausgestellt werden.

Mit feiner Klugheit riet man zum Schweigen über jede mögliche Verbindung zu dem aus Konstantinopel geraubten Heiligen Gegenstand, der den Kaisern Ostroms (die inzwischen mit der Palaiologen-Dynastie auf den Thron zurückgekehrt waren) trotz ihrer Forderungen niemals zurückgegeben worden war; den Gegenstand, den man heimlich nach Frankreich gebracht hatte, trotz drohender Exkommunikation und Todesstrafe; den Gegenstand, der in den Besitz jener Templer übergegangen – und vielleicht lange Jahre bei ihnen verblieben – war, die ein spektakulärer Prozeß 70 Jahre zuvor in ganz Europa ausgerottet hatte.

Trotz allem, ungeachtet aller Kriege und Plünderungen, die in jenen Jahren den Orient heimgesucht hatten, war dieser Heilige Gegenstand in Europa angekommen. Man erkannte, daß es sich dabei um keine Fälschung handelte, man stellte das Tuch mit der wunderbaren Figur vor andächtigen Massen von Pilgern aus, man überantwortete es, geheimnisvoll ehrfurchtgebietend wie es war, seiner eigenen zukünftigen Geschichte.

Eine zweite päpstliche Bulle, datiert vom 30. Juni 1390, gestattete, dem Grabtuch solche Ehre zu erweisen, wie sie einer Reliquie, nicht nur einer Ikone, zukam; und dem Bischof von Troyes erlegte sie auf, für alle Zeiten zu schweigen.

* * *

Sechs Jahrhundete später, als das Grabtuch, das das Haus Savoyen von der Letzten der Familie Charny, Marguerite, erworben hatte, seit langem in Turin war und die berühmte Fotografie von Secondo Pia bewies, daß es sich bei dem Abdruck um ein hundertprozentig genaues Negativ

handelte, fand der Kanoniker Ulysse Chevalier als Gegen-
reaktion nichts besseres zu tun, als aus mittelalterlichen
Archiven die Anklagen des Pierre d'Arcis wieder ans Licht
zu holen und als Beweis für eine angebliche Fälschung zu
präsentieren.

Der Beweis schien überzeugend, und Chevalier nahm
für sein „historisches" Werk eine Goldmedaille entgegen.

Ungefähr zur gleichen Zeit mußte der Pathologe Yves
Delage, der die erste ernsthafte wissenschaftliche Untersu-
chung dieses faszinierenden „Gegenstandes" durchgeführt
hatte, erleben, wie seine Arbeit vom Sekretär der Akade-
mie zensiert und er selbst mit Spott überschüttet wurde.

10. *Kapitel*
Der Prozeß

Über die Jahrhunderte hin konnte sich niemand wirklich vorstellen, eine wie schreckliche Todesart die Kreuzigung war, bis es möglich wurde, den Abdruck des Grabtuchs von Turin zu fotografieren und wissenschaftlich zu untersuchen.

Der Leichnam, der in dem Grabtuch lag, hatte dort eine Menge kleiner rundlicher Male in der Größe von Haselnüssen hinterlassen. Es sah aus, als hätte sich auf der Haut der Arme, des Brustkorbs, der Beine, der Seiten, des Rükkens, ein entstellender Ausschlag ausgebreitet. Jene Male, die Blut und Serum enthielten, hatten sich auf dem Leinen abgedrückt.

Die Gerichtsmediziner, die versucht hatten, diese Male auf den Negativen der ersten Fotos zu dechiffrieren, hatten vermutet, sie rührten von Verletzungen her, die bisher niemand an einem lebenden Körper gesehen hatte – von Verletzungen durch eine Geißelung.

So entdeckte man 1976 in Pasadena, als die Rückenansicht des Abdrucks am Grabtuch unter dem Elektronenmikrospop betrachtet wurde, daß jene mit dem bloßen Auge schlecht entzifferbaren Male wirklich wie kleine rundliche Wunden aussahen, von denen zwei jeweils durch eine querlaufende Quetschung miteinander verbunden waren.

Als man dann im Oktober 1978 in Turin ein Projekt der „fotografischen Exploration" des Grabtuchs durchführen konnte, wie sie bisher mit keinem anderen archäologischen Gegenstand versucht und auch nicht geplant worden war, zeigte sich, daß einige Fotos – die auf der Grundlage fortgeschrittenster Technologie und mit Platten erstellt worden waren, die besonders empfindlich auf das Emissionsband des Blutes reagieren – sich als sensationelles archäologisches Dokument erwiesen.

Sie dokumentierten etwas, was noch kein menschliches Auge gesehen hatte: Jene Male, die auf dem Tuch undeutlich, verschwommen und diffus erschienen, wurden unter dem Fluoreszenzlicht bläulich und fahl (jener Farbe, die das Blut unter ultraviolettem Licht zeigt), und sie wurden dank des Kontrasts zum Gewebe bis in die feinsten Details deutlich sichtbar (siehe Farbtafel 5).

Es waren Rißwunden, verursacht durch zwei rundliche Körper von circa 12 Millimeter Durchmesser, die durch einen kleinen Steg von wenigen Zentimetern Länge verbunden waren. Die beiden rundlichen Körper hatten tiefe und klar abgegrenzte Male hinterlassen, da sie die Haut zerrissen hatten, der Steg hingegen war eine oberflächliche Quetschung, die mit dem bloßen Auge kaum sichtbar war. Dennoch war sie stark genug gewesen, daß ein wenig mit Blut vermischtes Serum ausgetreten war, das sich sodann auf dem Gewebe abgelagert hatte.

Als historisches Dokument war es grauenvoll. Was man auf dem Grabtuch erkennen konnte, war kein aus Phantasie geborenes Gemälde. Die Fotoplatten, die jene Male anzeigten, reagierten auf Blut, und nicht auf Farbstoffe von Künstlern. Zum ersten Mal nach so vielen Jahrhunderten sah man die wirklichen Verwundungen einer römischen Geißelung, als wenn sie heute stattgefunden hätte.

Die Gerichtsmediziner und Gelehrten, die dieses schreckliche Feld kleiner Wunden analysiert haben, waren sich einig: Es handelt sich um die Spuren von mindestens 100 Schlägen, wahrscheinlich waren es noch mehr. Dies ist nicht nur bezüglich der Schwere der Verletzungen, sondern auch in historischer Hinsicht von größter Bedeutung.

Die Wunden sind über den ganzen Körper verteilt, die Schläge wurden von erfahrener Hand ausgeführt, mit erschreckender Konsequenz. Keine empfindliche Stelle wurde ausgespart. Und die Schläge wurden mit einer demonstrativen, fast theatralischen Langsamkeit ausgeführt, die Folterer müssen im Kreis um das nackte Opfer herumgestanden sein, das mit zusammengebunden Händen an der Decke angekettet war, völlig den Schlägen ausgesetzt. Die Aufschlagwinkel der kleinen metallenen Stege und der beiden Bleikugeln weisen auf zwei Folterknechte hin, die aufeinander abgestimmt agierten und als Waffe das bei den römischen Truppen übliche „flagrum taxillatum" in der Hand hielten.

62. Römische Geißelung (Claudia Bellini)

Auf dem Grabtuch finden sich die deutlichsten Abdrücke an den Schultern, auf dem Rücken, an den Hüften,

wo das Gewebe des Tuches den Körper berührte und eine
Qual dokumentiert, die kaum zu überleben war. Durch
das Zusammentreffen einzigartiger Umstände, die heute
unbestreitbar sind, erweist sich das Grabtuch als der
schrecklichste und fürchterlichste archäologische Fund der
Gerichtsmedizin und der Kriminologie, den wir kennen.

* * *

*Einige Historiker des letzten Jahrhunderts waren der
Ansicht, die beiden einzigen Dokumente der Antike – das
eine von Josephus Flavius und das andere von Philon von
Alexandrien –, in denen außerhalb der christlichen Texte
der Name das römischen Prokurators von Judäa Pontius
Pilatus erwähnt wird, gingen auf betrügerische Interpola-
tionen des Mittelalters zurück. Wenn aber Pilatus keine
Person der Geschichte war, so war in der Konsequenz auch
der von ihm geführte berühmte Prozeß nichts als eine Legende. Aber 1961 wurde das Problem wie üblich von der
Archäologie gelöst. Denn man fand in Caesarea eine römische Inschrift mit Namen und Regierungsdaten des Prokurators Pontius Pilatus.*

*Nachdem also Philon von Alexandrien – jener jüdische
Theosoph, der im Jahr 39 n. Chr. eine Bittschrift an den
eben gewählten Kaiser Caligula gesandt hatte, die „Lega-
tio ad Caium", in der er sich über die Willkürakte der
Provinzgouverneure beklagte – seine Glaubwürdigkeit
wiedergefunden hatte, erhielt auch seine vernichtende Beurteilung des Pontius Pilatus neues Gewicht. Philo beschreibt ihn als unangenehm im Umgang, formalistisch
und stur, launisch, tyrannisch, grausam und von äußerster
Härte gegen die Schwächeren, provokativ und wenig ge-
neigt, auf den Rat anderer Leute zu hören, besonders
wenn diese Ratschläge vernünftig waren; aber er war dafür mit Geld korrumpierbar.*

Ohne dieses Schreiben und die Werke des Josephus Flavius hätten wir kein Zeugnis von römischer Seite über die untergegangene Welt einer Provinz wie Judäa, in welcher damals offener Aufstand drohte.

Der Prokurator Pontius Pilatus hatte viele Male bewußt seine jüdischen Untertanen, deren Kultur, Sitten und Glauben er verachtete, provoziert, vielleicht, weil er Vorwände für eine gewaltsame Unterdrückung suchte. Er verwendete die Tempelgelder zu staatlichen Zwecken; er ließ eine Gruppe von galiläischen Pilgern vor dem Opferaltar niedermetzeln; er stellte innerhalb der heiligen Mauern Jerusalems die „götzendienerischen" kaiserlichen Feldzeichen aus; die gläubigen Juden, die dagegen protestierten, setzte er gefangen, doch zog er die Feldzeichen zurück, als diese ihren Nacken freiwillig der Axt darboten.

Schließlich prägte er, was keiner seiner Vorgänger je getan hatte, als gotteslästerlich empfundene Münzen mit Symbolen heidnischer Mysterien, so zum Beispiel mit dem „Lituus" der Auguren und dem „Simpulum" des Isiskultes, welche auch nur zu berühren für die gesetzestreuen Juden „Shatnez", das heißt schwere religiöse Unreinheit bedeutete. Tatsächlich gaben sogar der finstere Tiberius und auch später der junge Caligula den Juden recht.

Seine Karriere verdankte Pontius Pilatus dem allmächtigen Aelius Seianus, dem Prätorianerpräfekten, dessen repressive Politik in den Provinzen er servil befolgte. Seine persönlichen Machtbefugnisse waren eingeschränkt und nicht eindeutig; vielleicht belastete ihn die dunkle Vergangenheit seiner Familie. Er stammte aus einer Familie des südlichen Samniterlandes, aus dem ritterlichen Kleinadel, mit unbedeutenden Gütern und einem vorbelasteten Namen. Denn dieser Name hatte unglücklicherweise in den Samniterkriegen des 4. Jahrhunderts v. Chr. in die römische Geschichte Eingang gefunden, auf eine Art und Weise, die Rom nicht vergessen hatte. Der aufständische samniti-

sche Kommandant, der die römischen Legionen der Demütigung des „Kaudinischen Jochs" unterworfen hatte (sie mußten waffenlos durch ein aus Speeren gebildetes Joch schreiten), später gefangengenommen und in Rom enthauptet worden war, trug den Namen Caius Pontius.

Der zweite Teil des berühmt-berüchtigten Namens, „Pilatus", ist vielleicht ein Beiname eines Vorfahren, den jener sich durch eine Tat im Krieg erworben hatte, da er sich von „pilum" herleitet: getroffen oder durchbohrt von einem Speer. Es muß sich jedoch um ein Ereignis von geringerer Bedeutung gehandelt haben, da kein Geschichtsschreiber uns darüber berichtet.

* * *

Der Prozeß an jenem Freitag im April, ein unangenehmer Kolonialprozeß, welcher der spektakulärste der ganzen Weltgeschichte werden sollte, fand den Richter in schlechter Laune und wie üblich unentschieden zwischen Verachtung – „Bin ich denn ein Jude?" – und willkürlichster Grausamkeit.

In jenen Tagen war sein mächtiger Beschützer Seianus, der meistgehaßte Mann des Imperiums, dem man alle Art von Verbrechen zur Last legte, auf Befehl des Senats mit seiner ganzen Familie grausam niedergemetzelt worden. Für ihn nun, den kleinen Amtsträger in der Provinz, verwandelte sich das frühere Prestige wieder in die gewohnte finstere Unsicherheit. Er handhabe die Macht mit Wut und Angst, denn wäre die Situation außer Kontrolle geraten, so hätte er vor dem Gericht des Tiberius in Rom keine Verteidiger mehr gefunden.

Wie jede militärische Besatzungsmacht hielt Rom in den unterworfenen Gebieten die obersten Behörden vor Ort in einer zweideutigen Rolle, sie waren halb Komplize und halb Opfer. In Judäa war dies der Hohe Rat, der

„Sanhedrin" oder das „Synedrium", ein sinnentleerter Rest der alten Unabhängigkeit, von dem es hieß, er sei von Mose eingerichtet worden. Er bestand aus 71 Mitgliedern, den Vorsitz hatte der Hohepriester inne. Rechtmäßige Mitglieder waren die ehemaligen Hohepriester und die Mitglieder der angesehenen alten Priesterfamilien, sodann die Rechtsgelehrten und schließlich eine Gruppe von „Ältesten", Bürgern, die durch Ansehen, Reichtum und Bildung an die Spitze der Gesellschaft gelangt waren.

Wie jede Versammlung war der Hohe Rat in Parteien gespalten. Es standen sich zwei feindliche Gruppierungen gegenüber, vom römischen Prokurator abwechselnd umschmeichelt oder unterdrückt. Im wesentlichen waren die Anhänger der hellenisierten Partei gefügiger. Sie waren in religiöser Hinsicht eher großzügig und hatten die Gebote auf die einfache Befolgung der Torah reduziert, wie sie seit den Zeiten des Mose überliefert worden war. Sie konnten deshalb mit Rom zusammenleben, mehr noch, sie fürchteten Aufstände, die diesen brüchigen Frieden gefährden konnten. Ihr Gründer war Zadok, das Haupt einer berühmten Priesterfamilie, deshalb kennen wir sie als die „Sadduzäer".

Die gegnerische Partei, Männer mit wesentlich größerem Eifer für Religion und Tradition, empfanden dies alles als unerträglich. Das Gesetz beinhaltete außer den 613 Vorschriften der Torah auch das gesamte Material der Tradition, die Haggada, und die Vorschriften, die jeden einzelnen Augenblick im Leben eines frommen Mannes regelten: die Halacha. Und außer dem intensiven Glauben hielten sie die Erinnerung an die politische Unabhängigkeit wach. Sie nannten sich „die Frommen" (Hasidim), waren die politische Opposition und wurden „Pharisim" genannt, was wir mit „Pharisäer" wiedergeben. Außer diesen beiden Gruppen gab es noch Minderheiten in wechselnden Gruppierungen.

In diesem von religiösen und politischen Gegensätzen zerrissenen Hohen Rat fand die römische Macht ein durchaus geeignetes Herrschaftsinstrument: Er vermittelte die Illusion von Unabhängigkeit, und man überließ ihm die komplizierten und für einen Römer unverständlichen religiösen Probleme. In einer gewissen Weise hegte die weltliche römische Macht eine Art Respekt für die transzendentale, unzugängliche und gänzlich bildlose jüdische Religiosität.

So hatte der Hohe Rat weitreichende Machtbefugnisse auf religiösem und weltlichem Gebiet, da Rom sich nicht einmischte, solange es seine Macht nicht bedroht sah. Da wie in allen besetzten Gebieten die größten Probleme von den armen und am meisten unterdrückten Bevölkerungsschichten ausgingen, das heißt von den Zeloten, machte die elitäre und fast aristokratische Zusammensetzung des Hohen Rats diesen in vielen Streitfragen zu einem natürlichen Verbündeten der Römer.

Der Mechanismus war gut eingespielt, aber Rom behielt sich ein Gebiet vor, wo es keinerlei Einmischung der Untertanen zuließ und ihnen keinerlei Autonomie zubilligte. Unter diesen Vorrechten war das bedeutendste die Verurteilung zum Tod und die Vollstreckung des Urteils. Das „ius gladii" (Schwertrecht), die höchste Ausdrucksform des „imperium", das Recht über Leben und Tod all seiner Untertanen, wurde von Rom niemals aus der Hand gegeben.

Josephus Flavius, der Geschichtsschreiber der jüdischen Tragödie, bestätigt dies. Der Kaiser verlieh nur den römischen Prokuratoren das Recht, die Todesstrafe zu verhängen.

Für Verbrechen, die eine solche Strafe erforderten, konnten die örtlichen Gerichte nur eine Art Schuldspruch erlassen. Das Urteil selbst wurde von Fall zu Fall und nur dann ausgestellt, wenn es mit der römischen Gesetzgebung übereinstimmte, und nur die römischen Behörden konnten es vollstrecken.

* * *

Zunächst hatte Pilatus versucht, sich den Ärger vom Hals zu halten, und er hatte den Angeklagten zu Herodes Antipas geschickt, der als Tetrarch von Galiläa und Peräa der eigentlich Zuständige war, mit dem Ergebnis, daß das Verfahren nur noch komplizierter wurde. Der mächtige Idumäer – ein blutrünstiger, verkommener Mensch, von dem die Geschichte nichts Gutes zu berichten weiß – weigerte sich, ein Urteil zu sprechen, erklärte den Angeklagten für verrückt und schickte ihn, trotz der angeblich drohenden Volksunruhen, zu Pilatus zurück.

Vielleicht wollte Herodes, selbst ein Semit, unter diesem Vorwand einen Juden retten, vielleicht wollte er nicht in einer bereits explosiven Situation noch Öl ins Feuer gießen.

In der Familie des Pilatus herrschte eine angespannte und ängstliche Situation – seine Frau beschwor ihn unter Berufung auf nächtliche Angstzustände und warnende Träume, diesen „Gerechten" nicht zu verurteilen. Als er den Angeklagten mit dem Etikett „verrückt" zurückkommen sah, hätte er einen wunderbaren Vorwand gehabt, ihn zu retten. Schließlich betrachteten alle Kulturen der Antike die Verrückten. als in gewisser Weise von den Göttern angerührt und deshalb für unantastbar.

Stattdessen rächte sich der römische Richter mit empörender Grausamkeit.

Das Flagrum

Die Geißelung war die römische Folter schlechthin. In der Lex Porcia und Lex Sempronia als zusätzliche oder eigenständige Strafe definiert, mit auf das jeweilige Verbrechen abgestimmter unterschiedlicher Verfahrensweise und Intensität, durfte sie – außer in allerschwersten Fällen – nicht bei römischen Bürgern angewandt werden. Ihre Dauer und Heftigkeit hatten – anders als im jüdischen Gesetz, das höchstens 39 Schläge vorsah – keine Grenzen außer dem Willen des Richters.

Die Folterer, welche die in langer Erfahrung erprobten Techniken beherrschten und anwendeten, waren die „lictores", die Leibwache der Magistrate bei all ihren Amtshandlungen und öffentlichen Auftritten. Niedrigere Amtsträger hatten zwei, die oberen Ränge zwölf Liktoren. Sie trugen das berühmte Rutenbündel aus biegsamem Holz – Esche, Weide, Birke –, das von einem roten elastischen Band, das mit einer roten Schnalle mit der Axt verbunden war, zusammengehalten wurde. Die „virgae" (Ruten) dienten zur Bestrafung, die „securis" (das Beil) zum Töten. Das Liktorenbündel war also, anders als meist angenommen, nicht das Symbol der römischen Macht – das waren die Adler –, sondern das Werkzeug und Symbol der Strafjustiz.

Die Geißelung war eine öffentliche Veranstaltung. Nach solchen andauernden und heftigen Mißhandlungen, durch den Schock, den enormen Blutverlust, die Wahrscheinlichkeit innerer Verletzungen, starben die Verurteilten oft vor Ort oder später, zumal sie auch für jede Art von Infektion buchstäblich offen standen. So wird es uns von Zeugnissen aus der lateinischen Literatur überliefert: „Der Junge wurde auf Befehl des Gouverneurs gefoltert, und wann immer die biegsamen Weidenruten auf seinen Körper trafen, wurden sie rot und tropften vor Blut …"

Das Auspeitschen war schon an sich eine schändliche Strafe. Gessius Florus, der dumme und grausame Nachfolger des Pilatus unter Nero – er verdankte diese Karriere der Freundschaft seiner Frau mit Poppäa –, ließ zwei durch die römische Staatsbürgerschaft geschützte Juden unrechtmäßig auspeitschen und steigerte so den Haß in Jerusalem, der sich bald darauf in einer offenen Revolte entlud.

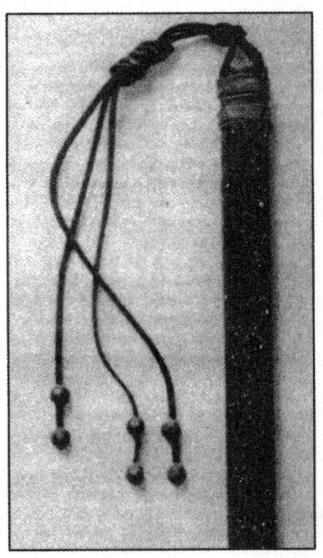

63. *Flagrum taxillatum*

Im Heer galten andere Gesetze. Das Auspeitschen mit Ruten, bis zum Tod, mit einem spektakulären und schrekkenerregenden Aufwand betrieben, traf jeden, der in irgendeiner Weise gegen das eherne Gesetz der Legion verstieß, weder zu fliehen noch sich zu ergeben.

Appius Claudius fragte einige aufgegriffene Deserteure, wo sie die Waffen und Feldzeichen gelassen hätten, und ließ sie sodann binden und auspeitschen, bis sie tot umfielen. Ebenso verfuhr Scipio. Er ließ die Anführer der meu-

ternden Armee in Suerum festnehmen, ausziehen, an Pfähle binden und bis zum Tod auspeitschen.

Der Zenturio Valerus wollte sein Leben retten, doch: „Die Konsuln befahlen, ihn auszuziehen und die Werkzeuge zur Hand zu nehmen ... Der Verurteilte schrie, rief das Volk um Hilfe an, aber je mehr er tobte, um so mehr beeilte sich der Liktor, seine Arbeit zu tun, und er setzte einen wütenden Eifer daran, ihm die Kleider vom Leib zu reißen ...“

Manchmal wurde diese Strafe im Eilverfahren blind über jeden Zehnten verhängt: „Jeder Zehnte der Kohorte wurde ausgelost und zu Tode gepeitscht.“

Aber durch die Beschreibungen und Funde in den Katakomben kennen wir noch wesentlich schrecklichere Instrumente, welche den Sklaven und Schwerverbrechern vorbehalten waren: das „flagrum taxillatum“, das „plumbum“ oder „plumbatum“ (mit Bleikugeln versehen).

Solide Griffe hielten zwei oder drei Kordeln oder Lederriemen zusammen, die am Ende mit Blei beschwert waren. Wechselnd mit der Zeit, mit dem Ausmaß des Sadismus und dem Willen zu demonstrativer Gewalt konnte dieses Blei verschiedene Formen haben. Es konnten Kettenglieder mit einem Ring als Griff sein, aber es gab auch viele andere Formen.

Das Flagrum war eine spektakuläre politische Bestrafung, die mit barbarischer Feierlichkeit an Feinden und Aufständischen vollzogen wurde. Einige Jungen aus tarentinischen Familien, die als Geiseln in Rom festgehalten wurden, hatten zu fliehen versucht. Sie wurden gefaßt und vor ihrer Ermordung mit dem Flagrum gefoltert.

Erinnerungen aus Jahrhunderten: Apuleius sah ein „flagrum“, das mit scharfen Knochenstückchen versehen war; die „Acta Martyrum“ beschreiben in den Viten von Julia, Christophorus und Callinicus, die diese Tortur erleiden mußten, den Sadismus neuer Werkzeuge. Überliefert sind die Worte eines grausamen Richters: „Sein Rükken soll von Schlägen aufgerissen werden, ohne Unterlaß, sein Hinterkopf soll vom Blei getroffen werden und anschwellen, bis er platzt ...“

Cicero belebte eine Tortur neu, die Verres in Sizilien eingesetzt hatte: Ein Mann wird auf dem Forum ausgezogen und angebunden, und sechs kräftige Liktoren, Geißelungsexperten, umstellen ihn und beginnen, ihn mit extremer Heftigkeit zu schlagen, bis der erste Liktor ihn schließlich auch ins Gesicht und auf die Augen schlägt. Geblendet und blutüberströmt sackt der Verurteilte zu Boden, aber auch dann schlagen die Folterer noch auf seinen Rücken ein. Man trägt ihn bewußtlos weg, wie tot; und er stirbt tatsächlich wenig später.

Diese grausame Tortur blieb im römischen Reich noch lange in Gebrauch. Eine der letzten bekannten Hinrichtungen wurde 390 von Kaiser Honorius gegen den häretischen Mönch Jovinian verhängt, der mit den Seinen exkommuniziert, mit dem Flagrum gegeißelt und dann ins Exil geschickt wurde. Nach und nach wurde diese Strafe jedoch seltener angewendet. Nach und nach veränderte sich das Empfinden der Zeit. „Wegen der Grausamkeit der Scharfrichter“, kommentiert mit humanem Mitleid einige Jahrhunderte später der Jurist Ulpian, „ließen viele unter einer so durchgeführten Geißelung ihr Leben.“

Der Codex Theodosianus bezeichnet die „plumbata“ als „Supplicium immane“, als unmenschliche Hinrichtungsart.

In dem Prozeß an jenem Freitag im April wählte Pontius Pilatus unter den vielen Möglichkeiten, die das Gesetz ihm offenließ, das Flagrum.

Die versammelte Kohorte

Anschließend fand der Prokurator eine neue grausame Art und Weise, um den Freiheitsdrang und die Aufsässigkeit seiner Untertanen zu verhöhnen: mit einer rassistischen Verachtung des Angeklagten ließ er ihn einer neuartigen Tortur unterziehen, einer Tortur, wie sie vom Gesetz nicht vorgesehen war und für die es kein historisches Vorbild gibt. Man setzte eine aus Dornen grob geflochtene Krone, beinahe einen Helm, auf ein Haupt, das noch nicht verurteilt war, während eine ganze Kohorte der Besatzungstruppe um ihn herum „versammelt" war, in einer Explosion von soldatischer Grausamkeit. Die höheren Dienstgrade duldeten dies alles stillschweigend und amüsierten sich dabei.

Die Details dieser Tortur wurden von allen Zeugen beobachtet und wiedergegeben, eben wegen ihrer grausamen Anomalie, die keinerlei gerichtliche Grundlage hatte und sich auf keinerlei Tradition berufen konnte.

Als die Fotos die Details des Abdrucks auf dem Grabtuch ans Licht brachten, beschäftigten sich Pathologen und Gerichtsmediziner – Barbet, Hynek und Sebastiano Rodante – mit jenem Kreis von sonderbaren Wunden, von denen der Kopf gezeichnet war.

Auf Stirn und Schläfen hatte schon Paul Vignon eindeutig 13 Blutgerinnsel verschiedener Größe gezählt, die auf 13 unterschiedliche Perforationen der Haut zurückgingen. Das Blut war daraus unregelmäßig geflossen: manchmal nur einige Tropfen (als handelte es sich hierbei nur um Verletzungen von Kapillaren), manchmal ein größerer Blutstrom, der die Haare beschmutzt hatte; an anderen Stellen wiederum hatte es sich gesammelt und ein langes Rinnsal gebildet.

64. Dornenkrönung (Claudia Bellini)

Auf dem Abdruck des Hinterkopfes, bedeckt von dich-
ten langen Haaren, sah man nur große Blutflecken und
einige Verletzungen, aus denen große, halb geronnene
Tropfen sich auf dem Tuch abgebildet hatten. Insgesamt
konnte man auf Stirn, Schläfen und Hinterkopf – in einer
bizarren und ungewöhnlichen Anordnung – gut 30 Wun-
den zählen.

Rodante legte die Abdrücke des Gesichtes auf dem
Grabtuch über anatomische Tafeln, welche den Verlauf
der Blutgefäße darstellen. Die Blutgerinnsel auf der Stirn,
welche den stärksten Blutverlust andeuteten, entsprachen
der Stirnblutader; das Blut floß dementsprechend konti-
nuierlich und flüssig; andere Gerinnsel, auf dem frontalen
Ast der Schläfenarterie, wiesen dagegen Schichten aus auf-
einanderfolgenden Phasen auf.

Mitten auf der Stirn war eine lange, kompakte und

dichte Blutspur zu sehen, welche zweimal eine weit ausgreifende Kurve beschrieb und dann in die Vertikale zurückkehrte. Eine bizarre Form, schwer zu deuten, weshalb man auch von einer „verzweifelten Fälschung" gesprochen hatte.

Die byzantinischen Maler interpretierten sie sogar als ein Haarbüschel. Doch es waren keine Haare – es war ein Blutrest.

Rodante erkannte darin eine Kontraktion des Stirnmuskels, eine krampfhafte Reaktion auf den Schmerz, der ständig von den Stacheln hervorgerufen wurde.

Und tatsächlich erscheinen im Laborversuch, wenn man eine zähe Flüssigkeit auf die Stirn gießt und willkürlich den Muskel kontrahiert – wie jemand, der versucht, den Kopf aus einer beklemmenden Umklammerung zu befreien –, tiefe Falten, aus denen die Flüssigkeit herausläuft, sich ausbreitet und einen Abdruck hinterläßt, der jenem auf dem Grabtuch sehr ähnlich ist.

Dieses letzte Detail erreicht einen Realismus von geradezu exzessiver Intensität, und es kann zu einem physischen Nachempfinden der Tortur führen, das um vieles eindringlicher ist als abstrakte literarische Vorstellungen.

Der Richter

Ungeachtet des historischen Revisionismus, der nach Konstantin bestrebt war, die Verantwortung des römischen Prokurators und somit des römischen Reiches für die schändliche Verfahrensweise in diesem Prozeß zu mildern, schrieb Papst Leo I. – der Mann, der mit eisernem Mut die politische Konfrontation mit Attila durchfocht – in seinen Predigten zur Passion, mitten im 5. Jahrhundert: „Pilatus Jesum multis dehonestari ludibriis, et immodicis vexari permisit iniuriis" (Pilatus erlaubte, Jesus auf vielfache Weise zu verhöhnen und mit grenzenloser Gewalttätigkeit zu foltern).

Die persönliche Erfahrung Leos mit den Strukturen der römischen Regierung und dem Verhalten der Behörden tritt besonders im Verb „permisit" (er erlaubte) zutage: ohne die Zustimmung, die verdeckte Aufforderung durch Pilatus hätte die Kohorte niemals eine solche grausame Gewaltszene in den Räumlichkeiten des „Praetorium" veranstalten können.

In diesem Prozeß wurde das römische Gesetz mehrfach gebrochen. Für Gesetzesbrüche dieser Art hatte Cicero Verres, den Prokonsul von Sizilien, angegriffen, seine Karriere zerstört und dafür die Zustimmung des gesamten Senats gefunden.

Nach der demostrativen Tortur konnte der Prokurator, der die Stadt und ihre Plätze mit eigens aus Caesarea herbeibeorderten Truppen in der Hand hielt, den Angeklagten im Purpurlumpen, der Dornenkrone und dem Rohrstock als Szepter präsentieren lassen. Diese Verkleidung sollte die angeblichen königlichen Prätentionen des Angeklagten zum Gespött machen und zugleich die immer wieder aufflackernden Unabhängigkeitsbestrebungen der Bevölkerung. Schließlich erging das Urteil, das eine präzise juristische Einordnung erlaubt. Verurteilung zum Tod, aber nicht durch Steinigung – das wäre eine theologische Verurteilung gewesen, die gegen 37 der Diakon Stephanus erleiden sollte –, sondern zum Tod am Kreuz, das Sklaven und Schwerverbrechern vorbehaltene „servile supplicium": „Auctores seditionis ... in cruce tolluntur" (Aufrührer schlägt man ans Kreuz), berichtet Titus Livius.

Vielleicht entsprang dieses Urteil politischen Befürchtungen und Verdächtigungen, die wir nicht kennen. Der am Kreuz angebrachte Titulus – die Urteilsbegründung – lautete: „Nazarenus Rex Judeorum".

Wir verstehen den Ausdruck „Nazarener" für gewöhnlich so, als bedeute er „aus Nazareth", dann aber müßte hier eine lateinische Veränderung der Aussprache vorliegen, da diese Stadt auf hebräisch „Notzrot" hieß. Josephus Flavius hingegen spricht in seinen „Jüdischen Altertümern" von einer religiös-politischen Partei, deren Mitglieder ein Gelübde ablegten und „Nazaraoi" genannt wurden. Das Mitglied der Partei oder Sekte wird mit einem alten Wort „Nazir" genannt. Jeremia verwendet es in seinen Klageliedern (4,7). Der hebräische masoretische Text des Jeremia wird von Crampon und Ségond mit „Fürst mit einer Krone auf dem Haupt" übersetzt.

Welche Bedeutung hatte dieses Wort für Pilatus, welches Gewicht für das furchtbare Urteil und den verächtlichen Text des Titulus?

Ibis in crucem

Im Verlauf der Jahrhunderte, in denen die römische Macht sich auf die damalige „Ökumene" (die bekannte bewohnte Welt) erstreckte, war die typischste, gefürchtetste und berüchtigtste Hinrichtungsart die Kreuzigung.

Sie fand Eingang in die römische Geschichte, als die punischen Kriege, besonders der zweite, zwei Jahrhunderte vor Christus, die kontinentale und bodenständige Kultur der Römer mit der komplexen, raffinierten und barbarischen der Karthager in Kontakt treten ließen. Infolge der Grausamkeit und der Schrecken jener Kriege wandelten sich die Sitten grundlegend, und es entstanden auch neue Prozeßverfahren und Hinrichtungsmethoden, wobei die schreckliche Neuigkeit der Kreuzigung sofort „libenter" (gern) angewendet wurde.

Die bäuerliche Gesellschaft benutzte für die schrecklichen Balken einer solchen Hinrichtung, teils aus praktischem Denken, teils aus dunklem Aberglauben, nur Holz eines unglückbringenden Baumes (infelix), einen verfluchten Oliven- oder Nußbaum, der keine Früchte getragen hatte.

Dem „civis romanus" (dem römischen Bürger) drohte das Kreuz nur bei allerschwersten Verbrechen wie bewaffneter Rebellion, Desertion, aber auch bei Testamentsfälschung; den „humiliores" (Niedrigeren), das heißt den Untertanen der Provinzen, drohte es auch für Verstümmelung, illegalen Menschenhandel, schwarze Magie. Was die Sklaven betraf, so lag ihre Bestrafung im Belieben ihres Herrn.

„Obrobriosa mors, turpissima, summum supplicium, supremum, crudelissimum, infame, taeterrimum": Auch die klassischen Schriftsteller ringen um Worte, wenn sie den Schrecken wiedergeben wollen, den sie mitansehen mußten.

Das Urteil war kurz und lapidar und schon in seinem Wortlaut unheildrohend: „Ibis in crucem." „Ibis", das heißt „du wirst gehen", nicht etwa „man wird dich bringen", nein, *gehen* wirst du. Dieser Gang war nicht einfach eine zurückzulegende Strecke, sondern die erste verheerende Phase der Hinrichtung. Die Erinnerungen daran erklingen aus der lateinischen Literatur wie ein Schreckenschor.

„Er muß das patibulum (den Kreuzesbalken) durch die Stadt tragen, und dann werdet ihr ihn ans Kreuz nageln." Das Urteil übergab den Verurteilten buchstäblich in die Hände der „carnifices" (Schlächter, Henker). Von dem Augenblick an gab es keinen rechtlichen Schutz und keine Menschlichkeit mehr. Physis und Psyche des Angeklagten wurden in einer Reihe von gewaltsamen Aktionen, deren destruktive Wirkung in langen Jahren erprobt worden war, systematisch zerstört. Man riß ihm alle Kleider vom Leib, und nur in einem Umfeld, das der völligen Nacktheit so negativ gegenüberstand wie das jüdische, ließ man ihm ein paar Fetzen, während der Rest des Körpers den Hieben ausgesetzt war. Dann wurden seine Arme gewaltsam ausgestreckt und an Handgelenken, Ellbogen und Schultern an jenen Balken gefesselt, „patibulum" genannt, welcher der waagerechte Kreuzbalken werden sollte.

65. *Patibulum (Querbalken) (Sergio Varisco)*

Unsere gesamte Vorstellung von dieser Szene muß sich auf ein gänzlich anderes Bild einstellen, als wir es uns (genährt von der westlichen Malerei vom Mittelalter bis heute) für gewöhnlich ausdenken. Der Verurteilte trug nicht das ganze Kreuz auf der Schulter – denn der senkrechte Kreuzesbalken, „staticulum" oder „stipes" genannt, wartete dort oben im Boden verankert auf ihn –, sondern „nur" den horizontalen Kreuzesbalken, aber auf eine schreckliche Art und Weise.

„Diejenigen, die den Verurteilten festhielten, streckten

66. Der Zug zur Richtstätte (Claudia Bellini)

ihm die Arme aus und fesselten sie an das patibulum, auch an den Oberarmen und nahe der Brust. Das Holz lag also an den Armen an bis zu den Handwurzeln ..."

Dieser Balken, an die Schultern gebunden und auf ihnen lastend, zwang den Körper in eine zerreißende Spannung und ließ ihn schutzlos hinfallen.

„Wenn man das patibulum auf dich wirft und dir die Arme ausstreckt ... Wer daran genagelt werden soll, muß es erst mit seinen Händen tragen ... So werden sie dich mit dem Balken durch die Straßen schleifen."

Wenn der Verurteilten mehrere waren und die Hinrichtungen des spektakulären Effekts wegen zusammen ausgeführt wurden, band man sie zu einem Zug zusammen. „Jeder von ihnen trug seinen Balken ... Und jeder Verbrecher trägt seinen Balken selbst, mit seinem eigenen Leib ..." Chereas sah an einem Tag 16 in einer Reihe. Ein langer Strick führte vom Fußgelenk dessen, der voranging, zum Hals des Nächsten, und so weiter. „Und jeder trug seinen Kreuzesbalken", und so schleppten sie sich ruckweise vorwärts, stolpernd und fallend.

Das erschreckende und beängstigende Schauspiel eines solchen Zuges konnte seine Wirkung auf die Zuschauer nicht verfehlen, und dementsprechend entstanden aus diesem Ritual zwei neue Wörter in der lateinischen Sprache: „patibulatus" (der das „patibulum" trägt, mit dem Marterholz beladen) und „cruciarius" (der ans Kreuz geht).

Der Abdruck des Balkens

Die Gerichtsmediziner, die sich als erste über den schrecklichen Abdruck der Rückseite des Körpers auf dem Grabtuch beugten, sahen, daß auf den Schulterblättern die runden Spuren des Flagrum abgeflachter und breiter waren, als ob sie von einem Gewicht zusammengepreßt worden wären. Blut und Serum erschienen wie herausgedrückt. All dies war schon von Paul Vignon auf den altertümlichen Fotoplatten von Secondo Pia erkannt worden.

80 Jahre später sollten die im UV-Licht fluoreszierenden Fotos von Vernon Miller, die Blut und Serum so deutlich hervorheben, zeigen, daß zwei großflächige Kontusionen an der Stelle zu sehen sind, wo das Patibulum, an die ausgebreiteten Arme gebunden, sich auf den Rücken gepreßt hatte. Die vom Flagrum stammenden Wunden waren jedoch nicht von der Reibung des Holzes aufgerissen, so als wären sie durch etwas geschützt gewesen.

In den Evangelien nach Matthäus und Markus lesen wir, daß man dem Verurteilten, dem man an jenem Freitag im April in Jerusalem das Kreuz auf die Schultern gebun-

den hat, geschunden wie er war von der Tortur der Geißelung, ausnahmsweise sein Gewand wieder angezogen
hat. Die Erfahrung der Henker sagte ihnen, daß dies den
Blutverlust und die Entwässerung des Körpers bremsen
mußte, so daß dem Verurteilten ein Rest Kraft verblieb,
um das zu ertragen, was noch auf ihn zukommen sollte.
Vielleicht war dieses Zugeständnis der Kleidung aber auch
eine rasche anonyme mitleidige Handlung eines römischen
Soldaten.

Die beiden Blutflecken auf den Schultern des Abdrucks
auf dem Grabtuch bestätigen, daß eine Schicht, wahrscheinlich die ohne Naht von Hand gearbeitete Wolltuni-
ka, die Rauhheit des Holzes dämpfte und so den einzigen
undeutlichen oder schmutzigen Wundabdruck auf dem
Grabtuch hervorrief.

Der letzte Gang eines Cruciarius

*„Quoties noxios crucifigimus, celeberrimae eliguntur viae,
ubi plurimi intueri, plurimi commoveri hoc metu possint":
Die Strecke zum Hinrichtungsort, der besseren Abschrek-
kung halber in die Länge gezogen, verlief meistens über
die belebtesten und wichtigsten Straßen.*

*Von dem Palast, wo Pilatus residierte, wenn er von
Caesarea nach Jerusalem kam, und wo er Gericht hielt,
mußte der Zug der Verurteilten unter dem Torbogen von
Bab el-Nadir hindurch; dann ging es auf einer abschüssigen Strecke zum Bach Tyropoion hinunter und anschließend in nordwestlicher Richtung wieder den Hang hinauf.
Die Archäologie hat die Strecke nicht völlig rekonstruieren
können, aber die Tradition hat sie bewahrt; sie wurde im
Mittelalter „Via dolorosa" genannt.*

*Das Tal des Tyropoion, zwischen zwei Bergrücken ge-
legen, wo im Winter immer etwas Wasser floß, konnte mit*

Hilfe einiger großer flacher Steine überquert werden.Nach Durchquerung der Tore des zweiten Mauerringes, der damals die Stadt umschloß, mußte der Zug eine Strecke auf freiem Feld zurücklegen und dort einen Weg aus festgestampftem Lehm aufwärts ziehen.

67. Der Zug der Verurteilten (Archiv Sergio Varisco)

Als im Oktober 1978 in Turin Roger und Marty Gilbert sorgfältig das Grabtuch analysierten, auf der vergeblichen Suche nach färbendem Eisenoxid, und sich von den Schienbeinen langsam zu den Knien emporarbeiteten, fanden sie, und zwar genau auf dem linken Knie, seltsames Material vor.

Der Abdruck des linken Knies – auch mit bloßem Auge erscheint es aufgeschürft – wurde von Sam Pellicori mikroskopisch untersucht: Auf den Leinenfäden hatten sich Reste von getrocknetem Blut mit Erdreich vermischt.

Diese Mischung, in der aufgeschürften Haut versenkt,

hatte sich auf dem Grabtuch festgesetzt. Ähnliche Partikel, vermischt mit Blut, fand man auf der ebenfalls blutigen Ferse und auf der abgeschürften und geschwollenen Nase (vgl. Farbtafel 17).

Die Wissenschaftler erfaßte ein Schaudern. Nur zufällig hatte man das Mikroskop auf diese Stelle gerichtet. Nur

68. Das „Fallen unter dem Kreuz" (Claudia Bellini)

zufällig war dieses düstere und mitleiderregende Detail nicht unbekannt geblieben, wie es seit Jahrhunderten der andächtigen Menge verborgen geblieben war.

Man entdeckte den grausamen Zusammenhang zwischen den Abschürfungen am Knie – diese mit Blut vermischte Erde ist typisch dafür, wenn jemand auf unebenem Grund gestürzt ist –, den vom Patibulum herrührenden Prellungen, wie sie von Vernon Miller entdeckt worden waren, und den schweren und dramatischen Verletzungen, die das Gesicht verunstalten: die Hämatome der Stirn, des Augenbrauenbogens und der Backenknochen, die verdrehten Nasenknorpel, die Masse von Blut, die im Bart geronnen war (und erst durch die Röntgenaufnahme von 1978 in Turin sichtbar wurde).

All dies zeigte ganz konkret, was „ibis in crucem" bedeutete: einen Gang der Qualen, mit einem drückenden Gewicht zwischen Schulterblättern und Hinterkopf, hilflose Stürze mit dem Gesicht auf die Steine, wie sie diese unmenschliche Hinrichtungsart einschloß.

69. Simon von Zyrene (Claudia Bellini)

Diese Entdeckung warf erneut ein Schlaglicht auf die Geschichte. Auf einmal wurde verständlich, warum das römische Gesetz die Todesstrafe für rechtmäßig vollzogen hielt, wenn der Verurteilte „de cruce", also auf dem Kreuz starb, aber auch wenn er auf dem Weg dorthin „sub cruce", unter dem Kreuz, starb. Die Strecke bis zum Ort der Hinrichtung war Teil der Hinrichtung.

Man kann deshalb auch nicht für eine poetische Legende halten, wovon die Zeugen berichten: von den weinenden Frauen am Straßenrand, von dem Bauern aus Zyrene, der von den Soldaten gezwungen wurde, das Patibulum zu tragen, damit der Verurteilte lebend ankäme, und sei es auf Knien rutschend, bis zum Gipfel des kleinen steinigen Hügels, damit die Exekution dort ein spektakuläres Ende finden konnte.

Pilatus regierte Palästina, ein für ihn ungastliches Land – an dem er alles haßte: die Menschen, das Klima, die Bräuche, und das ihn in den politischen Ruin treiben sollte –, von 26 bis 36 n. Chr., zehn Jahre also, die ihm und seinen Untertanen sehr lang werden sollten.

Seine Karriere endete schlimm, nach einem der üblichen Willkürakte. Schon das Lukasevangelium hatte an die während des Opfers im Tempel ermordeten Galiläer erinnert. Pilatus sah eine gefährliche und beständige Verbindung zwischen den Äußerungen des jüdischen religiösen Lebens und der Auflehnung gegen Rom. Aus religiösen Gründen, aber sicherlich mit einer dahinter stehenden politischen Absicht, hatte sich eine Gruppe von Samaritern auf dem heiligen Berg Garizim versammelt, wo sich laut einem ihrer Propheten die heiligen Gefäße des Mose befinden sollten. Pilatus ließ sie von seinen Soldaten angreifen und befahl, eine möglichst große Zahl zu töten. Nach dem Angriff wurden 6000 Tote gezählt, die restlichen wurden gefangengenommen und als Sklaven verkauft. Aber mit den Anführern hatte Pilatus kein Mitleid und ließ sie alle hinrichten.

Die Untertanen wandten sich an den Legaten in Syrien, den direkten Vorgesetzten des Pilatus. Sie fanden dort Gehör, vielleicht aus Klugheit, vielleicht, weil Pilatus keinen Beschützer mehr hatte, denn der finstere Seianus war ja ermordet worden. Pilatus wurde schnell abgesetzt und nach Rom geschickt, um sich dort vor Tiberius zu verantworten. Das bedeutete das Ende. Aber er gelangte nie zu den düsteren Rückzugsorten des Tiberius, der Villa in

Capri oder nach Kap Misenum. Als Pilatus in Latium an Land ging, war Tiberius gestorben und das Imperium in den Händen des jungen Kaisers Caligula, der Judäa unerwartet unter Herodes Agrippa eine freie Regierung gab.

Diese Freiheit sollte nur wenige Jahre dauern, bis zu der Ermordung des Caligula und dem Zusammenbruch seiner Politik der Befriedung im Orient. Nach ihm schickte Rom wieder Prokuratoren und Legionen.

Pilatus, eine bis heute berühmt-berüchtigte Persönlichkeit – aber nur deshalb, weil er nach einem schändlich geführten Prozeß ein ungerechtes und verworrenes Urteil erlassen hatte –, verschwand aus der Geschichte. Nach einer ungewissen Überlieferung soll er nach Gallien verbannt worden sein und sich dort im Jahr 59 selbst umgebracht haben.

11. Kapitel
Die Kreuzigung

Ein unmögliches Foto

In jenen Stunden äußerster Spannung im Oktober 1978 in Turin sollte nun die verborgene Seite des Grabtuchs erkundet werden, das heißt die Rückseite, welche die Klarissen von Chambéry fest auf eine Unterlage aufgenäht hatten. Dazu wurde die Naht gerade so weit geöffnet, daß man die notwendigen Apparaturen zwischen die beiden Tücher schieben konnte.

So konnte man nun – zum ersten Mal – den großen Blutfleck am linken Handgelenk anleuchten und fotografieren.

Das geronnene Blut hatte das Tuch zwar nicht völlig durchtränkt, machte es aber fast lichtundurchlässig. An einem Punkt jedoch hatte sich mehr Blut angesammelt (was bisher unbekannt gewesen war): an der Stelle der Wunde selbst. Hier hatte das Tuch das Blut tief aufgesogen, und das Licht konnte überhaupt nicht durchdringen. Die Form der Wunde ist auf dem Foto zu erkennen (vgl. Farbtafel 15)

Es war eine viereckige Wunde, mit einer Seitenlänge von circa einem Zentimeter, eine offene Wunde, das Gewebe war ohne Elastizität – die Wunde eines Leichnams.

Zum ersten Mal in der Geschichte sah man hier die Wunde, die ein Nagel im Fleisch verursacht, die Wunde am Handgelenk eines Menschen, den man ans Kreuz genagelt hatte; und die Wunde wurde zugefügt zu der Zeit, als diese gnadenlose Hinrichtung übliche Praxis war, in der Blütezeit des römischen Reiches.

Die „Basilica Heleniana"

Im Jahre 326 errichtete Konstantin – nachdem er Konstantinopel als seine neue Hauptstadt gegründet und Jerusalem mit einer Anzahl von Kirchen und Heiligtümern geschmückt hatte – innerhalb der Mauern Roms zwei Heiligtümer von höchstem symbolischem Wert: die Lateranbasilika mit dem Baptisterium und dem „Patriarchium", der Residenz der Päpste seit Silvester I., und die „Basilica Heleniana", die dann als „S. Croce in Gerusalemme" („Heilig Kreuz in Jerusalem") geweiht wurde.

Mit Santa Croce sollte eine symbolische Rekonstruktion von Golgota im Westen geschaffen werden. Die Kirche wurde daher in größter Eile errichtet, gleichzeitig mit der Anastasis-Rotunde und der Martyrium-Basilika in Jerusa-

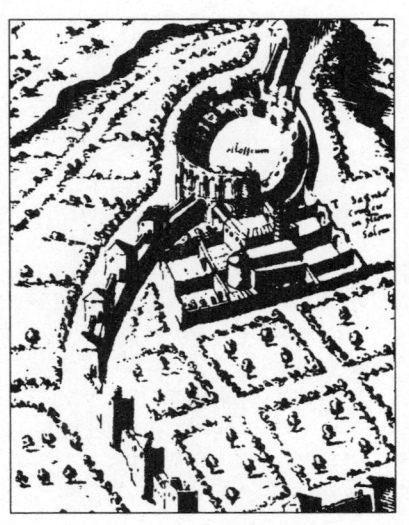

70. „S. Croce in Gerusalemme"
ursprüngliche Lage innerhalb der Stadt

lem. Die Anlage sollte einen glorreichen Aufbewahrungs-
ort für die Fundstücke darstellen, welche man seinerzeit in
die alte Zisterne am Fuß von Golgota geworfen hatte.

Die Gründung von S. Croce ist eines der faszinierend-
sten und meistdiskutierten Kapitel der frühchristlichen
Jahrhunderte. Eine nicht genauer angegebene, sicherlich
aber beträchtliche Menge Erde wurde vom wiederent-
deckten Golgota-Hügel nach Rom gebracht und in der
Krypta von S. Croce, im „Cubiculum Sanctae Helenae",
als „heiliger Boden" ausgebreitet. Reste des ursprünglichen
Fußbodenmosaiks, das diese Erde bedeckte, sieht man noch
an den Seiten des Altars.

Über Jahrhunderte nahmen Tausende von Pilgern eine
Handvoll dieser Erde mit, und der Boden ist aufgebrochen
und wieder repariert worden. Nur der erwähnte kleine
Teil ist geblieben; man sieht dort eine alte Inschrift:

„Hier wird aufbewahrt die heilige Erde vom Kalvari-
enberg in Jerusalem, von der seligen Helena im unteren
Gewölbe ausgebreitet ..."

Der Transport dieser Erde von Golgota nach S. Croce
in Rom ist keine so große Besonderheit, wie es heute viel-
leicht scheinen mag. Solche Übertragungen finden sich
schon in alten jüdischen Traditionen. Naaman hatte zwei

HIC • TELLUS • SANCTA • CALVA
RIE • SOLIME • AB • BEATA • HELENA
IN • INFERIOREM • FORNICEM
DEMISSA • SERVATA • EST • ATQVE
INDE • NOMEN • HIERVSALEM
CAPELLE • INDITVM

71. Rekonstruktion der Inschrift, welche bezeugt
daß sich an jener Stelle Erde von Golgota befindet

Esel mit der Erde Israels beladen, nach Syrien gebracht und dort ausgebreitet, um auf diesem heiligen Boden zu Gott zu beten. Die Juden von Nardea im fernen Persien hatten eine Synagoge mit Erdreich und Steinen aus Jerusalem gebaut.

Nachdem nun die Fundamente der Basilika durch die Erde von Golgota geheiligt waren, kehrte Helena, die inzwischen schon alt und krank war, nach Rom zurück und brachte die Überreste der Hinrichtungswerkzeuge mit. Nach Jahrhunderten dunkler und verworrener Ereignisse sind sie heute noch – in der neuen Aufstellung von 1935 – zu sehen.

Unter anderem wird ein Nagel gezeigt. Nach der Überlieferung der konstantinischen Zeit, als die Marterwerkzeuge wiederentdeckt wurden, wurden zur Hinrichtung Jesu drei Nägel verwendet: zwei für die Hände und einer für die übereinandergelegten Füße. Die neueren Untersuchungen des Grabtuchs haben diese Auffassung bestätigt.

Wir haben durch Messungen festgestellt, daß der in S. Croce aufbewahrte Nagel quadratisch ist, mit vier abgekanteten Seiten von je circa einem Zentimeter Breite unter dem Kopf und einer Gesamtlänge von 11,5 Zentimeter. Aufgrund von Abschleifungen fehlt ihm die Spitze, die sich auf weitere drei Zentimeter ansetzen läßt.

Der Nagel in S. Croce entspricht genau der Wunde des Handgelenks, wie sie auf dem Grabtuch zu erkennen ist.

Durch wiederholtes Abschleifen wurde er im Lauf der Jahrhunderte stark abgenutzt. Sogar der Kopf wurde so sehr in Mitleidenschaft gezogen, daß irgendwann einmal eine Restaurierung unausweichlich war. Zusammen mit neueren historischen Erkenntnissen bietet diese Tatsache jedoch auch eine Erklärung über die Herkunft der „Nägel vom Kreuz Christi", die in so vielen Kirchen Europas zu finden sind, unter anderem im Dom von Mailand. Die folgende Erklärung ist wohl näher an der Wahrheit als die stereotypen Behauptungen des 19. Jahrhunderts über mittelalterliche „Fälschungen".

Nach einem uralten Brauch der Ostkirche heiligte eine Partikel einer Reliquie oder eines heiligen Gegenstandes

72. S. Croce in Jerusalem.
Nagel, der nach der Überlieferung
von Golgota stammt

auch eine Kopie, die dann in die ganze Welt exportiert werden konnte. Schon ein Eisenspan, vom ursprünglichen Nagel abgeschliffen und in andere Nägel eingeschmolzen, machte all diese neuen Nägel nicht nur durch ihre Form zu sichtbaren Erinnerungsmalen, sondern verlieh ihnen durch diesen Inhalt auch den Wert einer Reliquie. Konstantin zum Beispiel ließ ein Fragment dieses heiligen Nagels in seine Waffenrüstung einschließen; auch die Eiserne Krone, die in Monza aufbewahrt wird, enthält einen solchen Span.

Das Grab des Jehochanan

Ein noch junger Mann mit Namen Jehochanan starb in den Tagen des Ersten Jüdischen Krieges, also um das Jahr 70, am Kreuz, von römischen Händen an einen Olivenstamm genagelt.

Wir hätten nie davon erfahren, wäre nicht in Giv'at Ha-mivtar, unweit von Jerusalem, ein bescheidenes jüdisches Grab, eine Art Urnensammlung, entdeckt worden. Dort hatte jemand die Knochen des Getöteten pietätvoll in ein Kästchen gelegt.

Man sah sofort, daß es sich hier um einen Gekreuzigten handelte. Es war das erste Skelett eines mit Sicherheit in der Römerzeit gekreuzigten Menschen, das jemals aufgefunden wurde. Seine Fersen wurden noch von einem Nagel zusammengehalten, der sie von einer Seite zur anderen durchbohrte. Diesen Nagel hatte man nicht herausziehen können, seine Spitze war verbogen; er mußte in sehr hartes Holz geschlagen worden sein. Tatsächlich fand man am Nagel und zwischen den Knochen Fragmente von knorrigem Holz, und zwar von Olivenholz.

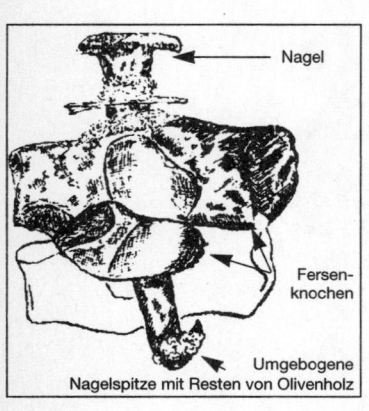

73. Nagel von Giv'at Ha-mivtar

Angesichts dieses Nagels konnte man die folgende berühmte Erzählung des Apuleius nicht mehr für ausufernde und angeberische Phantasie halten: Ein Bandit war an die Tür des Hauses genagelt worden, wo er das Verbrechen begangen hatte. Seine Hand war mit einem einzigen gezielten schweren Schlag auf den Nagel so unlösbar an das Holz genagelt, daß man, um den Leichnam abzunehmen, den Arm absägen mußte.

Der Nagel in den Fersen des jungen Mannes von Giv'at hat vier abgekantete Seiten und ist quadratisch. Die Seitenbreite beträgt circa einen Zentimeter. Er ähnelt vollkommen dem Nagel von S. Croce und würde in die Wunde auf dem Grabtuch passen. Dies waren also nach Ansicht der Römer die besten Maße, vielleicht ein Standard, der „clavi trabales", der Schreinernägel, die dazu notwendig waren, um einen lebenden menschlichen Körper unerbittlich auf einem Holzbalken festzunageln.

Hand oder Handgelenk?

In allen Kirchen der Welt, in allen Gemäldegalerien, bis hin zu den alten Wegkreuzen auf dem Land, sieht man den sterbenden Christus mit durch die Hände geschlagenen Nägeln dargestellt. Einzig und allein das Grabtuch wich unlogischerweise davon ab, gegen die gesamte künstlerische Tradition, denn dort sah man den Nagel im oberen Teil des Handgelenks (siehe Farbtafel 6).

Dies war in den 30er Jahren dem Militärchirurgen Pierre Barbet aufgefallen, der eine eingehende und erbarmungslose Erfahrung in den Schützengräben der Marne hinter sich hatte, als er zum ersten Mal die Fotografien von Giuseppe Enrie sah.

Barbet hat sich gefragt, ob und wie ein Körper an den Handflächen angenagelt werden könnte, wie dies doch die Maler angenommen hatten. Seine Erfahrung sagte ihm, daß das weiche Gewebe der Hand unter dem Gewicht hätte reißen müssen und daß von daher alle Meisterwerke unserer Kunst ein falsches Bild vermittelten.

Er beschloß, ein Experiment durchzuführen. Er nahm Nägel im Durchmesser von acht Millimetern, die er für stark genug hielt. Er bohrte den Nagel durch die Hand einer Leiche, hängte ein Gewicht daran und – das Gewebe riß. Die Künstler hatten sich geirrt. Die römischen Henker hatten nicht die Handfläche durchbohrt. Auf einmal wurde das anomale Detail des Grabtuchs zu einem überraschenden Indiz seiner Authentizität.

Um die Nägel durch das Handgelenk zu schlagen, muß dafür ein anatomisch funktionaler Ansatz vorhanden sein. Andere Forscher fanden schließlich die Lösung. Der Punkt, wo die Nägel eingeschlagen wurden, mußte dort liegen, wo die beiden großen Knochen des Unterarms, Elle und Speiche, aufeinandertreffen und eine solide Knochenbrücke bilden. Die römischen Henker hatten die Erfahrung gemacht, daß dieser Knochen stark genug war, nicht nur das Gewicht des Körpers auszuhalten, sondern auch die entsetzliche Prozedur, wenn der Kreuzbalken, das „patibulum", mit dem daran hängenden Körper aufgerichtet und am Kreuzesstamm, dem „stipes", befestigt wurde. Erst dann wurden die Füße festgenagelt.

Auch diese Hypothese sollte durch die Archäologie eine schreckliche Bestätigung erhalten. Der Anthropologe Nicu Haas entdeckte in geduldiger Forschungsarbeit an dem Skelett des Hingerichteten von Giv'at Ha-mivtar an der Wand des Speichenknochens eine eindeutige Verschleißstelle, hervorgerufen durch das Einschlagen des Nagels und die qualvollen Zuckungen des Arms.

Der Punkt, an welchem die römischen Henker die Nägel einzuschlagen pflegten, war Gegenstand von langen linguistischen, exegetischen und ganz und gar theoretischen Diskussionen gewesen. Das aramäische „Yad" und das lateinische „manus" sind eher unbestimmt und bezeichnen die Handfläche, das Handgelenk und vielleicht noch den ersten Teil des Unterarms. So kam es, daß einzig wegen skrupulöser Berücksichtigung der Übersetzung und ohne Rücksicht auf die Wirklichkeit unsere gesamte Malerei, vom Mittelalter bis heute, die Nägel in der Handfläche zeigt.

Zur Rechtfertigung der Maler und Übersetzer wird angeführt, daß die ersten naturalistischen Darstellungen der Kreuzigung zu einer Zeit erstellt wurden, als in Europa seit mindestens 600 Jahren niemand mehr gekreuzigt worden war; somit waren alle Seh-Erinnerungen daran verlorengegangen.

Erst in unserer Zeit haben zwei fundamentale archäologische Entdeckungen – das furchtbar zugerichtete Skelett von Giv'at und die atemberaubende wissenschaftliche Entzifferung des Grabtuchs – es möglich gemacht, mit technischer und gerichtsmedizinischer Genauigkeit die römische Kreuzigung zu rekonstruieren.

An das Patibulum genagelt

Einmal zum Hinrichtungsort gelangt, bestand die erste Handlung der Henker darin, den Verurteilten – mit den Schultern zum Kreuzbalken – zu Boden zu werfen, um die Hände anzunageln.

Der Verurteilte hatte Arme und Handgelenke bereits an den Balken gefesselt und konnte sich nicht wehren. „In cruce membra distendere" (auf dem Kreuz die Glieder strecken) heißt es. Die angenagelten Arme waren stark gespannt, weil die Aufrichtung des Kreuzes und das Gewicht des Körpers dafür sorgen sollten, daß sie sich ausrenkten.

Je nachdem, ob man die Qual des Verurteilten verkürzen oder spektakulär verlängern wollte, ließ man die Arme gefesselt, oder man löste sie.

Wenn das Gewicht nicht allein auf den Nagelwunden lastete, trat der Tod langsamer ein: „Perire membratim ... et per stillicidia emittere animam" (nach und nach sterben und das Leben Tropfen für Tropfen aushauchen).

„Er befahl, ihn ans Kreuz zu schlagen und wies die Henker an, ihm Hände und Füße zu binden, damit er nicht gleich wegen der Nägel das Bewußtsein verliere, sondern länger zu leiden habe..."

74. *Annagelung der Hände an das Patibulum (Claudia Bellini)*

„Man fesselte ihn an Händen und Füßen, nagelte ihn jedoch nicht an; dies war die Anweisung des Prokonsuls, der ihn in Qualen hängen lassen wollte."

„Der Prokonsul ... schärfte den Henkern ein, daß man ihn fessele und nicht annagele."

„Er befahl, ihn ans Kreuz zu schlagen: Binde ihm Hände und Füße, spanne ihn wie auf einen Stachel, damit er nicht sofort das Bewußtsein verliert, wie wenn man ihn annageln würde."

Ein technischer Traktat in drei Zeilen: den Verurteilten mit gut ausgespannten Armen und Beinen an das Kreuz fesseln, damit das Gewicht des Körpers von den Seilen gehalten wird: So kann er länger atmen, verliert nicht das Bewußtsein, hat länger zu kämpfen.

Aber meistens kreuzigte man einfach mit Nägeln. Noch im 6. Jahrhundert bestätigt die Formulierung des Juristen Ulpian in Konstantinopel die juristische Äquivalenz: „Kreuzigen, das heißt mit Nägeln ans Kreuz schlagen."

Der Stipes

Der „stipes", der starke vertikale Balken des Kreuzes, war im Boden in felsigem, steilem Untergrund verankert; damit er von weither gesehen werden konnte, bevorzugt an einer großen Verbindungsstraße oder an einem Stadttor; häufig war es ein spezieller Hinrichtungsort wie beispielsweise der Esquilinhügel in Rom.

Archäologische Funde lassen den Schluß zu, daß der „stipes" schnell und fest in gemauerte kleine Schächte gestellt werden konnte, gegebenenfalls mit seitlichen Keilen abgestützt. (Dies ermöglichte auch nach der Hinrichtung eine leichtere Demontage des grausigen Gewirrs von Balken, Seilen, menschlichen Gliedern und Nägeln.)

In den um 190 verfaßten „Petrusakten" sagt der Märtyrer bei der Ankunft am Hinrichtungsort ganz ruhig: „Aber was zögere ich, warum trete ich nicht hinzu? Und er trat hinzu und wartete bei dem Kreuz."

Ebenso beschreiben die „Andreasakten" den Apostel, wie „er das Kreuz aufgepflanzt in der Erde sah und herantrat ... und sagte: Schon lange stehst du hier in der Erde und wartest auf mich."

Der Mast und das Segel im Wind

Nachdem die Arme des „cruciarius" an das Holz des „patibulum" angenagelt worden waren, hoben die Henker in einem Augenblick, den sie aus langer Erfahrung unfehlbar als geeignet erkannten, das „patibulum" mit dem daran baumelnden Körper in die Höhe. „Sie erhoben ihn und befestigten ihn am Kreuz." Nachdem er also an das „patibulum" genagelt worden ist, hebt man ihn grausam aufs Kreuz.

75. Hochziehen des Patibulum (Claudia Bellini)

Das „patibulum", der horizontale Balken, wurde in einer dafür vorgesehenen Aussparung im „stipes" (dem Kreuzesstamm) befestigt, aber vorher noch mehrfach auf demonstrative Art und Weise an Seilen in die Höhe gezogen, die in Ringen auf dem „stipes" liefen, wie bei einem seemännischen Manöver. Tatsächlich verglichen manche Schriftsteller das Kreuz mit einem Schiffsmast; das „patibulum" und der daran schwingende Körper stellen danach die Segelstange und das Segeltuch dar.

In seiner bizarren Schrift über die Traumdeutung bezeichnet Artemidor, ein eleganter Schriftsteller des 2. Jahrhunderts n. Chr., den Traum von einem Tanz an erhöhtem Ort als das schreckliche Vorzeichen einer Verurteilung zum Kreuzestod. Er bezieht sich damit genau auf diesen Moment, wo der angenagelte Körper, nur an den Armen befestigt, vom Balken herabbaumelt. Es war die Zeit, welche die Scharfrichter brauchten, um die Füße des Gekreuzigten festzuhalten und sie am Holz zu befestigen.

Das Annageln der Füße

Viel hing für den Todeskampf des Verurteilten davon ab, auf welche Art und Weise die Füße befestigt wurden.

Eine erste Variante bestand darin, den Körper mit ausgestreckten Beinen weit nach unten zu ziehen, mit den Händen oberhalb des Kopfes. Dies hatte einen schnellen Tod zur Folge, hervorgerufen durch Atemnot, Sauerstoffmangel und schließliches Ersticken.

Eine andere Variante war es, die Füße auf eine Stütze am „stipes" zu nageln, auf ein sogenanntes „suppedaneum", worauf der Gekreuzigte stehen konnte. Manchmal wurde auch unter dem Gesäß ein „sedile", ein Sitzholz angebracht. In einem solchen Fall trat der Tod langsamer ein, als Folge der Traumata, des Schocks, des zusammenbrechenden Kreislaufs.

Die dritte Variante war die Kreuzigung ohne Stütze, mit abgebogenen Beinen, die Fußsohlen gegen das Holz. „Sie nahmen die Füße, legten einen genau über den anderen und durchbohrten sie mit einem einzigen Nagel, mit einem einzigen mächtigen Schlag." Auf diese Position läßt der Abdruck des Grabtuchs schließen.

76. Annagelung der Füße an den Stipes (Claudia Bellini)

Aber damit die Füße vertikal auf dem Holz aufliegen konnten, mußten die Beine so gekrümmt werden, daß sie zwischen Hüfte und Fußgelenk einen stunpfen Winkel bildeten. Als man die Abbildung der Füße auf dem Tuch untersuchte, stellte man fest, daß auf dem Rücken des linken Fußes das Blut direkt abgelaufen war, ohne verwischt zu werden, während man am rechten Fuß einen großen und verwischten Fleck sah. Ein einziger Nagel hatte also beide Füße festgehalten, wobei der linke heftig verdreht auf dem rechten auflag (siehe Farbtafel 9).

In jenem Oktober 1978 in Turin kam zu der sensatio-
nellen Entdeckung der Verletzung am Unterarm die Ent-
deckung der Wunde am Fuß hinzu. Doch wirkte dieses
Foto noch wesentlich dramatischer, da es mit ultraviolet-
tem Licht aufgenommen worden war: das klar erkennbare,
klaffende Loch hatte die gleichen Ausmaße: einen Zenti-
meter Seitenlänge. Doch darüber sah man den Abdruck
des vom Gewicht des Körpers zerrissenen Fleisches. Nichts
von einem Seil (siehe Farbtafel 16).

Die Höhe des Stipes variierte je nach der Bedeutung
des Hingerichteten und dem abschreckenden Effekt, den
man durch die Verurteilung zu erreichen suchte. Es gab
das „niedrige Kreuz" in Mannshöhe („crux humilis"),
woran man ohne Federlesens Sklaven schlug. Diese Kreuze waren so niedrig, daß wilde und streundende Tiere den
Leichnam zerfetzen konnten. Und es gab das „hohe
Kreuz" („crux sublimis"), das man wegen seiner Höhe
und seinem Aufstellungsort von weitem sehen konnte.
Verres hat es in Sizilien für den römischen Bürger Gavius
verwendet.

Sueton erzählt in seinem „Leben des Galba", daß ein
Verurteilter mit dem Argument gegen seine Strafe prote-
stierte, er sei römischer Bürger und dürfe deshalb nicht
gekreuzigt werden. Als Antwort ließ der Richter ein besonders hohes und weiß gestrichenes Kreuz errichten.

Für die Kreuzigung auf Golgota wählte der unbarm-
herzige römische Prokurator die „crux sublimis", das hohe, von weitem sichtbare Kreuz, denn es diente für eine
Hinrichtung, der man große Bedeutung beimaß. Wegen
der Höhe mußte auch der Legionär, als der sterbende Jesus ausrief: „Mich dürstet", um an die Lippen des Verurteilten zu gelangen, den Essigschwamm an der Spitze eines
Stocks befestigen.

Der Zeuge

Dieses ganze schreckenerregende Ritual ist nicht nur eine archäologische Rekonstruktion oder eine aus verstreuten Fragmenten lateinischer Werke zusammengestellte Dokumentation.

Es gab jemanden, der gezwungen war, wiederholt, Tag für Tag, Hunderte von solchen Hinrichtungen zu beobachten. Und er hat seine Beobachtungen schriftlich festgehalten.

Es ist der Jude Josephus mit dem Beinamen Flavius, geboren im Jahr 37 n. Chr., Angegöriger einer bedeutenden Priesterfamilie. Er lebte in der für sein Volk qualvollen Zeit des jüdischen Aufstands gegen die Römer und der Zerstörung Jerusalems. Seine Freundschaft mit dem römischen General und späteren Kaiser Titus – die in den Augen seiner damaligen Landsleute Verrat bedeutete – hat uns einen unschätzbaren historischen Dienst geleistet.

Diese Freundschaft ermöglichte es ihm nämlich, seine Werke zu schreiben und uns zu hinterlassen: die „Jüdischen Altertümer" und den „Jüdischen Krieg", veröffentlicht gegen 79 n.Chr., als die Erinnerung an das Geschehene noch frisch war.

Als Gefangener im römischen Lager sah er die extreme Grausamkeit der Belagerung Jerusalems. Hunderte von Juden flohen täglich vor Hunger aus der Stadt; und die Römer ließen keinen, der ihnen in die Hände fiel, am Leben. Sie wurden alle um die ganze Stadt herum, vor den Mauern, gekreuzigt, um die übrigen einzuschüchtern. Das Gemetzel war so groß, daß kein Platz mehr war, wo man Kreuze hätte aufrichten können, und Kreuze fehlten, um die Körper daran anzunageln. Und aus Verachtung und Haß vergnügten sich die Soldaten damit, die Verurteilten in verschiedensten Positionen anzunageln.

Jehochanan zum Beispiel wurde wahrscheinlich mit

den Armen an den Querbalken genagelt und der Querbalken an einen Olivenbaum gehängt. Die Füße sind seitlich verdreht, weil die Henker den Körper entlang den Ausbuchtungen des Baumstammes annagelten. Sein Skelett war Gegenstand ausführlicher Forschungen, die zu diesem schrecklichen Ergebnis gelangten.

Inmitten dieser Grausamkeiten, so erzählt Josephus, erkannte er unter den Gekreuzigten drei seiner Freunde, die mit dem Tode kämpften.

Er ging zum römischen General und bat um ihr Leben. Die Bitte wurde ihm gewährt. Er ließ seine Freunde von den Kreuzen nehmen und pflegen. Zwei von ihnen starben trotzdem wenig später, der dritte überlebte. Es ist dies der einzige Fall, von dem die Geschichte weiß.

Der Kreuzestod

Vier seltsam kleine, viereckige Wunden, mit der Seitenlänge von einem Zentimeter, in Form eines Schreinernagels, reichten aus, um einen Menschen sterben zu lassen. Aber woran starb denn genau ein Gekreuzigter?

Nach so vielen Jahrhunderten kann nur die Gerichtsmedizin hierauf noch Antwort geben. Die ersten Fotos der Abdrücke auf dem Turiner Grabtuch hatten lebhaftestes Interesse bei Ärzten und Vertretern verwandter Berufe hervorgerufen. Diese Berufsgruppen hatten auch nie Zweifel daran geäußert, daß dieses Tuch tatsächlich als Grabtuch benutzt worden war.

Kaum waren sie mit ihren anatomisch-physiologischen Studien etwas weiter vorangekommen, wurden sich alle bewußt, daß eine Rekonstruktion des Verlaufs der einzelnen Wunden die Möglichkeit bot, alle Phasen jenes furchtbaren Todeskampfs zu rekonstruieren.

Pierre Barbet hatte sich die Frage gestellt, wie ein Körper sich verhalten würde, der auf so grausame Weise an ein Holz genagelt wird. Im Anatomiesaal stellte er ein Kreuz her, nagelte einen Leichnam dran: an den Handgelenken, mit weit ausgebreiteten Armen, und an den Füßen, mit den Fußsohlen gegen das Holz. Dann richtete er das Kreuz senkrecht auf. Der aufgehängte Körper zog sich in die Länge, sank um etliche Zentimeter, der Brustkorb dehnte sich aus, der Kopf fiel nach vorne; in dem Maße wie die Arme sich streckten, bogen sich die Knie immer weiter. Aber die Nägel hielten das Gewicht, der Leichnam blieb fest am Kreuz.

Was Pierre Barbet im Anatomiesaal sah, hätte man mit eben den Worten beschreiben können, wie sie Seneca 2000 Jahre zuvor geäußert hatte: „Ein Gekreuzigter, hängend an schrecklich gedehnten Armen, das Haupt zwischen den Schultern eingeklemmt, bewußtlos, ein entsetzliches Bild."

Also waren die Nägel, deren Abdrücke auf dem Grabtuch zu sehen sind, von jemand angebracht worden, der sich auf Kreuzigungen verstand, und sie waren nicht das Werk eines verrückten Fälschers.

Der Leichnam im Versuch des Pierre Barbet hatte die gleiche Stellung eingenommen wie der auf dem Grabtuch abgebildete: der Kopf auf die Brust gefallen, das Kinn am Brustbein, die Schultern gekrümmt, die Arme gestreckt und die Schultergelenke ausgerenkt. Dieser Körper war so grausam verrenkt, daß der vordere Abdruck auf dem Turiner Leinentuch (Stirn bis Brustbein) wesentlich kürzer scheint als der hintere Abdruck.

Robert Hynek, Arzt des österreichisch-ungarischen Heeres, hatte im Ersten Weltkrieg einer schrecklichen Art der Todesstrafe beigewohnt: Man hängte einen Soldaten an den Handgelenken auf, ohne daß seine Füße den Boden berührten. Man nannte dies „Anbindung". Sie tötete den Verurteilten in weniger als einer Stunde.

In den 30er Jahren wollte Hermann Mödder, ein Köl-
ner Radiologe, mit seinen Assistenten dazu einen Versuch
machen. Sie hängten Freiwillige mit Bändern an den
Handgelenken auf und stellten fest, daß in wenigen Mi-
nuten der arterielle Blutdruck von 130 auf 70 sank, wäh-
rend der Puls von 70 auf 145 Schläge pro Minute stieg. Das
Herz stand unter intensiver Belastung; auf Röntgenauf-
nahmen sah man, daß der Brustkorb sich enorm ausge-
dehnt hatte. Ebendiese monströse Ausdehnung hatte Bar-
bet mit bloßem Auge an seinen Leichnamen festgestellt.
Die schmerzliche Anspannung der Schulter- und Armmus-
kulatur wuchs von Minute zu Minute; die Atmung wurde
oberflächlich, die Haut der oberen Körperhälfte wurde
bleich, das Elektrokardiogramm wies auf Anzeichen von
Kreislaufinsuffizienz hin. Einige wurden schon nach sechs
Minuten ohnmächtig, andere erst nach zehn oder zwölf
Minuten.

In den 40er Jahren sollte diese Erfahrung aus dem Na-
zi-Lager Dachau eine tragische Bestätigung erhalten. An-
toine Legrand, der dorthin deportiert worden war, sah
grausame „Experimente" durch Aufhängung an den Hän-
den; und sie wurden bis zum tödlichen Ausgang fortge-
führt.

Der Verurteilte, der an den Händen aufgehängt wor-
den war, hatte unerträgliche Atembeschwerden. Also ver-
suchte er sich mit einer willentlichen Zugbewegung der
Arme abzustützen und Atem zu holen, bis er, von der An-
strengung erschöpft, zurückfiel, wieder zu ersticken drohte
und einen neuen verzweifelten Versuch unternahm.

Wenn ihm auf irgendeine Weise eine Stütze unter die
Füße gestellt wurde, so daß auch nur die Zehenspitzen
Halt fanden, oder wenn die Beine gefesselt und somit fest-
gehalten wurden (wodurch ein Teil des Körpergewichtes
abgefangen wurde), ging der Atem leichter, was die Ago-
nie um vieles verlängerte.

Wenn aber, um die mechanische Erstickung zu unter-
stützen, Gewichte an die Füße gehängt wurden, so daß der
Verurteilte sich nicht mehr aufrichten konnte, trat der Tod
in wenigen Minuten ein. Antoine Legrand sah, wie sich der
Brustkorb des Verurteilten übermäßig ausdehnte und fast

77. Todeskampf des Gekreuzigten: Aufrichtung
des Körpers bei Erstickungsanfall

unbeweglich blieb; die Beine baumelten kraftlos, die Haut
wurde violett; Schweiß in unglaublichen Mengen bedeckte
Körper, Haupthaar und Bart, tropfte zu Boden, obwohl es
Winter war. Der Verurteilte starb mit dem Kopf auf der
Brust, so zwischen den Schultern eingeklemmt, daß er
kaum noch aus ihnen hervorschaute. Nach dem Tod er-
schien der Leichnam sogleich außergewöhnlich steif.

Die Rekonstruktion dieses schrecklichen Experiments trug dazu bei, die anderen Blutströme zu deuten, die sich auf dem Leichnam des Turiner Grabtuchs abgezeichnet hatten. Man stellte fest, daß von jeder Nagelwunde (Hände und Füße) Rinnsale in unterschiedliche Richtungen geflossen waren. Das heißt, der Körper hatte in Todesangst „Bewegungen" durchgeführt, während er am Kreuz hing. Die von einem sie durchbohrenden Fremdkörper gequälten Glieder konnten nur durch einen noch zwingenderen Impuls auf vegetativem Niveau zu solchen Bewegungen veranlaßt worden sein: durch die Notwendigkeit zu atmen.

78. Todeskampf des Gekreuzigten: Nachgeben der Knie und Zurückfallen in die Ausgangsposition

Das Aufhängen an den Armen, das den Brustkorb so über Gebühr dehnte, verhinderte die Ausatmung und führte so schnell zu Atemnot. Der Sterbende hatte immer wieder das auf den Armen lastende Gewicht und die Ausdehnung des Brustkorbs durch Anspannung der Knie und der Füße verringert und geatmet. Aber eine so schreckliche Position – mit dem ganzen Körpergewicht auf den durch das Fleisch gebohrten Nägeln, wodurch das Fleisch selbst, das diese Last tragen mußte, verletzt wurde – schwächte schnell die Beinmuskeln, die nachgaben und in die Ausgangsposition zurückfielen. Die gesamte Agonie verlief in diesem dramatischen Wechsel von verzweifelten Versuchen zu atmen und erschöpftem Zusammenfallen.

Bei John Heller rief die Wucht dieser Entdeckung eine so exakte und lebhafte Visualisierung hervor, daß er davon krank wurde.

Der Abdruck auf dem Grabtuch zeigt die Hände über Kreuz. Diese Haltung, die nicht der jüdischen Tradition entspricht, muß auf die Ausrenkung des Schultergelenks zurückgeführt werden. Die waagerecht ausgebreiteten Arme wurden nicht durch die Hände festgehalten, sondern durch den anatomiewidrigen Druck des Nagels zwischen Elle und Speiche, der an diesem Punkt einen Großteil des Körpergewichtes trug.

Aber der Körper, mit den Fußsohlen ans Holz angenagelt, verlor mit der zwangsweisen Beugung der Knie jedes eigenständige Gleichgewicht und tendierte dazu, vornüber zu fallen. Deshalb wurde das Schultergelenk ständig von drei entgegengesetzten Kräften beansprucht: von der waagerechten Spannung der ausgebreiteten Arme, der senkrechten Spannung durch den Zug des Körpergewichts sowie der Spannung der unkontrollierbaren Neigung nach vorne.

Die gemeinsame entgegengesetzte Wirkung dieser drei

Kräfte führte zu einer kompletten Ausrenkung der Schultergelenke beider Arme, die sich nach und nach durch das Reißen der Bänder und das Heraustreten des Gelenkkopfes aus seinem Sitz verschlimmerte.

Wahrscheinlich hat es dies den Bestattern unmöglich gemacht, den Leichnam mit den Armen entlang dem Körper zu bestatten. Die einzige mögliche Anordnung war wohl angesichts der frühzeitig eingetretenen Leichenstarre des heftig traumatisierten Körpers diejenige, die sich auf dem Grabtuch abgebildet hat.

* * *

Als das Grabtuch zum ersten Mal in Konstantinopel entfaltet wurde und man die Einzelheiten des Abdrucks erklären wollte, stellte man fest, daß durch die fürchterliche Verdrehung der Füße beim Annageln und die folgende

79. Position der Füße des Gekreuzigten (Claudia Bellini)

Todesstarre der linke Fuß kürzer war als der rechte und leicht verdreht erschien. Alle bemerkten damals diese Anomalie, aber niemand dachte daran – die Gerichtsmedizin entstand erst Jahrhunderte später – dies mit der durch die Art der Hinrichtung erzwungenen Position in Verbindung zu bringen.

Mit naivem Vertrauen in die Treue des Abdrucks dachte man einfach, daß Jesus leicht gehinkt habe. So entstand jene so anomale Besonderheit des byzantinischen Kreuzes: keine gerade, sondern eine schräge Fußstütze.

Und in den kargen Gebieten Kappadokiens, entlang der Straße zwischen Edessa und Konstantinopel, wo sich die Nachrichten über das Grabtuch am schnellsten verbreiteten, sieht man in den byzantinischen Felsenkirchen des 10. und 11. Jahrhunderts – in Tokali, Elmali, Karanlik – die ältesten heute bekannten Fresken, welche den Gekreuzigten in dieser qualvollen Position darstellen. Vielleicht ist dies ein Widerhall der großen inneren Bewegung, welche die Deutung der Abdrücke auf dem Grabtuch hervorrief.

Die klare Abgrenzung der Wunden und das offensichtlich schnell getrocknete Blut bestätigen, was aus anderen Quellen längst bekannt war: Der Gekreuzigte des Grabtuchs war ein schwer verwundeter Mensch, der viel Blut verloren hatte und durch Schweiß und Feuchtigkeitsmangel stark ausgetrocknet war.

Die Torturen hatten zu einer Verringerung der Blutmenge im Kreislauf und zu einer deutlichen Verdickung des Blutes geführt, was nach und nach zu einem hypovolämischen Schock führte. Daher rührte, außer dem krampfhaften Durst, eine mechanische Herzinsuffizienz; und die schreckliche Position am Kreuz belastete das Herz durch steigende Anstrengung.
Auf einen hypovolämischen Schock reagiert der Körper jedoch mit einer zentralen, selbständigen Regulierung des Blutkreislaufs. Da die Blutmenge für den Gesamtbedarf des Körpers nicht mehr ausreicht, wird die Menge in Nieren und Milz verringert. Das Blut fließt in diejenigen Organe, die es zum Überleben benötigen, besonders in das Gehirn. Tatsächlich sind schon Patienten im Schockzustand, zum Beispiel nach schweren Autounfällen, beobachtet worden, die bis zuletzt mit den Helfern vollkommen klar kommunizieren konnten.

Die Zeugnisse dieser Agonie stimmen außerordentlich

gut mit den medizinischen Daten überein. Bis zum letzten Augenblick rang der Gekreuzigte mit dem Ersticken, atmete, verlor sein Bewußtsein nicht, sprach kurz abgerissen Sätze von dichtestem Gehalt, wonach er wieder Atem schöpfen mußte. Die knappe Beschreibung der Zeugen, niedergeschrieben zu einer Zeit, als diese medizinischen Kenntnisse ganz und gar unbekannt waren, hat darin eine innere Konsequenz und Genauigkeit bewiesen, die ihr den Wert eines historischen Dokuments verleihen. Der Tod trat plötzlich ein, durch das dramatische verstärkte Zusammenwirken aller Mitursachen in einem Circulus vitiosus bis hin zum Herzstillstand.

„Jesus aber schrie laut auf und verschied."

Der Lanzenstich

Und doch wissen wir von einigen bewegten Zeugen, daß manchmal ein Gekreuzigter zu langsam starb. „Sie überlebten, eingetaucht in grausames Leiden", sagt Origenes. Manche Verurteilten, die nur angebunden und nicht angenagelt worden waren, überlebten bis zu zehn Tagen und wurden mit Stockschlägen getötet.

Wenn man den Tod beschleunigen wollte, war der gewöhnliche Eingriff – mitleidlos wie alle Phasen dieses Rituals –, die Beine im unteren Drittel mit heftigen und genau gezielten Keulenschlägen zu brechen. Die lateinischen Autoren bezeichneten dies als „crucifragium". Das Brechen der Schienbeine unterbrach augenblicklich den Mechanismus, in dem ein Gekreuzigter sich in Todesangst aufrichtete und nach Luft schnappte. Origenes meint in seinem Kommentar zu den zwei Räubern aus dem Evangelium, denen man die Beine zerschlug, daß die Juden dies aus Mitleid erwirkt hatten.

Auch zu diesem letzten Aspekt des Todes am Kreuz gibt es einen beeindruckenden archäologischen Fund: jenes berühmte Skelett aus Giv'at Ha-mivtar, das ein geradezu typisches Fallbeispiel für die römische Kreuzigung darzustellen scheint. Es hat die gebrochenen Schienbeine, genau im unteren Drittel, wo der Knochen am dünnsten und am wenigsten durch Muskelmasse geschützt ist und somit leichter durch Schläge gebrochen werden konnte (siehe Farbtafel 8).

80. *Der Lanzenstich in die Seite (Claudia Bellini)*

Der Abdruck auf dem Grabtuch zeigt stattdessen jene große berühmte Wunde – viereinhalb Zentimeter lang, klar begrenzt, mit nach außen gekehrten Rändern und ohne Elastizität, eine Leichenwunde also. Man kann sie auf der rechten Hälfte des Brustkorbs sehen, zwischen der fünften und der sechsten Rippe. An dieser Wunde kann man eindeutig erkennen, daß sie von einer Klinge in Form einer Lanze verursacht wurde.

Im römischen Verfahren gab es auch diese schnelle Möglichkeit, dem Verurteilten den Gnadenstoß zu geben oder seinen Tod festzustellen: mit einer Lanze den Brustkorb zu durchstechen und bis zum Herz vorzustoßen.

Diese letze Kontrolle stand dem Zenturio zu, der die „Quaternio" kommandierte. Als gut trainierter Kämpfer konnte er mit der Lanze so umgehen, daß er diesen lebenswichtigen Punkt auch traf. Wegen dieser Rolle im Hinrichtungsprozeß nannte man ihn den „exactor mortis", Vollstrecker des Todes.

* * *

Erst in unseren Tagen haben Archäologie und fortschrittlichste wissenschaftliche Analysemethoden es ermöglicht, die gnadenlosen, furchterregenden Techniken der römischen Kreuzigung zu rekonstruieren.

Das Grabtuch von Turin ist ein archäologischer Fund von unwiderleglicher objektiver Authentizität, das in keinem Museum, in keiner Sammlung, in keiner Kirche seinesgleichen hat. Es wäre bedauernswert, wenn man aufgrund persönlicher religiös-philosophischer Überzeugungen die Torheit beginge, ein so dramatisches und ehrwürdiges Dokument aus dem Erbe der Menschheitsgeschichte geringzuachten und preiszugeben.

12. Kapitel
Das Grabtuch

Zwischen den Fäden des Grabtuchs befanden sich sehr alte Pollen von „Aloe Socotrina". Der Kriminologe Max Frei Sulzer fand sie in seiner sorgfältigen palynologischen Untersuchung. Weitere Untersuchungen förderten später Körner von „Mirra Cummiphora" zutage.

* * *

Im 1. Jahrhundert, zur Zeit Neros, hat der Arzt und Pharmazeut Pedanius Dioskurides seine Abhandlung „De Materia Medica" geschrieben, in der er für die Grabstätten „fäulnisverhindernde" und „bewahrende" Aromastoffe empfahl. Er nannte Aloe und Myrrhe und gab an, in welchem Verhältnis Mischungen herzustellen seien.

Ein Jahrhundert später riet ein sehr berühmter Arzt, Claudius Galenus, der seine Kunst in Rom während der Pest von 166 n. Chr. ausübte, ebenfalls, die Grabstätten mit Aloe und Myrrhe zu besprengen. Er wies auf ihre Eigenschaft der Dehydratisierung ohne die Folge der Korrodierung hin: „Vis siccandi citra mordacitatem."

Noch später, in Konstantinopel, hatte Aetius, Arzt, Chemiker, Kräutersammler und oberster Gerichtsarzt, eine Abhandlung über die Konservierung von Leichnamen geschrieben. Und aufgrund seiner sehr langen Erfahrung hatte er je ein Pfund Myrrhe und Aloe als für den Zweck ausreichend empfohlen.

Er hatte recht. Der Körper des Kaisers Justinian, der zwischen diesen alten Aromastoffen bestattet worden war, wurde nach 600 Jahren aus seinem Grab gerissen, und der Leichnam zeigte sich den fränkischen und venezianischen Plünderern in seinen Kleidern aus Gold nahezu unversehrt.

*Die Aloe Socotrina, die damals aus Arabien importiert
wurde, war der Aloe Vulgaris ähnlich, die heute auf Sizili-
en natürlich wächst und möglicherweise von den Arabern
eingeführt wurde. Der Saft ihrer Blätter, der in der Sonne
in einem langwierigen, sorgfältigen und kostspieligen
Verfahren getrocknet wurde, produzierte die „leuchtende"
Aloe von hochgeschätzter Qualität, die in der Antike bevorzugt zu rituellen Zwecken Verwendung fand.*

*Die Mirra Cummiphora kam aus Indien oder von der
afrikanischen Küste des Roten Meeres. Man gewann und
sammelte das bittere, äußerst wohlriechende und adstrin-
gierende Gummiharz, das sehr langsam aus der einge-
schnittenen Rinde tropfte.*

*Die Aromastoffe wurden als sehr feines und gut ver-
mischtes Pulver verkauft, als „Migma" zum Verstreuen,
oder in Öllösungen, „Stacté" genannt, zum Bestreichen.
Beide waren aufgrund des Transports und der Herstellung
sehr teuer.*

* * *

Das Grabtuch aus Leinen enthielt folglich Reste von
Aromastoffen, die nicht nur den Erzählungen des Evange-
liums entsprechen – die von Nikodemus für sein barmher-
ziges Werk ausgewählten und von Zeugen genannten
Aromastoffe –, sondern auch der Bestattungstradition der
Antike.

* * *

Aber die vielen Jahrhunderte der Geschichte hatten auf
dem Leinen Staubpartikel jeder Art hinterlassen.

Diese „archäologischen Partikel" waren die zerfallenen
Reste der ganzen Geschichte des Tuches, auch wenn es
anläßlich einiger früherer Ausstellungen „sorgfältig" ab-
gebürstet worden war (mit schlimmen Auswirkungen auf
die Ablagerungen von getrocknetem Blut).

1978 wurde von dem Grabtuch eine bestimmte Menge der „Archäo-Partikel" aufgesaugt, aus denen, soweit möglich, die jüngsten Verunreinigungen wie Fäserchen verschiedener Gewebe, Wachs, Sporen sowie noch lebende Mikroorganismen entfernt wurden. Anschließend verglich man die „Archäo-Partikel" des Grabtuchs mit anderen Staubpartikeln, die von archäologischen Fundstücken aus dem syrisch-ägyptischen Gebiet genommen worden waren – Mumien aus dem Tal der Könige, Fragmente von koptischen Bestattungsstoffen, Staubpartikel aus syrischen Nekropolen, essenischen Grabstätten sowie jüdischen Gräbern und Friedhöfen.

(Tatsächlich erhielten aufgrund der archäologischen Funde des letzten Jahrhunderts große und kleine Museen zahlreiche sehr alte Bestattungsstoffe, die zeigen, daß Leinen mühelos die Jahrtausende überdauert, und es also keinen Grund gibt, sich über die Existenz des Grabtuchs von Turin zu wundern.)

Die Ergebnisse der Mikroanalysen der Stichproben und des Grabtuchs waren so ähnlich, daß man die Auswertungsdiagramme übereinanderlegen konnte.

In den Fasern der Gewebe aus dem ägyptisch-palästinischen Gebiet fand man jedoch eine bestimmte Menge eines alten Salzes, das sich festgesetzt hatte.

Und man entdeckte, daß auch die Fasern des Grabtuchs – und das nach so vielen Jahrhunderten, Wechselfällen und Ausstellungen – Spuren eben dieses Salzes aufwiesen. Das war eine unerwartete Entdeckung, für die es auf den ersten Blick keine Erklärung gab.

Im Laufe der Jahrtausende hatte sich die Bestattungstechnik, die sich in Ägypten in den Dynastien der frühen Epoche entwickelt hatte – mit Riten, die bis zu 70 Tage dauerten –, nach und nach vereinfacht, es wurden Varianten entwickelt, die weniger aufwendig und weniger kost-

spielig waren. Als das Verfahren auch im benachbarten Asien übernommen wurde, war man dazu übergegangen, das aromatische Salz in Form von Körnern oder als Sole unter und über den Körpern in die Gräber zu streuen bzw. zu streichen.

In Syrien wurden sogar ganze Nekropolen mit in Tücher eingewickelten Leichnamen, die auf Betten aus Salz und Aromastoffen gelegt worden waren, ans Tageslicht gefördert.

Diese Leichname waren unversehrt: eine Art einfacher und rascher Mumifizierung hatte sie geschützt.

Aber dieses Salz aus den jüdisch-syrischen Gräbern, der in den Museen gesammelten Gewebe und des Grabtuchs kam von weit her. Für den gottesdienstlichen Gebrauch und für Opfer- und Bestattungsrituale importierte die jüdische Kultur ein auserlesenes Natriumkarbonat aus Ägypten. Und dieses Salz, das auch bei den frühen Mumifizierungen verwendet worden war, wurde aus den riesigen Salzteichen des Deltas gewonnen, einer öden, wüstenhaften und eindrucksvollen Gegend, genannt Natrun.

Die jüdische Katakombe an der Via Nomentana in Rom

Im Oktober 1973 begann die Pontificia Commissione di Archeologia Sacra in Rom an der Via Nomentana in der Nähe der Villa Torlonia mit Ausgrabungsarbeiten in einer jüdischen Friedhofskatakombe, die in die Zeit zurückreichte, in der Hadrian Jerusalem zurückerobert hatte. (Die Katakomben wurden später in die Obhut der jüdischen Gemeinde in Rom zurückgegeben.)

Den Archäologen, die dort eingedrungen waren, bot sich ein tiefes und dunkles Netz von unterirdischen Gängen, die nahezu unversehrt die Jahrhunderte überdauert hatten. Die Plünderer des Mittelalters hatten sie nicht entdeckt, und so waren sie vor Eindringlingen und Räubern verschont geblieben, während die Katakomben der Christen durch Andachtsbesuche, Reliquienentnahmen von den „heiligen Körpern" sowie archäologische Plünderungen erhebliche Schäden erlitten haben.

Auch der größte Teil der jüdischen Grabstätten – sowohl auf dem Gebiet des Alten Israel als auch in den Ansiedlungen in der Diaspora – haben notgedrungen Verwahrlosungen, Entweihungen und Plünderungen erlebt.

Die Gänge der Via Nomentana hingegen bewahrten so gut wie unversehrt einen Zustand und Bedingungen, wie

81. Mit Aromastoffen besprengte Grabnischen in den jüdischen Katakomben der Via Nomentana in Rom

sie mehr als 1800 Jahre bestanden haben. Und es zeigte sich, daß die Bestattungsbräuche der Juden in Rom – zu eben der Zeit, als Jesus begraben wurde – nicht von den Bräuchen in Jerusalem abwichen.

In den Katakomben befand sich ein unterirdisches

Atrium, in dem die Rituale der Mischna ausgeführt wurden. Die Grabnischen waren in den Stein gegraben und aus Platten gemauert;

ihre Außenseite war mit einer dichten Schicht bedeckt, Überresten alter Duftsubstanzen. Auch in den christlichen Katakomben hat man Spuren von flüssigen Aromastoffen auf der Vorderseite der Grabnischen gefunden. Diese Aromastoffe waren eine Art von Geschenk und zugleich Ehrerbietung, so wie wir heute Blumen niederlegen. Auch Schriftsteller des Altertums wie Prudentius und Paulinus berichten von diesem Brauch.

Aber in der Via Nomentana bedeckte eine Schicht aus Aromastoffen und Salz auch das Innere der Grabnischen, die damit besprengt worden waren, bevor die Körper hineingelegt wurden. Und es mußten beträchtliche Mengen davon verwendet worden sein.

* * *

Verfolgt man die erwähnten Stadien, von den „Archäo-Staubpartikeln" des Grabtuchs über das ägyptische Salz von Natrun und die Körner von Myrrhe und Aloe bis zu den vergessenen unterirdischen Gängen der Via Nomentana, erhält man eine zusammenhängende Dokumentation des Bestattungsrituals, das auch von den Zeugnissen der Evangelien beschrieben wird. Auch die großen Mengen an Salz und Aromastoffen, die der Ratsherr Nikodemus einsetzte, stimmen – auch wenn man den Empfehlungen für die pharmakologischen Dosen des Aetius großes Gewicht beimißt – mit den Bräuchen der Zeit überein.

Eine zuverlässige Rekonstruktion des Grabes von Golgota und seiner Beziehungen zum Grabtuch von Turin muß, will man sich nicht mit einer akademischen literarischen Übung zufrieden geben, die Daten der Bestattungsarchäologie und die Erforschung der jüdischen Rituale mit der strengen Verbindlichkeit in Zusammenhang sehen, die sich in ihnen ausdrückt, sowie mit ihrer Beständigkeit über die Jahrhunderte hin. Nur dann wird man begreifen, welche religiöse Bedeutung dieser Bezug hat.

Mos Judaeorum

Um das Jahr 190 n. Chr., zu einer für das Judentum äußerst schwierigen Zeit – aus Jerusalem war die heidnische Stadt „Aelia Capitolina" geworden, die Juden waren in der Diaspora versprengt, der Minoritätenstatus innerhalb der fremden Kulturen gefährdete die Erinnerung an die Tradition und führte zu einer nachlässigen Einhaltung der Gebote –, trug Rabbi Jehuda Ha-Nasi (der „Fürst") in einem umfangreichen Werk, das er „Mischna" (das bedeutet „Lehre", „wiederholt Gelerntes") nannte, die traditionellen Rechtslehren zusammen, die bis dahin mündlich weitergegeben und dem brüchigen Gedächtnis der Generationen anvertraut worden waren.

Dem Werk, gedacht zur Bewahrung der Vergangenheit und als Wegweiser für die Zukunft, kam für die Erhaltung der jüdischen Identität und der Strenge ihrer Sitten über die Jahrhunderte hin große Bedeutung zu. Die Meister der nachfolgenden Schulen beziehen sich immer darauf, sowohl die von Jabne, das nicht weit entfernt von der verbotenen Stadt Jerusalem liegt, und die von Babylon. Die Mischna wurde im Laufe von 300 Jahren genauestens studiert, erläutert und ausgelegt. Aus dieser gewaltigen Arbeit erwuchs dann der „Talmud".

Zu diesen Werken kommt dann noch das lebendige sephardische Judentum des Mittelalters hinzu, die Lehren der Kabbala, das askenasische Judentum Osteuropas und alle jüdischen Gemeinden, wo auch immer sie verwurzelt und von welcher Kultur auch immer sie umgeben sein mochten.

1616 schloß der englische Botschafter in Venedig, Sir Henri Walton, Freundschaft mit einigen sephardischen Juden. Ihre Riten und Bräuche weckten seine Interesse, und so bat er den hochgebildeten Rabbiner Jehudah Arjieh, der als „Leon von Modena" berühmt werden sollte, ihm davon eine Zusammenfassung zu schreiben, die er dem englischen König schicken wollte.

So entstand ein kleines kostbares und glänzendes Werk: die „Geschichte der Riten des Judentums", das dem Verfasser viel Ungemach brachte. Das Buch traf die Verbannung durch den Dominikaner Marco Ferro: „Ipsum esse abolendum", es muß vernichtet werden. Aber uns hat Leon von Modena damit ein Dokument der tausendjährigen Beständigkeit jüdischer Traditionen und Gesetze hinter-

82. Historia de Riti Hebraici von Leon von Modena

lassen, denn es ist zur Gänze, handgeschrieben, im Archiv der Franziskaner in Venedig erhalten geblieben.

Im Kapitel „Über den Tod und die Bestattung" führt Leon von Modena aus, daß der Verstorbene nach der Waschung und der Taharah, der Reinigung, mit einem Hemd aus Leinen bekleidet wird, und dann „ … wird er in einen nach seinen Maßen gefertigten Sarg gelegt, mit einem weißen Tuch darunter und darüber". Von Binden oder Verschnürungen ist nicht die Rede.

Wie die Nachforschung von Rebecca Jackson ergeben hat, hat der orthodoxe Rabbiner Zalman Manela, Oberintendant der „Chevrah Kadishah", der „Burial Society", 1993 in Los Angeles als Takkerikim, Bestattungsgewand, ein weißes Hemd und ein „white Shroud" – ein schlichtes weißes Grabtuch ohne Verzierung – verwendet. Die Bestimmungen werden also nach Jahrhunderten immer noch eingehalten.

Im 19. Jahrhundert schrieb Maurice Lamm in Paris: „Die Bestattungstücher müssen aus weißem Leinen sein (ohne Vermischung mit Wollfasern, die zu Shatnez, Unreinheit nach dem Gesetz, führen würden), von Hand mit Fäden aus weißem Leinen von frommen Frauen angefertigt … Sie dürfen keine Heftungen oder Nähte, Knoten oder Taschen haben, sie dürfen keine Einfassung haben …"

Im 2. Jahrhundert hatte Rabbi Gamaliel zur Wahrung der völligen Gleichheit der Menschen im Tod das alte Gebot der Takkerikim eingeschärft: ein weißes Hemd und ein Leinentuch, einfach, handgemacht, sauber und weiß, die Reinheit und Würde symbolisierten. Der Tote durfte ausdrücklich keinerlei materiellen Wert an sich tragen. „Weder bestickte Stoffe noch Schmuckstücke, noch Verzierungen oder Gold, noch Münzen sind annehmbar oder erlaubt für den, der vor seinen Schöpfer tritt."

* * *

Zu Beginn der fünfziger Jahre, als am Toten Meer das Kloster der Essener wieder ans Licht kam, stellte man fest, daß an den Ufern mit dem bläulichen Salz des Toten Meeres ihr alter Friedhof lag. In der trockenen und salzigen Gegend ruhten nach 1900 Jahren noch die Skelette der essenischen Asketen. Inzwischen kalziniert und äußerst brüchig, lagen sie ausgestreckt auf dem Rücken, den Kopf nach Süden gerichtet. Es gab keinen Schmuck, keine Münzen auf den Augen, keine Waffen, kein Geschirr. Und man sah Reste von sehr einfachen Bedeckungen aus Leinentuch.

Diese Art des Umgangs mit dem Leichnam gehörte zu einer Haltung, die geistlich eng verwandt ist mit der Haltung, die der gehabt haben muß, der im Grabtuch von Turin bestattet worden ist – wenn es nicht sogar die gleiche Haltung war.

Aber an dem Toten, der im Grabtuch bestattet worden war, wurde nicht der Ritus der Taharah vollzogen.

Er wurde eindeutig nicht gewaschen und war unbekleidet – denn er hat Abdrücke und Blut auf dem Leinen hinterlassen –, und Bart und Haare waren nicht geschnitten.

Im 10. Jahrhundert fragten die Eltern eines Mannes, der getötet worden war, Rabbi Radak, welches Beerdigungsritual auszuführen sei. Die Antwort lautete, er solle bestattet werden, ohne irgend etwas zu verändern, mit seinen blutigen Kleidern, und die Erde, die von seinem Blut getränkt war, solle aufgenommen und in das Grab gelegt werden.

Im Jahre 1300 interpretierte Rabbi Maharil die Mischna in der gleichen Weise: Eine Frau, die beim Sturz von einem Balkon ums Leben gekommen war, mußte bestattet werden, wie sie aufgefunden wurde, das Blut, das im Moment des Todes ausgetreten war, durfte nicht abgewischt werden.

Im Laufe der Jahrhunderte antworteten andere Rabbinen, die bei ähnlichen Tragödien um Rat gefragt wurden, immer auf die gleiche Art und Weise: „Der Leichnam, der noch das Blut an sich trägt, das im Moment des Todes vergossen wurde – ‚Blut der Seele‘ genannt –, darf nicht abgewaschen werden, darf nicht die Taharah und auch keine Salbungen erhalten und muß in dem Zustand, in dem er sich befindet, in ein Laken gewickelt werden ...“; „Weder Waschungen noch Taharah. Der Körper wird bestattet, ohne daß die blutigen Kleider entfernt werden, wenn er welche trägt. Das Blut ist Teil des Körpers und muß mit ihm begraben werden.“ Und auch heute in New York, sagt – nach dem Zeugnis von Rebecca Jackson – Mendel Teitelbaum, ein ultraorthodoxer Rabbiner, daß ein zum Tode Verurteilter nicht die Taharah, die rituelle Reinigung, erhält.

Josef von Ramataim, Nikodemus und „das Gesetz"

Die Bestattung eines Leichnams, für den aus irgendwelchen Gründen niemand sorgen kann – sei es, daß die Familie arm ist, er keine Angehörigen hat oder fern der Heimat gestorben ist –, ist die finanzielle und rituelle Pflicht der Gemeinschaft, es sei denn, daß ein wohlhabendes Mitglied der Gemeinde die Aufgabe, gleichsam als verdienstvolles Werk, übernimmt.

An jenem Freitag im April rief sich Josef von Ramataim, „Talmid chacham" (Weisenschüler) und Ratsherr, im Schmerz diese Nuancen des jüdischen Gesetzes ins Gedächtnis. Um jeden Preis und mit allem Risiko mußte dieser Körper losgekauft werden, an dem wegen der Verurteilung zum Tode und des gewaltsamen Todes mit Blutvergießen die „Taharah" nicht ausgeführt werden durfte. Es mußte ein weißes und neues Grabtuch aus Leinen gekauft werden, um ihn zu bedecken, er mußte vor Sonnenuntergang in einem Grab bestattet werden, in dem sich keine anderen Toten befanden, es durfte nichts Wertvolles am Leib bleiben, und an seinem Grab mußte 24 Stunden eine Totenwache ausharren. So lautete das Gesetz.

Tatsächlich hat Josef den Leichnam um Geld ausgelöst, das Grab zur Verfügung gestellt, das Grabtuch gekauft, und Nikodemus hat die erforderliche Menge von reinstem Salz und von Aromastoffen herbeigeschafft.

Und man versteht in dieser Lesart, wie die notorische Bestechlichkeit des Pilatus, der sein lebendes Opfer so grausam behandelt hat, ihn angesichts des allgemein bekannten Reichtums Josefs plötzlich so großzügig werden ließ, als es um den am Kreuz hängenden Leichnam ging.

Daß bei der Bestattung von Golgota, wenngleich Josef und Nikodemus heimliche Anhänger Jesu waren, das jüdische Ritual streng befolgt wurde, wird durch die Tatsache bestätigt, daß sich noch in den darauffolgenden Jahrzehnten und Jahrhunderten die Judenchristen an die jüdischen Bräuche gebunden fühlten. Bei Origenes heißt es: „Die Juden, die an Christus glauben, haben ihr heimatliches Gesetz nicht aufgegeben, sondern leben nach seinen Vorschriften."

Tatsächlich versuchten die Konzile von Nizäa und von Laodizäa das junge Christentum von seinen jüdischen Wurzeln zu lösen. Sie verboten den Christen, am jüdischen Fest Purim wie üblich Geschenke zu tauschen oder während des Gebets die Gebetsriemen und -kapseln anzulegen. Noch 380 n. Chr. bemerkte der Bischof Epiphanios, daß die Nazaräer die hebräische Sprache benutzten, die Sabbatruhe hielten und Ostern am 14. Nisan feierten; sie verwendeten den Begriff „Synagoge" anstelle von „Kirche"; und sie beschnitten ihre Söhne. Der hl. Hieronymus

schrieb, daß sie auch noch das Lichterfest Chanukkah fei-
erten.

All dies führt uns zu einer nochmaligen, bewußteren Lektüre des berühmten Berichts im Johannesevangelium.

Die große Menge an Aromastoffen und Grabsalz kann nicht dafür gedacht gewesen sein, direkt auf den blutigen Körper gestrichen zu werden, der ja nur soweit unbedingt nötig berührt werden durfte. (Das wird auch durch die Klarheit des Körperabdrucks auf dem Grabtuch und die Genauigkeit des Abdrucks der Wunden bestätigt: Ein Bestreichen oder Besprengen mit Aromastoffen hätte sie in nicht identifizierbare Flecken verwandelt.)

Wie in den jüdischen Katakomben von Rom und wie in den Nekropolen der Levante wurden Aromastoffe und Salz auf die Steinbank des Grabs gegeben. Auf die Unterlage aus Aromastoffen wurde die erste Hälfte des langen Grabtuchs ausgebreitet. Der Körper wurde darauf gelegt,

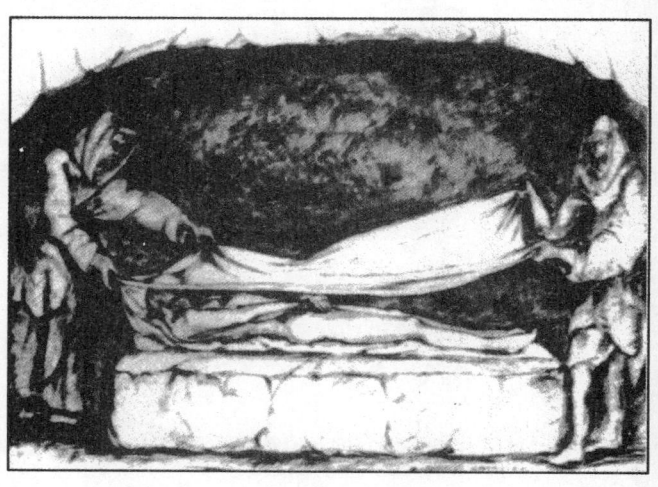

83. Die Grablegung (Claudia Bellini)

und die zweite Hälfte des Tuchs wurde, wie auf dem alten Mosaik dargestellt, umgeschlagen und vom Kopf her über den Körper ausgebreitet, so daß er vollständig zugedeckt war.

Auf dem Tuch ausgestreckt, ruhte der Körper auf der Unterlage aus Aromastoffen und Salz, in das er leicht einsank, als ob er auf Sand gelegt worden wäre. Wie 876 Jahre zuvor der Körper des Königs Asa von Juda: „Man legte ihn auf ein Lager, das mit Balsam und allerlei kunstvoll zubereiteten Salben ausgestattet war."

Das Leinen mußte so einige Teile des Körpers berühren (die Rückseite der Schienbeine im unteren Drittel), die es nicht berührt hätte, wenn es auf einer völlig glatten Fläche ausgebreitet worden wäre. Und dieses leichte Einsinken kann man beispielsweise an dem deutlichen Abdruck der Ferse sehen.

Bereits Paul Vignon – der erste „Ableser" der Fotos des Grabtuchs – hatte festgestellt, daß der linke Fuß fast keinen Abdruck hinterlassen hat, während der Stoff an der Sohle des rechten Fußes anlag. Nun, etwas mußte den anliegenden Stoff an den Fuß gedrückt haben, von der Außenseite her; und Vignon, der diese archäologischen Informationen nicht hatte, dachte irrtümlicherweise an zusammengefaltete Stoffe, „paquets de linge", die den unmittelbaren Kontakt mit dem harten Felsen verhindert hätten.

Auch der Abdruck des Rückens, der Waden, der Schulterblätter, der Weichteile ließ Vignon annehmen, daß der Leichnam auf irgend etwas Weiches gelegt worden war, weil der Abdruck auf dem Leinen etwas breiter wirkte. „Das ist auch der Grund", meinte Vignon, „daß man am linken Sprunggelenk, an einer so seitlichen Stelle, einen Peitschenhieb sieht." Für seine Beobachtung gab es damals keine Erklärung.

Auch auf das Grabtuch wurden, nachdem es über den Körper gelegt war, Aromastoffe und Salz gegeben. Sie lasteten auf dem Leinen, nicht mit einem anliegenden Druck, der den Abdruck deformiert hätte, sondern mit einem leichten und sich verteilenden Druck, der eine Genauigkeit des Abdrucks ergab, wie er mit keinem Kunstgriff hätte erzielt werden können. Und vermutlich spielten diese Stoffe auch beim „Durchpausen" des geronnenen Blutes und der Blutflecken eine Rolle.

Ein in den fünfziger Jahren wiederentdeckter alter Text in äthiopischer Sprache mit dem Titel „Laha Maryam" („Die Marienklage") gibt eine Geschichte vollständig wieder, die man für verloren hielt, das „Gamaliel-Evangelium". Darin heißt es: „Sie haben deinen Sohn in ein neues Grab gelegt, ein neues Leinen auf ihn gelegt und ihn mit vielen Aromastoffen und viel Myrrhe bedeckt."

Bei alledem, sagen die Synoptiker, sahen die Frauen von weitem zu. Sie planten, nach dem Sabbat die rituellen Besuche am Grab zu machen, weitere Aromastoffe mitzubringen, wahrscheinlich angereichert und gemischt nach alter Hausfrauenart, so wie die westliche Kultur Blumen bringt, die es jedoch bei jüdischen Bestattungen nicht gibt. Sie planten, die Aromastoffe auf den Toten zu streuen oder sie zu versprengen, wie uns die Katakomben in der Via Nomentana zeigen. Möglich war das, weil nach jüdischer Sitte die Gräber nicht sofort vermauert werden, und ein frommer Jude dort 24 Stunden Totenwache hielt.

So heißt es denn auch in einer apokryphen Handschrift in koptischer Sprache, die 1895 von Carl Schmidt in Kairo entdeckt wurde und den Titel „Epistula Apostolorum" (Brief der Apostel) trägt: „Am Tag nach dem Sabbat begaben sich die Frauen an den Ort, der Golgota genannt wird, wo Er begraben worden war, und sie trugen bei sich die Aromastoffe, um sie unter Wehklagen auf seinen Körper zu gießen ..."

Die römische Präsenz

Aber die römische Macht hatte jede Phase des Geschehens genauestens verfolgt.

Sie hatte den Tod des Verurteilten mit einem gezielten zwischen die Rippen gesetzten Lanzenstoß überprüft. Sie hatte für die Bewachung gesorgt, sowohl während der Leichnam vom Kreuz abgenommen wurde wie auch während seines Transports. Sie hatte das nächstliegende Grab angemessen gefunden, wurden dadurch doch lärmende Geleitzüge oder ein Auflauf unterbunden.

Dennoch hat die Höhe des angebotenen Geldes nicht die Besorgnis des Prokurators über diese allzu vornehme Grabstätte gedämpft, die Gefahr lief, sich in ein Denkmal zu verwandeln.

Pontius Pilatus, in jenen Tagen Oberbefehlshaber der Besatzungstruppen in Jerusalem, wollte mit der Definition „Nazarenus Rex Judaeorum" bestimmt keine philosophische Interpretation geben. Es ist eine Bezeichnung, die auf einen Aufruhr zielt, sie bringt den Verdacht auf Anzettelung eines Bürgerkriegs zum Ausdruck.

Das Jerusalemer Judentum jener Zeit war – wie die Tragödie des Jüdischen Krieges Ende der 60er Jahre zeigen sollte – gespalten in eine pro-römische und eine unbeugsam nach Unabhängigkeit strebende Partei.

Nach einem dramatischen Prozeß, auf dem Pulverfaß eines befürchteten Volksaufstandes, wollte der römische Prokurator auf jeden Fall verhindern, daß jener Leichnam geraubt oder durch einen anderen ersetzt würde. Seine eigene Position – und damit auch die der Honoratioren der regierungfreundlichen Partei, die der Exekution zugestimmt hatten – war ohnehin schon durch den Tod seines Beschützers Seian äußerst geschwächt.

Es kursierten tatsächlich in Jerusalem Gerüchte, die für den Getöteten von Golgota einen noch nie dagewesenen

Sieg über den Tod vorhersagten. Für die römischen Machthaber stellte sich dies alles als eine Mischung von mythologischen Schreckensbildern und haßerfüllten politischen Bestrebungen dar, die Grund zu größter Besorgnis gaben.

Zu oft erhob sich in diesen unruhigen Provinzen von Zeit zu Zeit irgendwo irgendwer und erklärte, daß er die und die Person sei, die geflohen, gerettet, auferstanden sei, und so die Glut der niedergehaltenen Volksbewegungen wieder schürte.

In dieser Situation ist es historisch betrachtet offenkundig, daß die römischen Machthaber auf jeden Fall die Erinnerung an diesen Propheten auslöschen wollten, der vor allzu kurzer Zeit von allzu vielen Menschen im Triumph durch die Straßen geführt worden war. (Und dies wird noch durch die Verbissenheit bestätigt, mit der ein Jahrhundert später Kaiser Hadrian alles daran setzt, Golgota und die Grabstätte unter dem Erdwall von Aelia Capitolina verschwinden zu lassen.)

Seit jeher hatte die Prüfung des Antlitzes auf dem Grabtuch gezeigt, daß es an den beiden Seiten und unter dem Kinn Bereiche gab, an denen sich kein Abdruck gebildet zu haben schien. Es waren drei leere Streifen, die man auf eine Binde zurückführen wollte, die den Mund des Leichnams schließen sollte. Aber die Position des Kopfes mit dem auf die Brust gedrückten Kinn schloß diese Notwendigkeit aus. Und das Rätsel blieb ungelöst. Ein aufmerksamer Beobachter gewann jedoch den Eindruck, innerhalb dieser hellen (und auf dem Fotonegativ sehr dunklen) Streifen würde etwas auftauchen (vgl. Abb. 31 auf S. 137).

* * *

Am Institut d'Optique d'Orsay in Paris arbeitete André Marion, Kernphysiker und Forscher beim CNRS, ein Mann mit langer Erfahrung in der computerunterstützten Bildbearbeitung. Sein Spezialgebiet war die Sichtbarmachung von Schriften in alten Handschriften, eine Technik, die auch bei kriminalistischen Untersuchungen Anwendung fand. Er war es, der 1991 aufdeckte, wie in den dreißiger Jahren Nazi-Gerichte in dem berühmten politischen Prozeß, der als „das Massaker von Altona" bekannt ist, mit Schriftfälschungen gearbeitet hatten. Sie hatten mit einer ausgekratzten und dann mit anderen Zeichen von gegenteiliger Bedeutung wieder sichtbar gemachten Inschrift Beweis geführt und so einen Unschuldigen namens Lütgens zum Tode verurteilt. Marion hat nach sechzig Jahren sein Andenken rehabilitiert.

Bei den vorausgegangenen Untersuchungen dieser drei Streifen um das Antlitz auf dem Grabtuch – die Autoren waren Marcel Alonso und Eric de Bazelaire vom Centre International d'Etudes sur le Linceul de Turin (CIELT) in Paris – schien es, als würden sehr blasse und bruchstückhafte Spuren von Zeichen auftauchen, ausgewaschen, wie man sie von paläographischen Untersuchungen kennt. Und so hat man André Marion – und zusammen mit ihm Anne Laure Courage – vorgeschlagen, eine Untersuchung durchzuführen, die bisher an dem Antlitz auf dem Grabtuch noch nicht gemacht worden war.

* * *

Es war nicht möglich, direkt auf dem Grabtuch zu arbeiten. Als einziger Weg blieb die computergestützte Bearbeitung seiner Fotos. Nun wird aber die fotografische Wiedergabe des leichten Abdrucks auf dem Grabtuch stark von den Lichtverhältnissen, der Lage und den Eigenschaften des Films beeinflußt, so daß jede unterschiedliche Aufnahme irgendwelche Details verbirgt oder offenbart.

Um das Maximum an Informationen herauszuholen, mußten daher alle greifbaren offiziellen Fotos aus der Geschichte des Grabtuchs erneut verglichen und untersucht werden. (Das hieß: die Negative der Fotos, die die STURP-Gruppe 1978, die berühmten Farbfotos von Vernon Miller und das alte Foto von Giuseppe Enrie.)

Es wurde sofort bestätigt, daß der Abdruck des Gesichts tatsächlich von drei Doppelstreifen umrahmt wird, die offensichtlich keinen Abdruck tragen; ein Streifen befindet sich rechts, einer links und einer verläuft unterhalb des Gesichts.

Die Streifen sind zu regelmäßig, umrahmen zu genau die Erhebung des Gesichts, das vom Tuch bedeckt worden war, sind zu geometrisch aufgebaut, um das Ergebnis eines Zufalls zu sein. Ihre Ränder sehen aus wie der Verlauf von drei Pinselstrichen.

Wie wir wissen, schlugen die Römer an den Orten der Hinrichtungen, und besonders bei spektakulären Hinrichtungen am Kreuz, die für Tage sichtbar blieben, ein Täfelchen an, den „Titulus damnationis", auf dem der Grund für die Verurteilung zu diesem grausamen Tod angeführt wurde.

Wie bei jeder anderen Schrift auf Rinde oder auf Holz üblich, wurde auf der Tafel zunächst ein rauher, weißer „Untergrund" aus Kreide oder Leim aufgetragen, auf den der Exactor des Verfahrens, der die Ausführung des Urteils überwachte, in schwarzen oder roten Buchstaben den Urteilsgrund schrieb.

Und die Zeugen berichten, daß ein solches Täfelchen mit dem „Titulus" am Kreuz von Golgota angebracht worden war.

Demnach hatten der Exactor und sein Gehilfe auch an jenem Tag alles mit, was sie brauchten, um diese schriftliche Bestätigung anzubringen.

Damit drängt sich die Hypothese auf, daß ein ähnliches Verfahren auch auf das Tuch angewandt wurde, das den Hingerichteten von Golgota einhüllte. Vielleicht rühren die Streifen von einem rohen Pinselstrich her, mit dem der „Untergrund" für die Beschriftung – Kreide oder Leim – auf das Leinen aufgetragen wurde, um das Stoffgewebe so zu verdichten, daß es ebenfalls eine Inschrift aufnehmen könnte.

Tatsächlich entdeckte man, als man die Kontraste densitometrisch hervorhob, daß im Bereich der Streifen aus Kalk oder Kreide dennoch eine sehr schwache Spur des Abdrucks vorhanden war, die mit bloßem Auge jedoch nicht zu sehen war. Die Streifen waren also, hieß das, „nicht" „auf" den Abdruck gemalt worden, denn in diesem Fall hätten sie ihn überdeckt. Sie stammten vielmehr von der Rückseite des Stoffes, die heute, nach dem Brand von Chambéry, mit holländischem Leinen unterfüttert ist. Dort, wo sie durch das Leinen durchdrangen, haben sie verhindert, daß sich der Abdruck voll entwickelte.

Und so erhält eine archäologische Rekonstruktion der Ereignisse ihre Grundlage. Es war wohl so: Nachdem der Körper in das Grab gelegt worden war, war er vollständig mit dem Grabtuch bedeckt worden; mit den Pinselstrichen um die Erhebung des Kopfes konnte tatsächlich jemand einen groben „Untergrund" vorbereitet haben, um den Stoff an dieser Stelle undurchlässig zu machen und etwas darauf zu schreiben.

Les fantômes d'écriture

André Marion und Anne Laure Courage hatten ohne vorgefaßte Thesen bei der Untersuchung mit großer Genauigkeit eine Methode der computergestützen Bearbeitung angewandt, die eigens für das Grabtuch von Turin ausgearbeitet worden war. Man hatte sich zunächst vorgenommen, grafische Zeichen zu untersuchen, die „tatsächlich" Zeichen waren und keine trügerischen Rorschach-Effekte, das heißt, Zeichen, die mindestens einen Zentimeter hoch waren und in Gruppen vorkamen; keine einzelnen Zeichen, die mit dem Schußfaden des Stoffs oder dem Abdruck verwechselt werden konnten; Zeichen, die in Höhe, Stärke, Anreihung und Abstand einem paläographischen Muster entsprachen.

Anschließend wurden mit dem modernsten Mikrodensitometer des Institut d'Orsay die stärksten Störungen, die durch den Schußfaden des Stoffs und durch die Zeichen des Abdrucks gegeben waren, aus dem Bild genommen, das untersucht wurde.Und vom Untergrund der verschiedenen Fotos, die unter Verwendung einer Reihe von Filtern einer solchen Behandlung unterzogen worden waren, tauchten mit zunehmender Deutlichkeit sehr alte „Schatten" geschriebener Buchstaben auf. Wie bei den multispektralen Satellitenfotos hat man die nutzbare Information gesammelt, die teilweise oder bruchstückhaft aus jedem Foto hervorging und diese Informationen in aufeinanderfolgenden Bildern zusammengeführt. Das heißt, man hat die Teilinformationen, die sich aus fünf, sechs Fotografien ergaben, in einem einzigen, abschließenden Bild zusammengefaßt.

Zum Schluß wurde das Bild, das auf dem Computerbildschirm das Ergebnis all dieses Zusammenlaufens von Daten war, mit einer weiteren Reihe von elektronischen Filtern behandelt, um es hervorzuheben, zu verstärken und nochmals zu reinigen.

Und so sah man, daß in den Streifen, die auf dem Grabtuch den Kopf umrahmten, in aller Deutlichkeit Schriftzeichen zum Vorschein kamen. Es handelt sich um griechisch-lateinische Zeichen, auf dem „positiven" Foto sah man sie jedoch seltsamerweise verkehrt geschrieben, nämlich von rechts nach links, wie in einem Spiegel. Dagegen zeigten sie sich auf dem Negativ des Fotos in der normalen Schreibweise und lesbar.

Dies bestätigt, daß auf die Rückseite des Tuchs geschrieben wurde; und das, was auf der Vorderseite zu sehen ist, ist ein sehr alter Farbrest davon, der durch den Stoff gedrungen ist. Es ist ein Überrest von sehr schwacher rötlicher Färbung, verloren zwischen den Unregelmäßigkeiten des Gewebes und den Spuren des Abdrucks. Es ist wahrhaftig ein paläographischer „Schatten", eine ganz schwache Spur alter Schriftzeichen.

Genaueste Techniken zur Verstärkung haben diese „Schatten" auf der linken Seite des Gesichts zu lesbaren Zeichen gerinnen lassen: NN, etwas wie ein A, dann ein Z, noch ein A, dann ein P, anschließend etwas, das einem E oder möglicherweise einem H ähnelt, ein Teil von NN, vielleicht der Kreis von einem O, ein Σ.

Wenn man diese Buchstaben nun aneinanderreiht, ergibt sich:

NNAZARE(H)NOΣ

84. *Entdeckung von Schriftzeichen.(A. Marion und A. L. Courage, Institut d'Optique d'Orsay, Paris: Nouvelles decouvertes sur le Suaire de Turin, Albin Michel ed. Paris 1997)*

Unter dem Kinn wurden weitere Spuren von Schriftzeichen sichtbar. Den Paläographen zufolge handelt es sich dabei um griechische Zeichen: ein H, ein Σ, ein sehr schwaches O und ein Y. Ist das IHΣOY, auf hebräisch Jeshua, den die Lateiner Jesus nennen?

85. Der Schriftzug „ΙΗΣΟΥ"
(A. Marion und A. L. Courage, a.a.O.)

* * *

Dies ist der evidente archäologische Nachweis, daß auf dem Tuch, das den Leichnam bedeckte, die römische Macht dessen Identität, das Todesurteil und die erfolgte Hinrichtung bestätigt hat.

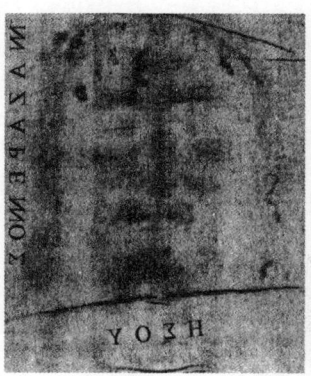
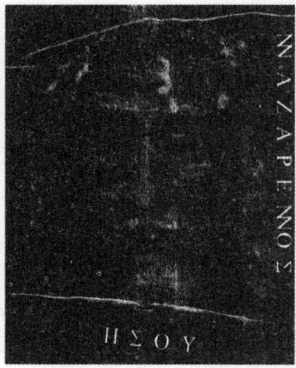

86. Rekonstruktion der Schriftzeichen von der Rückseite des Tuchs
(M. G. Siliato)

Die Art, wie die Schriftzeichen angebracht sind, sind zudem äußerst aufschlußreich dafür, unter welchen Umständen die Beschriftung erfolgte. Die Beschaffenheit des Grabes mit der Fläche, auf die der Leichnam gelegt wurde

– wie üblich mit den Füßen zum Eingang hin –, mit der Steinwand links vom Körper und der Wölbung über dem Kopf ist archäologisch und dokumentarisch gut belegt.

Nun, die Inschrift „Nazarenus" auf der linken Seite des Antlitzes zeigt, daß sie für den Schreiber, der auf der rechten Seite des Leichnams stand, leicht anzubringen war. Und genauso gut anzubringen war der Schriftzug ΙΗΣΟΥ unter dem Kinn.

Aber schon längst hatten einige Wissenschaftler auf dem Abdruck des Grabtuchs Spuren von verformten Blutflecken entdeckt, die von Druckstellen herrühren konnten, an denen das Tuch an den Körper gepreßt wurde.

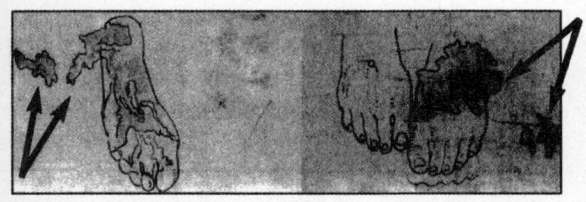

87. *Abdruck der Füße*
(Skizze: Giulio Ricci, The Holy Shroud)

Die Spur einer Druckstelle an den Füßen war bereits vor längerer Zeit aufgetaucht, aber in ihrer Bedeutung nicht verstanden worden. Schon auf den alten Fotografien von Secondo Pia und Giuseppe Enrie hatten sowohl Paul Vignon als auch Giulio Ricci um die Fessel herum ein besonderes und nicht normales Haften des Grabtuchs bemerkt: In diesem Bereich hatten sich zweimal einige Blutflecken auf dem Tuch eingedrückt, wie wenn es durch irgendetwas gegen die Füße gedrückt worden wäre.

Eine weitere Druckstelle war undeutlich auf Höhe der Brustkorbs erkannt worden, eine Druckstelle, die das Grabtuch am Blut hatte haften lassen, das aus der Wunde des Lanzenstichs stammte. Dies ist auch der Grund, daß wir diese Wunde, obwohl sie seitlich liegt, vollständig sehen, während sonst weder ein Abdruck von der Seite des Körpers noch Flecken von Wunden aus diesem Bereich zu sehen sind.

Archäologisch gesehen ist es ganz natürlich, daß die als Vorsichtsmaßnahme gedachte Beschriftung – deren Vorhandensein auf dem Tuch nachgewiesen ist – durch ein römisches Siegel, das aufgedruckt worden sein muß, bestätigt worden ist.

All diese Spuren zeigen uns, welch abergläubische Angst den aus dem südlichen Apennin stammenden Pilatus plagte, einen Mann, der, um sich zu schützen, Münzen mit magischen Zeichen prägen ließ, mit Lituus und Simpulum, den Symbolen von Mysterienkulten.

Aber es geht auch die Besorgnis des Politikers daraus hervor, der verzweifelt Vorkehrungen treffen wollte. Sollte in Zukunft einmal ein „falscher Messias" auftreten, der die Identität dieses Toten annahm, konnte er beweisen, daß der Leichnam, der dort begraben war, jener und kein anderer war.

* * *

Vor diesem Hintergrund erscheint der Nachdruck, den der Evangelist und Historiker Johannes auf die „Binden" um den Leichnam und die „Umwickelung" legt, in neuem Licht. (Es verbindet sich damit folgerichtig der Ausdruck „Sindon", den Matthäus, Markus und Lukas benutzen.) Die Schilderung von der Einwickelung des Körpers mit Binden prägt im Gedächtnis des Lesers – und das läßt den guten Schriftsteller erkennen – eine ganz bestimmtes Bild ein. Im Bericht über das wunderbare Geschehen am Morgen des dritten Tages kann er dann auf geheimnisvolle Weise an dieses Bild anknüpfen.

Der Leichnam war „aufgeräumt", die ständige Anwesenheit des Exactor garantierte seine physische Identität vom Kreuz bis zum Grab, Name und Todesursache waren mit der Inschrift auf dem Tuch festgehalten, die Verschnürungen versiegelt; jetzt mußten nur noch über das Haupt des Toten das Schweißtuch gelegt und über das ganze Bündel die Aromastoffe gestreut werden – am Ende jenes schrecklichen Tages, während der Abend hereinbrach und alles, was an diesem Tag getan werden mußte, getan war; die römischen Machthaber ließen entgegen den jüdischen Gebräuchen den schweren Stein vor den Eingang des Grabes wälzen, bis dieser vollständig verschlossen war. Es blieb nichts mehr zu tun. Und alle stiegen müde wieder nach Jerusalem hinab. Der Tote von Golgota war aus der Geschichte verschwunden.

Literatur

Bildanalysen

Ercoline W.R., Downs R.C., Jackson J.P., Examination of the Turin Shroud for Image Distorsions, in: Proceedings of the U. S. Conference of Research on the Shroud of Turin, Albuquerque 1977

Jackson J.P., Jumper E.J., Ercoline N.R., Three Dimensional Characteristics of the Shroud Image

Janney D.H., Computer-aided Image Enhancement and Analysis

Lorre J.J., Lynn D.J., Digital Enhancement of Images of the Shroud of Turin

Marion A., Courage M.L., Nouvelles decouvertes sur le Suaire de Turin, Paris 1997

Physikalische, fotografische und chemische Analysen

Acceta J.S., Baumgart J.S., Reflectance Spectroscopy and Thermographic Investigations of the Shroud of Turin

Bucklin R., M.D.J.D., The Shroud of Turin: a Pathologist's viewpoint, in: Legal Medicine Annual, 1981

D'Muhala T., Jackson J., Ercoline W., Adler A., Dichtl R., Dinegar R., Jumper E., A scientific proposal for Studying the Shroud of Turin

Gilbert R., Gilbert M.M., Ultraviolet-Visible Reflectance and Fluorescence Spectra on the Shroud of Turin, in: Applied Optics 19, 1980.

Heller J. et al., A Comprehensive Examination of the Various Stains and Images on the Shroud of Turin, in: Advances in Archeological Chemistry, 1983

Heller J.H., Adler A.D., A Chemical Investigation of the Shroud of Turin, in: Canadian Forensic Society Scientific Journal 14, 1981.

Heller J.H., Adler A.D., Blood on the Shroud of Turin, in: Applied Optics 19, 1980

Mottern R.W., London R.J., Morris R.A., Radiographic Examinations of the Shroud of Turin, in: Materials Evaluation 38, 1980

Pellicori S.F., Chandos R., Portable Unit Permits UV/Vis Study on Shroud

Pellicori S.F., Evans M.S., A Microchemical Investigation on the Shroud of Turin

Pellicori S.F., Evans M.S., The Shroud of Turin through the Microscope, in: Archeology 1981

Pellicori S.F., Spectral Properties of the Shroud of Turin, in: Applied Optics 19, 1980

Rogers R.N., Chemical Considerations Concerning the Shroud of Turin, in: Proceedings

Schwalbe L.A., Rogers R.N., Physics and Chemistry of the Shroud of Turin. A summary of the 1978 Investigation, in: Analytica Chimica Acta 135, 1982

Timossi V., La Santa Sindone nella sua costituzione tessile, Turin 1933

Radiokarbon-Datierung

Kouznetsov D.A., Ivanov A., Veletski P.R., Effects of fires and biofractionation of carbon isotopes on results of radiocarbon dating of old textiles. The Shroud of Turin, in: Journal of Archaeological Science 22, 1995.

Riggi G., Rapporto Sindone, 1989

Siliato M.G., in: Actes du Symposium International CIELT, Rom 1993

Pollenanalysen

Frei M., Il passato della Sindone alla luce della Palinologia, in: Sindone e Scienza 1978

Frei M., Identificazione e classificazione dei nuovi pollini della Sindone, in: Kongreß Bologna 1981

Entstehung des Abdrucks

Ribay B., in: Actes du Symposium International CIELT, Rom 1993

Volckringer J., Le Saint Suaire de Turin. Le problème des empreintes devant la sciene, Paris 1942, 1981

Zur Geschichte

Alishan L., Lettre d'Abgar, Venedig 1858 (Armenische Version der Legende)

Bagatti B., Il cristianesimo primitivo

Baima Bollone P.L., Sindone o no, Turin 1990 (Literatur)

Beck H.G., Kirche und theologische Literatur im Byzantinischen Reich, München 1959

Bulst W., Pfeiffer H., Das Turiner Grabtuch und das Christusbild. Bd. 1: Das Grabtuch. Forschungsberichte und Untersuchungen, 1987; Bd. 2: Das echte Christusbild, 1991

Burkitt F. C., Early Eastern Christianity

Ciampini, De Sacris Aedificis a Const. M. Constructis, 1693

Corbo V., Il Santo Sepolcro di Gerusalemme (Biblicum Francescanun), Jerusalem 1981

De Vaux R., Archéologie et manuscrits de la Mer Morte, London 1961

Delage Y., Le Linceul de Turin, in: Revue Scientifique 17 (1902)

Delorenzi E., Gabrielli N., Curto S., Comunicazioni varie, in: Ricerche e Studi della Commissione di Esperti, 1969

Dobschütz E. von, Christusbilder. Untersuchungen zur christlichen Legende, Leipzig 1899

Dussaud R., Les Monuments Palestiniens et Judaiques

Duval R., Histore d'Edesse, Paris 1892

Ehrhard A., Die Legendensammlung des S. Metaphrastes, Freiburg 1896

Enrie, G., La Santa Sindone rivelata dalla fotografia, Turin 1933, 1938 (dt: Das heilige Grabtuch von Turin, Karlsruhe 1939)

Fossati L., La Santa Sindone. Nuova luce su antichi documenti, Turin 1961

Gervasio R., Bruciature, macchie ed aloni che si riscontrano sul tessuto della Sindone, in: Sindon 24, 1976

Geyer H., Itinera Hierosolimitana

Grabar A., L'art de la fin de l'antiquité et du Moyen Age, Paris 1968

Grumel E., Leone di Calcedonia e la festa del S. Mandylion

James M.R., The Apocryphical New Testament

Lejeune J., in: Actes du Symposium Scientifique International CIELT, Rom 1993

Libri Rituali bizantini, Ed. Phos Atene 1961

Litzica U., Poesia Religiosa Bizantina, Bukarest 1899

Macler F., L'histoire d'Heraclius par l'éveque Sebèos, Paris 1904

Migne, Patrologia Graeca, Bd. 113, 1857–66

Monceaux P., St. Jerome. The early Years

Orlandos A.K., Archivio dei Monumenti bizantini in Grecia.

Pfeiffer H., La Sindone di Torino e il Volto di Cristo nell'arte Paleocristiana, Rom 1982

Phillips G., The Doctrina Addai, London 1878

Rambaud, Constantin Porfirogénète, Paris 1870

Ricci G., La Sindone Santa; Bibliografia generale

Scavone D.C., La Sindone di Torino, Othon de la Roche, Besançon e il memorandum d'Arcis: Un'elaborazione ed una sintesi, in: Collegamenta pro Sindone, 1993

Scavone, D.C., The Shroud of Turin, San Diego1989

Siliato M.G., L'Èglise chretienne d'Edesse

Vignon P., Le Linceul du Christ. Étude scientifique, Paris 1902

Vignon P., Le Saint Suaire de Turin devant la science, l'archéologie, l'istoire, l'iconographie, la logique, Paris 1939

Weitzmann K., The Mandylion and Constantine Porphyrogennetos, in: Cahiers Archéologiques 11, 1960

Wilson I., Eine Spur von Jesus, Freiburg 1980

Wilson I., The Shroud's History before the 14th Century, in: Proceedings of the 1977 U.S. Conference of Research on the Shroud of Turin

Zaninotto G., in: Actes du Symposium International CIELT, Rom 1993

Zur Kreuzigung

Angelino P.F., Abrate M., in: Sindon Nr. 31

Barbet P., Die Passion Jesu Christi in der Sicht des Chirurgen, Karlsruhe 1953

Bedini B., Les Reliques Sessorianes, Rom 1956

Beyer H.W., Leitzmann V.H., Die Jüdische Katakombe der Villa Torlonia, Berlin 1930

Delage Y., Le Linceul de Turin, in: Revue Scientifique 17, 1902

Dies. u. a., Images Processing of the Shroud of Turin, in: Proceedings of the 1982 UEEE Conference of Cybernetics and Society

Fasola U., Catacombe Ebraiche, in: Revista Archeologia Cristiana 62

Jackson R., in: Actes du Symposium International CIELT, Rom 1993

Lamm M., The Jewish Way in Death und Mourning, New York 1969

Lavoie, Regan, Rav Klutstein D., The burial customs in old Jewish Times, in: Syndon 30 , 1981

Leon H.J., The Jews of Ancient Rome, Philadelphia 1960

Lynn D., Lorre J., Digital Enhancement of Images of the Shroud of Turin, in: Proceedings

Miller V.D., Pellicori S.F., Ultraviolet Fluorescence Photography of the Shroud of Turin, in: Journal of Biological Photography, Juli 1981

Mödder H., in: Kongreß Rom, 1950

Ondenrijn van Den, Äthiopische Texte zur Pilatus-Literatur: das Evangelium Gamaliel, Freiburg 1959

Reich R., Geva H., Avijad N., Kloner A., Jerusalem Revealed: Archeology in the Holy City, 1968-1974, 1976

Riggi G., Rapporto Sindone, 1989

Rodante S., La coronazione de spine alla luce della Sindone, in: Sindon 24, 1976

Wilson E., The Scrolls of the Dead Sea, New York 1956

Zeitschriften und Mitteilungsblätter

Sindon. Amtliches Organ des Centro Internazionale di Sindonologia, Turin

Collegamenta pro Sindone, Rom